普通高校体育与健康教程

主 编 王文成 王业先 林少琴 刘晓海

科学出版社

北 京

内 容 简 介

本书注重对大学生进行体育文化素养的培养、运动技能与体育锻炼方法的传授与介绍，以期全面提高大学生体育素养，使学生能现时受益、终身受益。本书通过对体育与健康概述、生活方式与健康、体育锻炼的科学知识、健康体适能、营养与健康、体育锻炼卫生保健知识、医疗保健体育和奥林匹克文化等体育基础理论的介绍来帮助学生丰富体育知识；通过对田径、足球、篮球、排球、乒乓球、羽毛球、网球、武术、游泳、形体健美和休闲运动等体育运动的介绍来帮助学生提高运动技能，激发学生对体育锻炼的兴趣。在本书的最后还附有《国家学生体质健康标准》简介。

本书既可供普通高等院校公共体育课程教学使用，又是民众健身锻炼和健康指导的良师益友。

图书在版编目(CIP)数据

普通高校体育与健康教程/王文成等主编. —北京：科学出版社，2019.8
ISBN 978-7-03-062225-9

Ⅰ.①普… Ⅱ.①王… Ⅲ.①体育－高等学校－教材 ②健康教育－高等学校－教材 Ⅳ.①G807.4 ②G647.9

中国版本图书馆 CIP 数据核字（2019）第 186439 号

责任编辑：滕 云 赵微微 / 责任校对：王 瑞
责任印制：霍 兵 / 封面设计：华路天然工作室

科学出版社 出版
北京东黄城根北街 16 号
邮政编码：100717
http://www.sciencep.com

天津文林印务有限公司印刷
科学出版社发行 各地新华书店经销

*

2019 年 8 月第 一 版 开本：787×1092 1/16
2023 年 9 月第六次印刷 印张：18
字数：430 000
定价 45.00 元
（如有印装质量问题，我社负责调换）

编 委 会

主　编	王文成	王业先	林少琴	刘晓海
副主编	杨友娣	刘大伟	任　兵	沙　涛
编　委	张陶淘	于海强	安丽娜	姜媛媛
	贾丽芹	刘冬柏	杨　飞	邱　俊
	邓　鸿	刘　聪	范轶倩	胡剑锋

前　　言

高校体育教育作为高等教育的重要组成部分，为全面贯彻党的教育方针，落实立德树人根本任务，培养德智体美劳全面发展的社会主义建设者和接班人发挥着重要作用。大学生是祖国现代化建设的重要力量，他们不仅要有扎实的专业知识，还要有健康的体魄，这样才能更好地为国家的现代化建设服务。《中共中央关于全面深化改革若干重大问题的决定》对学校体育工作做出重要部署，明确提出"强化体育课和课外锻炼，促进青少年身心健康、体魄强健"，这是继《中共中央国务院关于加强青少年体育增强青少年体质的意见》颁布以来，党中央对学校体育工作提出的重要而明确的要求。做好学校体育工作，加快高校体育发展的步伐，是我国高校体育工作者义不容辞的责任。

高校体育课程的有序开展离不开高质量的高校体育健康教材。根据《高等学校体育工作基本标准》和《全国普通高等学校体育课程教学指导纲要》的精神，结合近年来高校体育教学与健康教育的实际需求，我们适时编写了本书。

根据现代大学生的身体素质和运动素质，我们提出理论与实践相结合的教学方法，指导学生对体育锻炼经历被动接受—主动接受—自觉锻炼的过程，在达到增强体质目的的同时，还要养成终身体育的良好习惯，为学生以后的工作与生活打下坚实的基础。本教材注重理论和实践相结合，分为基础理论和运动实践两个部分。在理论方面，从体育与健康概述、生活方式与健康、体育锻炼的科学知识、健康体适能、营养与健康、体育锻炼卫生保健知识、医疗保健体育和奥林匹克文化方面阐述，为学生构建基础理论框架。在实践方面，着重介绍田径、球类、武术、游泳、形体健美和休闲运动等项目，力图使学生掌握各项运动技术和方法。

本书内容通俗易懂、图文并茂，能充分激发大学生体育锻炼的热情，帮助学生解决锻炼中遇到的实际问题。

在本书编写过程中，我们参考和引用了众多的书籍、资料，在此向有关作者致以真诚的感谢。由于编写人员水平有限，若有不妥之处，恳请广大读者给予批评与指正，以便我们今后进一步完善和提高。

编　者

2019 年 1 月

2023 年 9 月修改

目　录

第一章　体育与健康概述 ··· 1
　　第一节　现代健康观 ··· 1
　　第二节　体育运动对健康的影响 ··· 3
第二章　生活方式与健康 ··· 8
　　第一节　生活方式对健康的影响 ··· 8
　　第二节　健康的生活方式 ··· 10
第三章　体育锻炼的科学知识 ··· 14
　　第一节　体育锻炼内容的选择 ·· 14
　　第二节　体育锻炼的基本原则 ·· 16
　　第三节　体育锻炼的注意事项 ·· 17
第四章　健康体适能 ··· 21
　　第一节　体适能概述 ·· 21
　　第二节　提高健康体适能的主要方法 ································· 22
第五章　营养与健康 ··· 34
　　第一节　营养对健康的影响 ··· 34
　　第二节　营养素 ·· 35
　　第三节　平衡膳食 ··· 40
第六章　体育锻炼卫生保健知识 ·· 44
　　第一节　体育锻炼的卫生常识 ·· 44
　　第二节　运动损伤的预防与处理 ······································· 46
　　第三节　女子运动卫生保健 ··· 49
第七章　医疗保健体育 ·· 51
　　第一节　医疗保健体育概述 ··· 51
　　第二节　医疗体操 ··· 53
　　第三节　保健按摩 ··· 60
　　第四节　传统保健养生方法 ··· 69
第八章　奥林匹克文化 ·· 72
　　第一节　奥林匹克运动会的历史与发展 ······························ 72
　　第二节　奥林匹克运动的思想体系 ···································· 74
　　第三节　中国与奥林匹克运动 ·· 75
第九章　田径运动 ·· 77
　　第一节　跑 ·· 77

第二节　跳 ………………………………………………………………… 83
　　第三节　投掷 ………………………………………………………………… 86
第十章　足球运动 ………………………………………………………………… 87
　　第一节　足球基本技术 ……………………………………………………… 87
　　第二节　足球基本战术 ……………………………………………………… 94
　　第三节　足球比赛场地及规则简介 ………………………………………… 95
第十一章　篮球运动 ……………………………………………………………… 98
　　第一节　篮球基本技术 ……………………………………………………… 98
　　第二节　篮球基本战术 ……………………………………………………… 104
　　第三节　篮球比赛场地及规则简介 ………………………………………… 106
第十二章　排球运动 ……………………………………………………………… 108
　　第一节　排球基本技术 ……………………………………………………… 108
　　第二节　排球基本战术 ……………………………………………………… 116
　　第三节　排球比赛场地及规则简介 ………………………………………… 117
第十三章　乒乓球运动 …………………………………………………………… 119
　　第一节　乒乓球基本技术 …………………………………………………… 119
　　第二节　乒乓球基本战术 …………………………………………………… 126
　　第三节　乒乓球比赛器材、场地及规则简介 ……………………………… 127
第十四章　羽毛球运动 …………………………………………………………… 129
　　第一节　羽毛球基本技术 …………………………………………………… 129
　　第二节　羽毛球基本战术 …………………………………………………… 136
　　第三节　羽毛球比赛场地及规则简介 ……………………………………… 137
第十五章　网球运动 ……………………………………………………………… 140
　　第一节　网球基本技术 ……………………………………………………… 140
　　第二节　网球基本战术 ……………………………………………………… 147
　　第三节　网球比赛场地及规则简介 ………………………………………… 149
第十六章　武术运动 ……………………………………………………………… 152
　　第一节　武术概述 …………………………………………………………… 152
　　第二节　初级长拳 …………………………………………………………… 153
　　第三节　太极拳 ……………………………………………………………… 161
　　第四节　传统养生保健功法 ………………………………………………… 171
第十七章　游泳运动 ……………………………………………………………… 184
　　第一节　自由泳和蛙泳 ……………………………………………………… 184
　　第二节　游泳安全防护 ……………………………………………………… 191
第十八章　形体健美 ……………………………………………………………… 195
　　第一节　健美操 ……………………………………………………………… 195
　　第二节　健美运动 …………………………………………………………… 206
　　第三节　瑜伽 ………………………………………………………………… 219

第十九章　休闲运动 ·· 228
　　第一节　跆拳道 ·· 228
　　第二节　轮滑 ··· 240
　　第三节　台球 ··· 248
　　第四节　街舞 ··· 255
　　第五节　定向运动 ··· 267
附录　《国家学生体质健康标准》简介 ··· 272
　　附录一　《国家学生体质健康标准》的实施说明 ·· 272
　　附录二　《国家学生体质健康标准》的测试方法 ·· 273
　　附录三　《国家学生体质健康标准》的测试评分表 ···································· 275

第一章 体育与健康概述

本章导读

健康已成为人类的重要生活追求之一,无论是对个人还是对社会都有着重要的价值。大学生作为社会青年人的代表,其健康状况更是关系到整个社会的发展和进步。大学生有必要树立正确的健康观,认识体育运动对健康的影响,积极进行体育锻炼。

第一节 现代健康观

一、健康的定义

健康是人类最大的财富,其重要性几乎人人皆知。然而,对于什么是健康,真正说得清的人却为数不多。人们通常认为,一个人只要不生病、不吃药、不打针就是健康的。随着社会的进步与发展,人们对健康有了更加深刻和全面的认识。世界卫生组织指出,健康不仅是没有疾病或不虚弱,而且是身体上、精神上和社会适应方面的完美状态。1989年,世界卫生组织将健康重新定义为心理健康、身体健康、道德健康和社会适应良好。

心理健康是指个体能够正确认识自己,及时调整自己的心态,使心理处于良好状态,以适应外界的变化。

身体健康是指躯体结构和功能正常,具有生活自理能力。

道德健康是指能够按照社会规范的准则和要求来支配行为,能为人类的幸福做贡献。

社会适应良好是指能以积极的态度和行为去适应社会生活的各种变化。

由此可见,真正意义上的健康应该是确保高质量生活的一种最佳身心状态。

随着社会的进步,人们还在不断地给健康赋予新的内涵。健康是现代社会最重要的目标,现代健康的概念不仅指个体的健康,还应包括所有人群乃至全社会的健康。

二、健康的五要素

对于健康的认识,美国学者劳森还提出了"健康五要素"。他认为,个体应当在身体、精神、智力、情绪、社会五个方面都处于健康和完美状态,才能称为真正的健康。

(一)身体健康

身体健康不仅指无病,还包括拥有充足的体能,后者是一种满足生活需要并使人有足够的能量完成各种活动、任务的能力。具备这种能力就可以有效地预防疾病、增进健康、提高生活质量。

（二）精神健康

精神健康主要包括理解生活基本目的的能力，关心和尊重所有生命体的能力。

（三）智力健康

智力健康是指在长期的学习和生活中，大脑可以始终保持活跃状态。有许多方法可以使大脑活跃敏捷，如听课、与朋友讨论问题和阅读报刊、书籍等。努力学习和勤于思考还能使人有一种成就感和满足感。

（四）情绪健康

情绪涉及我们对自己的感受和对他人的感受。情绪健康的主要标志是情绪稳定性。情绪稳定性，是指个体应对日常生活中人际关系和环境压力的能力。当然，生活中偶尔情绪高涨或情绪低落均属正常，关键是在生活的大部分时间里要保持情绪稳定。

（五）社会健康

社会健康是指形成并保持和谐的人际关系的能力，此能力将使人在交往中有自信感和安全感。与人友好相处，也会使自己少生烦恼，心情舒畅。

健康的五个要素相互联系、相互影响。例如，身体不健康会导致情绪不健康；缺乏精神上的健康会引起身体和智力的不健康等。

三、HELP 哲学观与健康

HELP 哲学观的提出为当今社会保障人类健康生存提供了理论基础。理解 HELP 理论的内涵将有助于人们培养健康的生存方式，并影响其终生。

HELP 中的 H 代表健康，即 Health。健康是生命的根本，只有从根本上理解和认识健康的含义，才能使人们认识到健康的重要性，认识到健康的生活习惯是机体健康的根本保证，从而有效地付诸行动，并保持良好的生活习惯。而良好的生活习惯将会有效地促进身心的健康发展，并使机体具有良好的体质。

HELP 中的 E 代表每个人，即 Everyone。具备追求健康的意识很重要，但关键是要使每个人认识到健康的重要性，进而保证每个人都能有良好的生活习惯，并影响周围的人。要使每个人都认识到：终生都要保持良好的生活习惯；健康效果的显现滞后于生活习惯和行为的改变；体育运动并非运动员的专利，也不是为了艺术欣赏而出现的，体育运动的根本目的是健康。这里强调每个人，最终目的是缩小国民的健康差距，促进全民健康。

HELP 中的 L 代表一生，即 Lifetime。人们年轻时可能并没有意识到吸烟、酗酒、运动不足等不利于健康的行为对机体危害的严重性，只有等到疾病发生时，才意识到这种行为的后果。人们认识到不良健康行为具有累积性，应从生命的早期就开始重视健康行为，树立终身体育意识，使人受益终身。健康的生活习惯实施得时间越早、越长，机体的受益时间就越持久，长期的健康生活习惯甚至还能改变某些疾病的遗传易感性。

HELP 中的 P 代表个人，即 Personal。迄今为止，世界上还没有一种能包治百病的灵丹妙药。同样,增强身心健康、提高身体素质也没有单一的行为或运动处方。健康的生活习惯应基于个人需求,每个人都要根据自己的习惯,对日常生活行为做出调整。指导者要了解被指导者的具体情况,做到因人而异,并循序渐进。

四、亚健康

(一)亚健康的概念

现代医学家根据人的身体健康情况,把健康人称为"第一种人",把患病者称为"第二种人",把处于健康与疾病之间的人称为"第三种人",又称第三状态或亚健康状态。亚健康状态是指机体虽无明确的疾病,却呈现出活力降低、功能减退的一种生理状态,它是一种暂时性的生理功能失调,常常会造成精神紧张综合征、疲劳综合征、疼痛综合征等。亚健康状态的主要表现有疲乏无力、焦虑不安、易激怒、情绪不稳定、适应能力差、失眠、胃口不佳、懒散、注意力不集中、理解判断能力差、社交障碍等。世界卫生组织一项全球性的调查结果表明,全世界真正健康的人仅占5%,经医生诊断患病的人占20%,75%的人处于亚健康状态。

(二)亚健康状态的调控

(1) 改变不良的生活习惯,戒烟、戒酒,从而减少或避免来自外界的恶性刺激。
(2) 保持体内生物钟的稳定,做到劳逸结合、作息规律,防止重新加重身心疲劳。
(3) 适度增加体力活动的强度和体育锻炼的时间,给躯体加大些"负荷",不仅可以增强心肺功能,还能使人产生愉悦之感。
(4) 加强营养,定时进餐,尤其要重视早餐,注意提高早餐的质量。
(5) 通过旅游活动,如春踏青、夏赏花、秋登山、冬赏雪等,经受大自然的洗礼,增强体质、陶冶情操。
(6) 通过自我心理调适,逐渐提高对外来刺激的承受能力,增强心理抗病力,以心理健康带动躯体健康。
(7) 广交朋友,尽量将自己置于"朋友快乐世界"中去,成为他们中的一员。调查表明,有些处于亚健康状态的人就是被朋友的友谊之手拉回到健康者行列的。
(8) 症状重而不能自我调节时,请医生帮助,必要时进行一些对症治疗。

人体的健康状态、亚健康状态和疾病状态转化关系如图1-1-1所示。

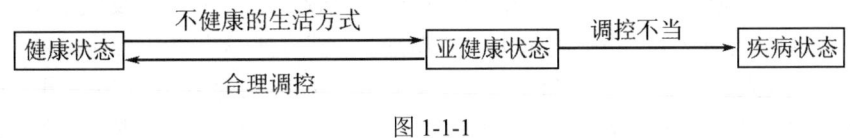

图 1-1-1

第二节 体育运动对健康的影响

一、适量运动对健康的影响

适量运动是指运动者根据个人的身体状况、场地、器材和气候等条件,选择适合的运动项目，使运动负荷不超过人体的承受范围，即运动过程中的运动强度、持续时间和运动频率适宜，运动时的心率控制在 120~150 次/分；机体无不良反应，运动后略觉疲劳，恢复速度快；情绪和食欲良好，睡眠质量高，醒后感觉精力充沛。

（一）适量运动对人体生理机能的影响

1. 对运动系统的影响

运动系统是大学生正常生活、工作和运动不可缺少的系统。运动生理学研究表明，进行体育活动有助于人体骨骼的发育和生长；有助于关节的灵活，增加动作的幅度；有助于增加肌肉的体积、增强肌肉的力量。

人体的身高主要与骨骼的发育水平有关。大学生在经历了青春期发育的高峰期后，骨骼发育进入了缓慢的发展阶段，但骨化过程尚未结束，身高仍存在着相当大的可塑性。经常参加体育活动可有效刺激和促进人体的新陈代谢水平，使骨骼的新陈代谢加强，血液供应充分，骨细胞生长能力增强，从而使骨的长度增加，骨密质增大，骨变粗，骨组织的排列更加整齐而有规律，机械稳定性加强。

关节是构成人体形态、连接骨骼的组织结构。运动时，韧带和肌腱的柔韧性和力量都得到增强，关节的稳定性和活动的范围得到加强和扩大，从而使动作表现出舒展大方、优美协调的效果。

肌肉是人体运动的动力组织，也是构成健美体形的外在组成部分。俄国诗人马雅可夫斯基曾这样赞美："世界上没有比结实的肌肉和新鲜的皮肤更加美丽的衣裳。"大学生的肌肉发展特点是肌纤维从纵向发展转向横向发展。在进行体育锻炼时，肌肉的不断伸缩可使肌球蛋白不断增加，可使肌肉贮存水分的能力增强而有利于肌肉的氧化反应，可使肌纤维的供能中心线粒体数量增加，不易产生疲劳，可使肌肉结缔组织增厚，肌纤维的数量增加和横断面增大，肌肉的力量增大，肌肉更结实、丰满。研究表明，经过长期的运动，人体肌肉的重量可由体重的 40% 左右（女性约占 35%）改变为 50% 左右，从而明显改善身体的形态结构。

2. 对心血管系统的影响

人的心血管系统担负着人体内新陈代谢过程的运输任务，心脏是血液循环的总动力中心。普通成年人的心脏重量为 300~400 克，心脏容积为 240~250 毫升，心率为 65~75 次/分，血液总量占体重的 7%~8%。

体育锻炼时，心脏毛细血管开放的数量增多，心肌的血液供应和新陈代谢加快，增加了心肌中蛋白质和糖原的储备，心肌纤维变粗，心壁增厚，心脏的形态发生了良好的变化。随着心肌收缩力量的增大，心脏容量也得以增加。心脏每搏输出量和心输出量也会增加。资料表明，一般人每搏输出量为 70~90 毫升，经常锻炼的人为 100~120 毫升。安静时一般人心率为 70~80 次/分，经常锻炼的人可减少到 50~60 次/分；剧烈运动时，缺乏锻炼的人最高心率超过 190 次/分时，就会出现恶心、呕吐、头晕、面色苍白、出冷汗等症状，经常锻炼的人心率可达到 200 次/分；这些变化都是心血管系统机能增强的表现。

此外，经常参加体育活动还会影响血管壁的结构，改变血管在器官中的分布状态，使冠状动脉口径变粗、心肌毛细血管的数目增加，因而体育锻炼也是预防一些心血管系统疾病、保护心脏健康的积极手段。

3. 对呼吸系统的影响

人体的呼吸系统由呼吸道（包括鼻、喉、气管和支气管）和肺组成。呼吸道是呼吸时气体的通道，肺是进行气体交换的场所。经常参加体育活动可使呼吸系统的机能得到改善。因为运动可以保持肺组织的弹性，改进胸廓活动范围，使呼吸深度加大，肺活量增加。一般成年男子的肺活量为3500毫升左右，女子为2500毫升左右，而经常锻炼的成年男子的肺活量可达到4000～7000毫升，女子可达到3500毫升左右。运动也使呼吸系统的通气和换气功能得以增强。安静时一般人的呼吸频率为12次/分，肺通气量为4～7升/分，经常锻炼的人呼吸频率仅8～10次/分就可达到同样的肺通气量。在定量工作时，呼吸机能还能表现出节省化现象，即能够较长时间地保持高效率的工作，能够适应和满足较大运动负荷对呼吸系统的要求。

4. 对神经系统的影响

神经系统包括中枢神经系统和周围神经系统。中枢神经系统负责整个机体的活动；周围神经系统散布于机体各处，上连中枢神经，下连各器官、系统，它把各种刺激传给中枢神经，也把中枢神经的指令传到人体的各个部位。人体任何一个器官、系统的活动，都是在神经系统的调节、控制下完成的。大学生的神经系统处于脑细胞建立联系的上升期，大脑神经细胞的分化机能迅速发展，大脑皮层的结构和功能也发生着巨大变化。

经常参加体育活动可以使人的头脑清醒、思维敏捷。因为大脑的重量虽然只占人体重的2%，但它所需要的氧气却要由心脏总血流量的20%来供应，比肌肉工作时所需的血流量还要多。进行体育活动，特别是到大自然中去活动，可以改善大脑供血和供氧情况，促使大脑皮层兴奋性增强。

另外，进行体育锻炼是调节大脑皮层兴奋和抑制过程的有效措施。这是因为人体神经系统的活动就是兴奋和抑制过程的相互转换。人体在运动的过程中，肌肉需要不停地做出收缩和放松的反应，这一过程本身就是对神经系统兴奋与抑制机能很好的锻炼，可以使人的动作敏捷，反应灵敏迅速，思维灵活，同时改善神经系统对心血管系统、呼吸系统和运动系统等器官系统的调节功能，从而更好地保证大学生在校期间的学习。

5. 对免疫机能的影响

适量运动可增强机体对运动应激的生理性适应，表现为机体免疫机能增强，不易感冒，抵抗病毒的能力增强。

6. 对肠胃机能的影响

适量运动可加强肠胃蠕动，改善血液循环，促进消化液分泌，加速营养物质的转化与吸收。

7. 对身体成分的影响

适量运动可促进脂肪分解，促进肌肉蛋白质的合成，使脂肪含量减少，去脂体重增加，有利于改善和保持正常的身体成分。

8. 可防治疾病

适量运动可降低轻度高血压患者的血压，延缓动脉粥样硬化斑块的形成，增加冠状动脉的储备；可有效减缓随年龄增长而发生的骨质疏松；有助于调整神经系统的活动状态，协调各中枢间兴奋与抑制的平衡，改善其机能活动，防止神经衰弱的发生。

此外，适量运动还能增加胰岛素受体对胰岛素的亲和力，促进肌肉对糖的利用，降低血糖，增加肌肉对脂肪酸的利用，降低血脂，因而有防治糖尿病的作用。

9. 可延缓衰老

适量运动可以改善人的心血管机能，改善脂代谢，保持机体自由基生成与清除的动态平衡，提高机体的新陈代谢和抗氧化能力，促进免疫系统机能，改善内分泌功能，起到延缓衰老的作用。

（二）适量运动对人体心理机能的影响

1. 有助于改善情绪状态

在繁重的学习压力下，某些人经常会产生忧愁、紧张和压抑等情绪反应，参加体育活动可以转变个体不愉快的意识和情绪，因为运动能够提高人的情绪唤醒水平。唤醒水平是指一个人情绪兴奋的水平。当达到一定的运动负荷时就会使唤醒水平提高，使人精神振奋、乐观自信、充满活力。

2. 有助于培养大学生的意志品质

意志品质是指一个人的果断性、坚韧性、自制力和勇敢顽强、独立自主等精神。意志品质既是在克服困难的过程中表现出来的，又是在克服困难的过程中培养起来的。在体育活动过程中，需要不断克服各种客观困难（如气候条件的变化、动作难度的加大、运动损伤等）和主观困难（如惰性、胆怯、畏惧、疲劳等）。坚持参加体育活动，可以培养坚强的意志品质，并能够运用到学习、生活和工作中去。

3. 有助于培养人际交往能力

人际交往是指在社会活动中人与人之间进行信息交流和情感沟通的联系过程。人际交往能力强是一个人心理健康的重要标志之一。经常参加体育活动有助于培养学生的人际交往能力，因为体育活动增加了人与人接触和交往的机会。很多体育运动项目是以集体参与的方式表现出来的，参加运动的过程就是一个与他人紧密协作和配合的过程。

4. 有助于心理卫生问题和心理障碍的防治

体育锻炼被公认为是一种有效的心理治疗方法。美国的一项调查发现，在 1750 名心理医生中，80%认为体育锻炼是治疗抑郁症的有效手段之一，60%认为应该将体育锻炼作为一种医疗手段来消除焦虑症。由于学习压力和其他方面的挫折因素，焦虑症和抑郁症已成为大学生常见的心理疾病，而通过体育运动可以减缓或消除这些心理疾病。

二、过度运动对健康的影响

过度运动包含两方面的含义：一是运动负荷超过人体的承受极限，机体在精神、能量等方面过度消耗，使其无法在正常时间内恢复；二是当身体的某些机能发生改变时，恢复手段无效、营养不良、情绪突变、思想波动等，使正常的负荷变成超量负荷，从而使主动运动变成被动的应激刺激。过度运动往往会导致运动能力减退，产生某些不正常的生理状态以及心理症状等。

过度运动会引起心肌毛细血管的持续性损伤；心肌细胞发生缺氧性损害，心肌收缩性能和舒张性能也会产生较为严重的损伤；可造成骨骼肌收缩机能下降，肌肉细胞内钙离子平衡紊乱，从而引发关节慢性劳损、肌腱损伤、疲劳性骨折；还会使人体内各器官供血供氧失去平衡，导致大脑早衰，扰乱内分泌系统，使免疫机制受损，加速身体各器官的衰老。

三、运动缺乏对健康的影响

运动缺乏的含义包括久坐习惯、机体缺乏运动应激刺激、不运动或很少运动。如果每周运动不足 3 次，每次运动时间不足 10 分钟，运动强度偏低，运动时心率低于 110 次/分，则为运动缺乏。

运动缺乏将对人体健康产生不利的影响。长期缺乏运动，人的新陈代谢机能就会降低，由此很容易引起各种肌肉、关节的疾病，如肩周炎、骨质疏松症等，同时会导致心肺机能下降等不良身体反应。久坐不动还是痔疮、坐骨神经痛、盆腔淤血等病症的祸根。运动缺乏或久坐不动可使人体的抵抗力下降，极易患疾病。运动不足是 2 型糖尿病发病的独立危险因素。运动缺乏可加速衰老，增加老年人的死亡率，并且使心肌损伤、中风、糖尿病及心绞痛的发病率明显上升。

四、终身体育与个体健康

运动对人体影响的双向性特征说明：生命不仅在于运动，更在于科学地运动。要实现"健康第一"的指导思想、达到强身健体的目的，就必须树立终身体育的理念，养成终身体育锻炼的习惯。

终身体育，是指人们在一生中所进行的身体锻炼和所受到的各种体育教育的总和，即在人的一生中实施体育，它是与生命具有共同外延的一种连续性的教育过程。因此，伴随着个体年龄、体力、心境、环境与观念的变化，终身体育的侧重点也会发生阶段性变化。幼年期突出"游戏性"，青春期张扬着"竞争性"，成年期较多关注"社交性"，而人至暮年，对于健康长寿必然倾注更多热忱。由此得知，体育已成为每一个人的生存必需，贯穿于每个生命的全过程。

对于当代大学生而言，要顺利完成学业，适应就业后的激烈竞争，更应重视终身体育意识的确立，培养终身体育锻炼的兴趣，掌握终身体育锻炼的知识，提高终身体育锻炼的能力，养成终身体育锻炼的习惯，远离疾病和衰弱，让身心健康的完好状态伴随一生。

第二章 生活方式与健康

本章导读

生活方式是指人们长期受一定社会文化、经济、风俗、家庭影响而形成的一系列的生活习惯、生活制度和生活意识。良好的生活方式可以促进人体健康，反之，则会危害人体健康。改变不良的生活方式和提倡健康的生活方式是提高健康状况的主要途径。

第一节 生活方式对健康的影响

一、吸烟

吸烟是目前危害人类健康最严重的不良行为之一，这是因为吸烟是多种疾病的独立致病因素。吸烟者可患肺癌和唇、舌、口腔、喉、食管和膀胱等多种癌症，还有慢性阻塞性肺疾病、冠心病、溃疡病等一系列吸烟相关性疾病。从烟草中分离出的化学物质有1200多种，其中有害物质达40多种，对人体可造成多方面的危害，如导致血氧含量降低、血压升高、免疫机能下降、性功能障碍等。

我国是世界烟草消费第一大国，现有的吸烟人数超过3亿。根据2013年全国健康调查研究，15～24岁人群的吸烟率达12.5%，并呈增加趋势。

二、酗酒

酗酒是指无节制地过量饮酒，是一种影响自身健康、易造成严重后果的异常行为。

酗酒分为急性危害和慢性危害两类。急性危害有急性中毒、车祸、犯罪、斗殴、损伤、家庭不和及意外死亡等；慢性危害有慢性中毒综合征、肝硬化和精神疾病等。由此可见，酗酒带来的危害是十分严重的。

在日常生活中，饮酒是一种十分常见的饮食行为或某些人群的生活习惯。饮酒，在大学生群体中也是比较普遍的现象。少量饮用低度酒精饮料对身体健康状况是不会造成损害的，但无节制地过度饮酒或经常饮酒，会给身体健康带来极大的危害，从而影响学习和生活。

三、吸毒

毒品对人类健康的危害远比烟、酒大得多。流行病学大量研究表明，毒品是艾滋病流行的原因之一。吸毒引起的巨大经济消耗，是一般家庭所不能承担的，吸毒造成家庭不稳定；吸毒者若无钱购买毒品可能会参加偷盗或贩毒集团，造成社会不安定。毒品的药物作用损伤神经细胞和免疫细胞，造成营养不良、体质衰弱、精神萎靡、意志消沉、人格自私、待人冷漠、精神障碍、丧失劳动力等。

据报道，吸毒者吸毒的动机包括：寻求刺激、追求时髦、好奇；由负性生活事件引起，如夫妻感情不和、事业受挫等，借毒品麻醉求得片刻的快乐；环境引诱和逼迫；为缓解痛苦。虽然吸毒在大学生人群中只有个案发生，但不能不引起我们的高度警觉。要知道，一旦染上这一恶习，不仅会毁了身体、丧失事业和前程，严重的还会葬送家庭和生命。

四、不良性行为

不良性行为可导致性病的传播，危害身体健康。性传播疾病是指以性接触为主要传播途径的一组传染性疾病，俗称性病。目前国际上列为性病的病种逾 20 种，我国重点防治的性病有 8 种，即淋病、梅毒、生殖器疱疹、生殖道沙眼衣原体感染、尖锐湿疣、软下疳、性病淋巴肉芽肿和艾滋病。引起性病的病原体有多种，包括病毒、衣原体、支原体、细菌、螺旋体和原虫等。当性病患者与健康人进行性接触时，病原体很容易侵入健康人体而致感染。但有些病原体可经过非性接触途径传染，如被病原体污染的毛巾、内衣、注射器针头等，或通过输血、组织移植而感染。此外，某些性病还可以在妊娠和分娩过程中，由母亲传给胎儿或新生儿。

现代社会文明把性道德提到了相当的高度，男女之间的爱情是人生经历中一件美好的事情，爱情同样需要讲究道德。然而，有关调查表明，在大学生中，对待两性关系态度不严肃、性关系混乱的现象还是存在的。这对大学生的身体和心理健康极为有害，它影响人的心理健康、人格完善，影响学习乃至今后的工作和婚姻。因此，应加强对大学生性道德教育，提高其性道德水平，树立其良好的恋爱观、道德观和人生观。

五、网络成瘾

随着互联网时代的到来，网络给人们生活带来方便的同时，也产生了很多负面效应。无节制地花费时间和精力在网上冲浪、聊天或玩网络游戏，会降低学习和工作效率，影响生活质量，损害身体健康，导致行为异常等后果。这些消极影响引起了心理学家的关注，并将其命名为"网络成瘾"。网络成瘾是由重复地使用网络所导致的一种慢性或周期性的着迷状态，并产生难以抗拒的欲望。

网络成瘾在大学生中有所表现。有关学者对 2169 名大学生的调查显示，有 7.4% 的学生属于准网络成瘾者，网络成瘾给他们的学习、生活带来了负面的影响；有 1.6% 的学生为网络成瘾者，其学习、生活出现了严重问题。

六、不良的饮食习惯

（1）无节制饮食方式。无节制饮食主要表现为暴饮暴食或忍饥挨饿，这对健康十分不利。例如，早餐不吃就去上课，随着大脑和其他器官能量的消耗，血糖就会下降。当血糖含量降低到每 100 毫升血液中不足 45 毫克时，就会严重影响脑组织的机能活动，造成全身乏力、注意力分散。而暴饮暴食会使消化器官的功能发生紊乱，进而使机体代谢功能失去平衡。这两种情况长期下去都会引发许多疾病。

（2）盲目节食。这种情况女生多于男生，她们的主要目的是减肥。限制饮食虽然可以使人消瘦，但体内的营养物质也随之匮乏，势必出现种种功能障碍或疾病，轻则头晕眼花、四肢无力，重则出现贫血、低血糖、月经失调等情况。如果所摄取的热量仅能维持其生存，而不能满足生长发育的需要，就会使身体发育受到影响，造成终身遗憾。当然，如果过于肥胖也应制订科学的饮食方案，并坚持体育锻炼，才能达到美体健身的效果。

（3）偏食。片面认定某些食物是高营养而长期偏食，导致营养摄入不均衡。例如，有的学生不肯吃肉，结果身体不能及时补充蛋白质，造成身体发育迟缓或发育不良；有的学生不肯吃蔬菜，引起身体多种维生素和矿物质的缺乏，这给成年后患高血压、高脂血症、动脉硬化等疾病留下了隐患。

（4）不卫生的"共餐"。"共餐"是一种落后的习惯，它是传染性肠道疾病和传染性肝病传播的重要途径。虽然共餐在一定程度上能增进感情、交流思想，但极易传播疾病，明显弊大于利。我国传统的"共餐"多局限于一家人中，但近些年，大学生"共餐"现象明显增加，而共用餐具与"共餐"具有同样的危害。

第二节　健康的生活方式

生活方式，简单地说就是怎样生活，是指人们长期受一定的民族文化、经济、社会习惯、规范和家庭影响所形成的一系列生活意识、生活习惯和生活制度的总和。世界卫生组织曾向世界宣布，个人的健康和寿命60%取决于自己，15%取决于遗传，10%取决于社会因素，8%取决于医疗条件，7%取决于气候影响；而在取决于自己的因素中，生活方式是主要因素。良好的生活方式可以促进人体健康，反之，则会危害人体健康。

目前，在我国，威胁人们生命健康的主要疾病已由过去的传染病转变为慢性非传染病。大量研究表明：生活方式和行为不健康、不科学是最主要的发病原因。例如，我国学者研究了四类因素在死因中的构成比例，结果是生活方式和行为因素占48.9%，环境因素占17.6%，生物因素占23.2%，保健服务因素占10.3%。因此，树立文明、健康、科学的生活方式，克服和消除不良的生活方式是十分必要的。世界卫生组织原总干事中岛宏博士曾深刻指出：我们必须认识到，世界上绝大多数影响健康的问题和过早死亡都是可以通过改变人们的行为来防止的，而且花费很少。因此，2000年，世界卫生组织提出了健康的四大基石：合理膳食、适量运动、戒烟限酒、心理平衡。我国卫生部门参照国外经验，汇集我国大多数保健专家学者的意见，结合我国的特色，总结出了我们应该推行的健康生活方式。结合高校教育的实际情况，大学生应做到：合理膳食、规律起居、保证睡眠、劳逸结合、戒烟限酒、适量运动、心理平衡。

一、合理膳食

影响人的健康和寿命的因素是多方面的，饮食营养就是其中的一个重要方面。医学专家认为，营养不足和营养不平衡是多种疾病的重要诱因，如糖尿病、高血压、冠心病、高脂血症、痛风症、癌症等，无不与膳食平衡失调有关。人体所需的营养素达40多种，可分为七大类，即蛋白质、脂类、碳水化合物、矿物质（包括常量元素和微量元素）、维生素、膳食纤维和水，其中蛋白质、脂类和碳水化合物在代谢过程中可以产生热量，因而又统称为"三大产热营养素"。这七大类营养素既有各自特殊的作用，完成各自承担的任务，又构成一个基本营养体系，在营养的全过程中协调合作，共同完成调节人体生命和生理活动的神圣使命。平衡膳食是一种科学的、合理的膳食，这种膳食所提供的热能和各种营养素不仅要全面，而且膳食的营养供给与人体的需求之间必须取得平衡，既不过剩也不欠缺，同时各种营养素之间能够保持合适的比例，相互配合而不失调，并能照顾到不同年龄、性别、生理状态及特殊条件下的情况，使供需之间能达到营养平衡。中国营养学会根据国情制定了膳食指南，其原则包括：食物要多样、饥饱要适当、油脂要适量、粗细要搭配、食盐要限量、甜食要少吃、饮酒要节制、三餐要合理。这些原则若能长期遵守，就能达到合理营养的要求。

二、规律起居

起居，主要指作息，也包括对各种日常生活活动的安排。我国医学认为，人类长寿的原因之一，就是"起居有常"。《黄帝内经》说："上古之人，其知道者，……食饮有节，起居有常，不妄作劳，故能形与神俱，而尽终其天年，度百岁乃去，……起居无节，故半百而衰也。"从近代一些长寿老人的经验来看，有规律起居的良好习惯，是健康长寿的一条重要经验。今天，科学家更加坚信不疑，人体内的各种生理活动都存在着与大自然活动密切相关的生物节律，即"生物钟"。所以，我们的生活起居必须"有常"，坚持按时作息，合理地安排起居作息，保持良好的生活习惯，坚持有规律的生活习惯，尽量使工作、学习、休息、睡眠等活动保持一定的规律，不违背人体生理的变化规律，并与大自然的活动规律相适应，顺应生物钟的要求。这是保证身心健康、延年益寿的重要保健方法。

三、保证睡眠

睡眠是人生活中的一个重要组成部分。人的一生有1/3的时间是在睡眠中度过的，好的睡眠对恢复体力、增强智慧、保证健康十分重要。没有睡眠就没有健康。睡眠是机体自我保护的重要生理功能。睡眠不仅能使身体得到休息，恢复体力，还能让大脑得到休息，恢复脑力。睡眠时，自主神经系统能集中精力完成消化吸收、营养和能量的转化储备等工作。某些内分泌功能在深睡时变得更加活跃，如生长激素、松果体素的释放增加等，免疫系统也可以在熟睡中得到强化。通过睡眠，人们能够获得全身心的休息、恢复和调整。科学家认为，如果你希望自己健康，就必须重新评估睡眠对健康的作用。

四、劳逸结合

适度的紧张工作有利于健康，而过度劳累则有损于健康。最近的一项科学研究报告表明，长期处于过度紧张状态可以对人体健康产生致命的影响。英国科学家贝弗里奇说过："疲劳过度的人是在追逐死亡。"如果长期处于疲劳状态，不仅会降低工作效率，还会诱发疾病。因为长期过度的紧张会使体内儿茶酚胺类物质过度释放，容易引起血压升高、心血管动脉粥样硬化、心律失常、神经衰弱、消化性溃疡等病，尤其是患有高血压和冠心病的人，精神过分紧张危害更大，容易诱发心肌梗死、中风，甚至引发"过劳死"。"过劳死"这种病无药可治，只能预防。因此，我们在当今经济飞快发展、市场竞争空前激烈的时代，在快节奏的紧张工作与生活中，一定要注意劳逸结合，注意保健之法和养生之道。这样就能够在紧张的工作中既提高工作效率，又预防疾病的产生，达到事业与身体健康两者兼得的目的。

五、戒烟限酒

众所周知，吸烟对人体健康是有百害而无一利的，烟草中许多物质对人体有害，仅目前查明的致癌物质就有40多种。吸烟的长期危害，主要是引发疾病和死亡，包括诱发多种癌症，如肺癌、喉癌、口腔癌、咽癌、食管癌、胰腺癌、膀胱癌等，使心脏病及中风发作，导致慢性阻塞性肺疾病的发生。2006年5月，卫生部召开了《2006年中国"吸烟与健康"报告》发布会，报告警醒社会各界应该高度关注烟草的危害，认为烟草正在成为我国人民健康的第一杀手。在世界范围内，死于与吸烟相关疾病的人数将超过艾滋病、结核、难产、车祸、自杀、凶杀所导致的死亡人数的总和。如果从青少年时开始吸烟，持续下去，就会有50%的机会死于与烟草相关的疾病。吸烟对人体健康危害极大，戒烟后就可以使多种疾病如慢性支气管炎、溃疡病、冠心病、动脉硬化等好转或痊愈，使心脑血管病的发病率与死亡率降低，减少患肺癌的机会。研究证明，吸烟者患肺癌的机会在戒烟10~15年后可降到与不吸烟者一样，冠心病的死亡率在戒烟1年后明显下降，10年后可降到不吸烟者的同一水平。因为吸烟对健康的危害多数是可逆的，戒烟后对因吸烟造成的身体损害经过一段时间可以解除。

酗酒对人体的危害是毋庸置疑的。酗酒能毒害肝脏，损害肝功能，使肝细胞受损变性，最终导致酒精性肝硬化，医学上称之为"酒精肝"。短时间大量饮酒，可导致酒精中毒。过量饮酒可导致胃癌、肝癌、乳腺癌、恶性黑色素瘤等。还有一点应该引起高度重视，就是酒精对精子、卵子也有毒害作用，能引起不育、流产或影响胎儿的生长发育，甚至影响胎儿出生后的智力发育，缩短寿命。有资料表明，因中风而死亡的酗酒者为不饮酒者的3倍。长期过量饮酒的人，还会发生酒精中毒性心脏病，严重者可出现心律失常、心力衰竭，甚至突然死亡。酗酒损害健康，要使饮酒有利于健康，关键在于适量。

六、适量运动

"生命在于运动""一身动则一身强"，这些格言揭示了生命的一条极为重要的规律——动则不衰。劳动、运动和生命息息相关。一个人要想健康长寿，就必须经常运动、活动和锻炼。但人们在参加体育锻炼时需要掌握两个要点，即持之以恒和运动适量。中等强度的、有规律的有氧运动可以增强人体的免疫力；而过量运动会削弱免疫力，破坏身体的防御系统，导致人体抵抗力下降，病毒和细菌可能乘虚而入，以致患病。运动作为一种健身方法，要讲究科学性，根据各人的不同身体状况、年龄、性别、职业、有无慢性疾病、爱好、生活习惯、经济条件、家庭或社区的健身设施等情况，来选择运动项目，制订适合自己的运动方案，才会收到良好的健身效果，达到健康长寿的目标。

七、心理平衡

　　人的健康除了身体健康外，还应包括心理健康与社会交往方面的健康，缺少哪一个都是不完整的。人是社会的人，人们在学习、工作和生活中不可能不与其他人及事物接触而孤立存在。因此，在人的一生中总会遇到艰难险阻，有矛盾、有冲突，遭受挫折；也就是说人生活在世界上就会遇到各种各样的心理因素、社会因素，如果不能对这些心理因素、社会因素正确处理，就会产生焦虑、抑郁、恐惧、紧张等情绪困扰，甚至导致或加重疾病。现代医学证明，许多疾病，如癌症、高血压、偏头痛、溃疡等都是由心理因素引起的。良好的心境是健康的支柱。所以世界卫生组织提出这样一个口号：健康的一半是心理健康。心理状态对身体的健康有重要影响，良好的心理状态有利于保护和稳定中枢神经系统、内分泌系统和免疫系统的功能，从而有利于保持身体健康，促进疾病的康复，阻止患病时病情的恶化和发展，减少疾病的发生。而不良的心理状态会引起中枢神经系统对体内各器官的功能调节失常、内分泌系统的功能紊乱，使各器官的正常生理功能发生障碍、机体的免疫力下降。这样不仅会减弱机体抵抗一般疾病的能力，还会削弱监视和清除自身细胞突变的能力，由此导致多种疾病的发生。要想心理健康就要做到善良、宽容、乐观。心存善良，就会与人为善，乐于友好相处，心中就常有轻松之感，就会始终保持泰然自若的心理状态，这种心理状态能把血液的流量和神经细胞的兴奋度调到最佳状态，从而提高了机体的抗病能力。宽容是一种良好的心理品质，它不仅包含着理解和原谅，更显示着气度和胸襟；一个不会宽容、只知苛求别人的人，其心理往往处于紧张状态，从而导致神经兴奋、血管收缩、血压升高，使心理、生理进入恶性循环。乐观是一种积极向上的性格和心境，它可以激发人的活力和潜力，解决矛盾，战胜困难。

第三章　体育锻炼的科学知识

本章导读

随着健身人群的增多，科学合理的方法越来越受推崇，并且人们已经开始有意识地通过运动处方等方式使健身过程最优化。因此，须根据自身情况选择合适的锻炼内容，掌握科学的体育锻炼方法，以更好地提升自身的健康水平。

第一节　体育锻炼内容的选择

一、体育锻炼的内容

体育锻炼的内容极为丰富，根据锻炼目的的不同，主要分为以下几类。

（一）健身运动

健身运动是指为增进健康、增强体质、预防疾病而进行的体育锻炼。这类活动主要是促进身体的正常发育、身体各部分的协调发展、各器官系统机能的增强，提高身体素质和身体的基本活动能力，如走、跑、跳、游泳、舞蹈、体操及各种球类活动等。

（二）健美运动

健美运动是指在健康的基础上，通过特定的方式，为创造美的体型、姿态、风度、气质而进行的体育锻炼，如举重、哑铃操、技巧拉拉操、韵律操等。这类活动不仅可以增进健康，还可以培养审美能力和身体的表现能力。

（三）娱乐性体育

娱乐性体育是指为了调节精神、丰富文化生活而进行的体育活动，如活动性游戏、踢毽子、钓鱼、郊游、爬山等。这类活动能使人身心愉快，既锻炼了身体，又陶冶了情操。

（四）格斗性体育

格斗性体育是指为掌握和运用格斗的攻防技术（包括军事技术）而从事的体育锻炼，如擒拿、散手、短兵、拳击等。这类活动既能强身，又能达到自卫的目的。

（五）医疗康复体育

医疗康复体育又称体育疗法，其对象是体弱、患病者，目的是祛病健身和恢复机体特定功能。这类活动一般应在医生的指导下进行，主要内容有健步走、慢跑、太极拳、健身气功及各类医疗体操等。

二、体育锻炼内容的选择

体育锻炼内容的选择必须从锻炼者的年龄、性别、身体条件、职业特点、运动基础和兴趣爱好等实际情况出发,注意锻炼者所处的地域特点,体现体育锻炼的实效性与安全性。

(一)根据年龄选择体育锻炼内容

年龄阶段不同,人体的机能也不同。中老年时期,人体各组织器官逐渐老化,运动器官机能减弱,关节韧带的灵活性差,不宜完成幅度过大、用力过猛的动作,可选择一些活动相对平稳的运动项目,如健步走、慢跑、太极拳等,以避免运动损伤的发生。青壮年时期,人体各系统的功能均达到高峰,运动适应性强,能承受较大的练习强度,可选择一些对抗性强、跑动较剧烈的运动项目,如球类运动、爬山比赛等,以增强体育锻炼的兴趣。少儿时期,人体正处于生长发育阶段,促进身体的全面发展是锻炼的首要问题。由于少儿的骨骼硬度小、韧性大,所以不宜进行负重练习;由于心肺功能不够完善,所以不要过分从事剧烈运动,少进行憋气性动作练习和静力性练习。

(二)根据性别选择体育锻炼内容

男女身体结构有着明显的差异。男性肌肉发达,故能承受的运动负荷比女性大,适宜进行力量、速度、跳跃等练习;女性则适宜进行平衡、柔韧等练习。因此,男性可选择一些体现阳刚之气的举重、拳击等运动项目,女性可选择健美操、体育舞蹈、瑜伽等柔韧性运动项目。

(三)根据身体健康状况选择体育锻炼内容

练习者身体的健康状况是选取锻炼内容的主要依据。锻炼前应通过体质监测、医学诊断和病史调查等方法来了解锻炼者的健康状况。对从事康复体育锻炼的人来说,运动量不要过大,其参与锻炼的主要目的是恢复身体机能,或是保持身体机能不致过分下降。对于一些有特殊慢性疾病的人,要有针对性地选择适合自己的体育锻炼项目。体重超过正常标准者可选择长跑、长距离游泳、健美运动和专为肥胖病设计的运动处方,以达到减肥的目的;体重偏轻者可选择举重、健美、体操等项目使身体健壮、丰满起来。

(四)根据锻炼者的职业特点选择体育锻炼内容

由于社会分工不同,不同职业者的劳动性质差别较大,因此,要根据不同职业者的劳动特点选择相适应的体育锻炼内容。例如,脑力劳动者在工作时经常要维持弯腰伏案的姿势,颈部前倾,脑供血受阻,易出现颈、背、腰部肌肉酸痛;由于经常久坐、低头含胸,呼吸机能降低,肌肉缺乏活动,体力出现下降等。针对这些特点,脑力劳动者应以动作舒展的户外运动锻炼为主。不同特点的体力劳动者,锻炼的内容也应具有针对性,其主要原则是:对劳动中负担较重的部位和肌群的锻炼应以舒展和放松练习为主;对劳动中负担较轻或基本无负担的部位和肌群,可适当加大活动强度,注重身体各部位和身心的协调发展。

（五）注意锻炼者所处地域的特点

我国幅员辽阔，不同地区的地理气候条件、体育区域特色等均有不同，锻炼要因地制宜，从各地的实际情况出发，有针对性地安排练习内容。我国大学生多在室外进行身体锻炼，因此受季节气候的制约较大，要依据自然环境的变化，调整和变更锻炼计划与锻炼内容。

第二节 体育锻炼的基本原则

一、自觉性原则

自觉性原则是指体育锻炼参加者在充分理解体育锻炼目的、意义的基础上，自愿、主动、积极地进行健身活动。体育锻炼是一种自愿行为，目的明确和主动积极是参加并坚持体育锻炼的首要条件。

二、全面性原则

全面性原则是指身体锻炼过程中，运用多种内容、方法和手段，统筹兼顾，使身体各部位、各器官系统的机能，各种身体素质和活动能力以及心理品质都得到全面均衡的发展。

三、循序渐进原则

循序渐进原则是指体育锻炼必须遵循人体自然发展、机体适应的基本规律，从不同的主客观实际出发，合理安排运动负荷，在渐进的基础上提高锻炼水平。在体育锻炼过程中，运动技能的学习应由易到难、由简到繁，运动量的安排应由小到大、逐渐提高。运动负荷具有个人的特异性和时效性，应根据个人的机能状态，循序渐进，随时调整运动负荷，逐步提高锻炼水平。

四、个性化原则

体育锻炼时，要根据每个锻炼者的年龄、性别、爱好、身体条件、职业特点、锻炼基础、地区风俗等不同情况做到区别对待，运动模式做到个性化发展和因人而异。大学生可进行对抗性强、运动较剧烈的球类运动和登山、自行车等户外运动，有职业能力需求的，可以根据职业的特质取长补短。体质不好的学生可以打太极拳、跳健身操，身体有疾病的学生还可以制订特殊的运动处方，有针对性地进行康复训练。

五、经常性原则

经常参加体育活动，锻炼的效果才明显、持久，所以体育锻炼要经常化。虽然短时间的锻炼也能对身体机能产生一定的影响，但一旦停止体育锻炼，这种良好的影响作用会很快消失。

六、安全性原则

（1）不要盲目参加超过自己能力的体育锻炼，应根据自己的身体健康状况参加力所能及的体育活动。

（2）在有条件的情况下，请体育教师或健身教练根据自己的体质状况设计相应的运动处方，指导自己有目的、有计划地进行安全、科学的锻炼。

（3）在制订或实施自己的锻炼计划前，一定要体检，并经过医生的认可。如果自己患有某种疾病或有家族遗传病史，需要找医生咨询，在有医务监督的情况下按照体育教师和医生的建议进行锻炼。

（4）每次锻炼前必须做好充分的准备活动，克服内脏器官的生理惰性，提高运动的适应能力，预防运动损伤的发生。

（5）对于不熟悉的水域，不要随便入水游泳或潜水，以免发生意外。

（6）跑步、健美操等体育锻炼，最好不要在沥青马路和水泥地面上进行，以防出现各种劳损症状。

（7）在锻炼的过程中，不要大量饮水，以免加重心脏的负担或引起身体及肠胃的不适反应。运动后，不宜立即洗冷水澡。

（8）饭后、饥饿或疲劳时应暂缓锻炼，生病初愈不宜进行较大强度的锻炼。

（9）每次锻炼后，要注意做好整理、放松活动。这样有利于促进身体的恢复，以便迅速投入学习生活中。

第三节　体育锻炼的注意事项

一、不同季节锻炼身体的时间与方法的选择

依据自我进行身体锻炼的指导思想和原则，大学生在校学习、生活期间，受多种条件、因素的影响与制约，有时不可能完全满足自己锻炼身体的爱好和需要。但要尽可能做到：一是坚持经常锻炼；二是注意尽量全面锻炼，因为大学阶段是学生身体成长的最后完善阶段，若能有效锻炼，无论形体还是机能均可产生不可估量的效果；三是充分利用一切可利用的条件和时间，随时间、季节的不同，选择有利、有效的全面锻炼身体的方法。

（一）时间的选择

做任何事情都不必千篇一律，常言道"条条大路通罗马"，只要锻炼身体的指导思想不变、原则不变，在不改变原有生活习惯的前提下，照样可产生锻炼的效果。有的学生在中学时代早已养成夜晚不眠、刻苦读书的习惯，需要充分利用早上时间多休息一会儿，以达到养精蓄锐的目的。这些学生不仅可以充分利用课外活动的时间，还可以利用晚自习的空余时间，也可以利用晚睡前的20分钟自觉积极地投入锻炼当中，只要方法得当、持之以恒，同样会产生理想的效果。

（二）方法的选择

在锻炼身体的方法选择上，要尽可能全面发展。上肢、下肢、腰背腹肌、心脏功能、神经系统等，尽可能在形体锻炼上协调发展，在机能锻炼上逐步提高，使自身的速度、弹跳、耐力、灵敏、反应、柔韧等各项身体素质均衡发展。随着身体素质的逐步提高，心血管系统、呼吸系统、神经系统、内分泌系统、免疫系统等的功能也自然会得到提高与发展，进而才能有一个健美的形体、健康的身体。把它加以形象化的解释，那就是，跑、跳、投、掷、游泳、滑冰、球类等运动参与得越多越好。因为不同锻炼身体的方法和项目，会有不同的锻炼效果，这就如同我们吃饭一样，吃的东西越全面，其营养成分就越全面，对身体也就越有好处。

（三）时间与方法选择的统一性和科学性

锻炼身体的时间与方法选择的统一性和科学性是指锻炼者按照锻炼身体的客观规律，合理地依据时间选择锻炼身体的方法，也就是说有什么时间，有多长的时间，我们就选择相应的锻炼方法。例如，我们把课间10分钟作为锻炼身体的时间，打球、跑步均不合适，然而我们做一做课间操，打一套太极拳，做几组引体向上或双杠臂屈伸，做几组俯卧撑等，总是有益处的。又如，我们有一两个小时的时间，我们的选择方式、方法就增多了，可以组织打一场篮球或排球、踢一场足球，也可以到田径场进行长跑锻炼或跳、投锻炼；如果在夏天我们还可以练习游泳。

总之，要依据季节的不同、时间的不同，合理安排运动的方式和方法，但每个运动方式和方法都要围绕着全面发展、系统有序的锻炼而展开。力求做到方式、方法多样化，运动量合理化，锻炼目的明确化，长期锻炼系统化。

（四）不同季节运动项目的选择

1. 春季与秋季

春季与秋季是一年当中不冷也不热的季节，同时是昼夜时间较均衡的季节。这两个季节最好多从事一些球类项目的活动，如篮球、排球、足球、网球、羽毛球等活动，使身体的形体、机能尽可能得到全面的发展与提高。对某些受身体条件的影响，不能适应上述运动的人，也可以打一打乒乓球，练一练太极拳、太极剑等。

总之，这两个季节是全面提高身体素质，达到形体与机能同步发展的大好时机，要尽可能地利用一切可利用的时间，依据锻炼身体的指导思想和基本原则，达到强身健体的目的。

2. 夏季与冬季

夏季与冬季从某种角度来讲对锻炼身体是一个挑战，但同时是进一步提高锻炼水平的季节。夏季天气炎热，体能消耗较大，这个季节锻炼身体最好的方法是游泳。学校条件不允许的学生，最好在这个季节开展一些运动量较小的活动项目，如果运动量大，应把运动的时间科学地缩短。总之，既要达到锻炼身体的目的，又要减少消耗，或消耗虽大却能及时得到恢复。既要增强体质，又要防止中暑。为避免温度较高所带来的不利影响，锻炼的时间最好安排在早、晚温度相对较低的时间内。

冬季锻炼是大幅度提高身体素质的良好机会。由于天气寒冷，消耗较小，这个季节可从事足球、长跑及滑冰活动，运动量应当增大一些，充分利用这个季节，使身体各部位的肌肉及心血管系统的功能得到大幅度提高。在这个季节，锻炼的时间可适当延长一些，同时注意剧烈运动前做好充分的准备活动，以免受伤。另外在跑步时，要掌握呼气、吸气的科学方法：一是尽量用鼻子吸气，二是当运动剧烈时因只用鼻子吸气不足而口鼻共用时，注意用舌尖抵住上腭，以缓解冷空气直接进入呼吸道所造成的不良反应。

二、进行自我体育锻炼的注意事项

（一）正确处理好锻炼身体与学习的关系

自觉积极地锻炼身体，使机体各项素质不断得到提高与完善，以饱满的精神投入学习中去，离不开科学的锻炼方法。锻炼身体是一个不间断的过程，知识的积累同样也是一个不间断的过程。紧张的学习容易导致大脑疲劳，而通过体育锻炼的方法，使大脑得到积极性休息，进而消除大脑疲劳可以说是一种科学的方法。从此种角度而言，锻炼身体和学习两者间的关系是相辅相成的。但有的学生把锻炼身体和学习两者割裂、对立起来，认为锻炼身体浪费了学习时间，这种观点是错误的，错在没有理解锻炼身体与学习两者间内在的科学关系。我们做任何事情，要达到预期或理想的目的，离开了科学方法是不行的。背离了科学方法，就是背离了事物发展的客观规律，所带来的结果只能是事与愿违。试想，我们把每天的时间都投入学习中去，甚至废寝忘食、悬梁刺股，这只是提倡的一种精神，绝不是科学的学习方法。列宁同志曾讲道："不会休息的人，就不会工作。"因此，只有科学地安排大学生活的每一天、每一月、每一学期，把锻炼身体作为学习中不可缺少的一部分，有机地、合理地穿插进行，做到学习、锻炼两不误，通过锻炼去消除大脑疲劳，调整情绪，增强体质，以饱满的热情和充沛的精力再次投入学习中去，才是当代大学生应走的科学之路。

（二）掌握锻炼前后的身体变化情况

身体锻炼要尽量做到有计划、持之以恒，但人体有时由于某些原因发生不良反应或潜伏着某些疾病，要及时发现并引起注意，继而调整身体锻炼的内容、方法和运动负荷。通常要在锻炼前注意自我感觉，密切关注学习时注意力是否集中，饮食是否正常，睡眠是否充足良好，情绪有无变化等。在锻炼后也要根据自我感觉和测量心率来检查身体的恢复情况。

（三）运动前需做好准备活动

进行身体锻炼，人体从相对安静的状态进入运动状态，要有一个准备过程，使神经系统的兴奋性得到提高，使内脏器官的惰性得到克服，这样神经系统才能更好地支配肌肉的运动，使内脏器官的工作与机体更加协调。

准备活动可以使全身各主要关节、韧带、肌肉得到初步活动，使注意力集中，以预防在剧烈活动中发生扭伤、拉伤等伤害事故，从而从容有序、积极有效地进行锻炼。

准备活动的内容是多种多样的，一般来讲包括两种：一种是一般性的准备活动，如轻轻跑一跑，跳一跳，拉长一下四肢及各关节的韧带等；另一种是专门性的准备活动。专门性的准备活动是指与运动项目、方法、内容相关的专门性的活动，如篮球比赛前，运一运球，传一传球，跑一跑篮，投一投篮；推铅球前重点活动一下腰、肩、手腕等。通常在准备活动中，既包括一般性的活动内容，又包括专门性的活动内容，二者相辅相成，不能断然分开。但主要目的只有一个，就是减少受伤，提高运动效果和运动成绩。

准备活动时间的长短，要根据锻炼项目的内容、特点、个人的实际情况以及季节的不同而定。一般为10~20分钟，以身体微微出汗、感到身体有力为准。夏季准备活动的时间可适当短些，冬季准备活动的时间可适当长些。

（四）运动结束时需做好整理活动

整理活动是指运动结束时所做的缓和的放松动作。尤其是剧烈运动结束时，肌肉处于高度紧张收缩状态，马上使身体处于静止状态，会产生各种不良反应，甚至有损健康。整理活动首先能对中枢神经系统起到保护作用。在剧烈运动时，大脑的运动中枢神经处于高度兴奋状态，做一些缓慢而柔和的运动进行整理放松，可使大脑由高度兴奋状态逐步转向抑制。另外，整理放松也可对血液循环系统起到调节作用。在剧烈运动时，大量的血液被输送到身体各部位血管中去，以满足运动时所需要的营养物质供给。运动结束后，停留在身体各运动器官毛细血管中的血液不能及时回流到心脏中去，尤其是下肢血液不能及时通过放松得到调整，有时很容易造成大脑暂时性缺血而昏倒。特别是长距离快速奔跑后，更需要由快跑过渡到慢跑，由慢跑过渡到走步，逐渐使身体静止下来。在此过程中，伴随整理与放松活动多做一些深呼吸也是十分必要的，通过深呼吸增加氧气的供给，克服运动中欠下氧债的不适反应。因此，剧烈运动后的整理与放松、运动前的准备活动都同等重要，不可忽视。

（五）自我锻炼中需防止各种伤害事故

体育锻炼的主要目的是锻炼身体，增强体质，如果在运动中由于缺乏运动常识，不小心引起了各种伤害事故，不仅不能达到锻炼身体的目的，还会影响生活和学习。因此，体育锻炼中要特别注意安全，防止各种伤害事故的出现。

（1）注意场地器材的检查。在运动前首先检查一下活动的场地是否不平或太滑，所用活动器材是否牢固，这样可以避免由于场地和器材问题而出现意外伤害。

（2）注意穿戴物品。不要戴手表、徽章，口袋内不要有钢笔和小刀等尖利物品，以避免出现意外事故，锻炼时最好穿运动鞋和运动服。

（3）伤病恢复期要避免参加剧烈运动。

（4）饱饭后不宜马上从事体育锻炼。

（5）过度疲劳时不宜继续运动。

第四章 健康体适能

本章导读

体适能是机体执行自身机能的能力,也是机体适应环境(包括自然环境和心理环境)的一种能力。健康体适能是与健康有密切关系的体适能,是指心血管、肺和肌肉发挥最理想效率的能力。在锻炼过程中,应根据健康体适能的不同侧重点进行锻炼,才可以使人的身体得到均衡的发展。

第一节 体适能概述

一、体适能的定义

体适能是从体育学角度评价健康的一个综合性指标,是指机体执行自身机能的能力,也是机体适应环境(包括自然环境和心理环境)的一种能力。理想的体适能状态是指机体能够精力充沛地从事日常工作,有余力去享受休闲的娱乐生活,并能抵抗因运动不足而引发的疾病和应付突发的紧急状况。

二、体适能的分类

体适能因对象和个人的需求不同,可分为与运动技能相关的体适能和与健康相关的体适能,即运动体适能和健康体适能。

(一)运动体适能

运动体适能是指机体能成功地执行各种运动技术的身体要素。它以运动技能为核心,受遗传因素的影响较大,主要包括敏捷、平衡、协调、力量、反应和速度等要素。

(二)健康体适能

健康体适能是指偏重于身体方面的健康状态,是促进健康、预防疾病和提升工作效率的身体要素,主要包括心肺耐力、肌力、肌耐力、柔韧性和身体成分五项要素。

1. 心肺耐力

心肺耐力是指肺和血液循环系统将维持生命所需的氧气有效地输送至全身,供肌肉组织进行新陈代谢活动,并产生能量的能力。人体心肺耐力可通过长时间的有氧耐力运动得到改善,它是五项要素中最重要的一项。

2. 肌力

肌力是指肌肉一次收缩所产生的最大力量。人体肌群只有得到均衡的发展,才能满足(适应)日常工作与生活的需要。若肌力不足,不但动作效率低,而且肌肉易产生疲劳,甚至会导致运动损伤的发生，同时导致人们形成不良的身体姿势，进而引起身体局部病痛。通过经常性的抗阻力练习可有效提高人体肌力。

3. 肌耐力

肌耐力是指肌肉反复地收缩或维持某一固定用力状态的持久能力。它和肌力既各自独立，又互有联系。家务劳动、步行、上楼梯等，均需要良好的肌耐力体适能，它是享受休闲与居家生活的重要基础。采用小负荷强度、较多重复次数的力量练习，可促进肌耐力体适能的发展。肌力和肌耐力统称为肌肉适能。

4. 柔韧性

柔韧性是指人体关节的活动幅度。影响柔韧性的因素除关节本身的结构外，还有肌肉、肌腱、韧带、软骨组织和皮肤等的伸展性和弹性。人体具备良好的柔韧性，身体可以比较灵活地做扭转、回旋、弯曲等动作。柔韧性差，易造成肌肉拉伤、关节扭伤等运动伤害。不明原因的腰背疼痛，常与身体某些肌群的伸展性差有关。持续10~30秒的缓慢静态伸展活动是提高柔韧性的较好方法之一。

5. 身体成分

身体成分是指人体脂肪与肌肉、骨骼和其他机体成分的比例，一般用体脂率表示。

第二节 提高健康体适能的主要方法

一、心肺耐力及其锻炼方法

（一）心肺耐力的定义

心肺耐力是健康体适能中最重要的成分之一，它反映了由心脏、肺、血管和血液组成的呼吸与血液循环系统向肌肉运送氧气和能量物质，维持机体从事运动的能力。拥有良好心肺耐力的人通常也具有较好的运动耐力和有氧运动能力。

（二）心肺系统简介

心肺系统是指在功能上有密切联系的心血管系统和呼吸系统。心肺系统负责把氧气和营养物质运输到组织，同时把代谢废物（如二氧化碳等）排出体外。体育锻炼时，骨骼肌代谢增强，需氧量增大，机体通过自身调节，使心肺系统活动加强，以满足运动的需要。

1. 心血管系统

心血管系统是由心脏和血管组成的管道系统。它由两个分开的血泵构成：右心，泵血通过肺，称肺循环；左心，泵血通过身体各部分，并通过毛细血管与组织进行气体（氧气和二氧化碳）和物质交换，交换后动脉血变为静脉血，通过静脉回流至心脏。肺循环把静脉血泵至肺，在肺部静脉血结合氧气，排出二氧化碳，重新成为动脉血并流至左心。

心脏每分钟泵出的血量称心输出量，正常成年男子安静时的心输出量约为5升/分，剧烈运动时可达20升/分，而经过良好训练的马拉松运动员可高达35~40升/分。心输出量受心率（心脏每分钟跳动的次数）和每搏输出量（心脏收缩一次的射血量）的影响。体育锻炼时，心输出量会因心率或每搏输出量的增加而增加。无论是男性还是女性，最大心输出量在20岁以后都开始下降，这主要是由最大心率的下降引起的。不同年龄人群的最大心率可由下面的公式获得：

$$最大心率（HR_{max}）=220-年龄（岁）$$

例如，20岁时最大心率为200次/分（220-20=200），60岁时最大心率为160次/分（220-60=160）。

血液通过动脉时对血管壁造成的压力称为血压，血压通常用血压计在肱动脉处测量所得。心脏收缩时血压达最高值，称为收缩压；心脏舒张时血压达最低值，称为舒张压。高血压是指收缩压大于等于140毫米汞柱或舒张压大于等于90毫米汞柱。

2. 呼吸系统

呼吸系统的主要功能是进行气体交换。吸气时，空气进入肺，在肺泡处氧气扩散至血液，而二氧化碳由血液扩散至肺，并通过呼气排出体外。

人体运输和利用氧的最大能力称为最大摄氧量。最大摄氧量是反映心肺功能适应能力最为有效的指标，在不同强度下运动时机体的耗氧量是不同的，在摄氧量达到最大摄氧量之前，摄氧量与运动强度呈线性关系，因此，常用最大摄氧量的百分比来表示运动强度的大小。

（三）运动中各阶段心血管功能的变化

1. 准备阶段

在运动正式开始前的准备阶段，即已出现心率加快，心输出量增加，动脉血压升高等反应。这些反应与大脑皮质活动有关，属于条件反射，其生理意义在于缩短运动时心血管系统功能活动进入工作状态所需的时间。

2. 开始阶段

运动一旦开始，心血管系统功能活动在几秒至十几秒时间内出现快速加强。在这之后的3～5分钟，心血管系统的活动以缓慢的速度逐渐加强，直至最高值。

3. 稳定阶段

在进行最大强度的有氧运动时，经过一段时间后，心血管系统的功能活动可达到较高的稳定状态，这时肌肉的供氧和耗氧达到平衡。而在进行最大无氧运动时，心血管系统功能可达最高水平而不再变化，但机体内心血管系统的供氧量不能满足运动的需氧量。

4. 持续运动阶段

长时间持续运动使体温逐步升高，可引起血液在各器官内的重新分配，即皮肤血流量在心输出量中所占比重增加，以利于散热。随着运动时间的延长，心率进一步加快，每搏输出量逐渐减少，心输出量变化不大，而动脉血压多因外周血管阻力的减小而出现下降。

（四）心肺耐力对体育锻炼的慢性适应

长期的体育锻炼会使心血管系统的形态、功能和调节能力产生多种良好的适应性改变，从而提高人体的运动能力和身体健康水平。

1. 增强心脏功能

长期的体育锻炼或运动训练可引起以心腔扩大与心壁增厚为主要表现的心脏肥大，称为运动性心脏肥大（表 4-2-1）。健康成人平时冠状动脉血流量占心输出量的 8%～10%，但在运动时冠状动脉血流量可达安静时血流量的 10 倍。由于心肌在锻炼中能得到大量的营养物质，心肌纤维变粗，收缩力增大，心率更加适应锻炼的需求，出现心动徐缓，而且运动后恢复速度较快，使心力储备增加，能更好地适应激烈运动的需求。

表 4-2-1　坚持锻炼与不经常锻炼的人的心脏生理指标的比较

项目	不经常锻炼者	坚持锻炼者
心脏重量/克	300	400～450
心脏容量/毫升	765～785	1005～1027
心肌横断面/厘米	11～12	13～15
安静心率/（次/分）	70～80	50～65
运动时的每搏输出量/毫升	80～100	90～160

2. 增加血液中红细胞、白细胞的含量

一般男子每微升血液中的红细胞含量为 400 万～500 万个，女子每微升血液中红细胞含量为 350 万～450 万个；经常运动的人每微升血液中红细胞含量可大大增加，且白细胞中具有免疫力的淋巴细胞所占的比例也明显增加。

3. 提高血流重新分配的能力

人体在安静状态下有 15%～20% 的血液分布在骨骼肌内，相当于每 100 克肌肉组织每分钟可获得 4～7 毫升的血液，其余大部分血液分布在消化系统、肝、脑和肾等部位。而当人体剧烈运动时，骨骼肌的血流量可高达 80%～85%，相当于每 100 克肌肉组织每分钟可获得 50～75 毫升的血液，个别代谢活动特别剧烈的肌肉组织甚至可以达到每 100 克每分钟可获得 300～400 毫升的血液。但是，流向心脏和大脑的血液并不会减少。

4. 提高最大摄氧量

最大摄氧量是衡量心肺功能适应水平的最佳指标。持续 12～15 周的耐力性练习可使最大摄氧量增加 10%～30%。最大摄氧量的增加是骨骼肌有氧代谢能力和心输出量共同增加的结果。锻炼初期的适应水平、运动强度及营养状况也会影响最大摄氧量增加的幅度。锻炼初期，最大摄氧量大的锻炼者增加的幅度要小于最大摄氧量小的锻炼者。其原因是机体存在最大摄氧量的生理极限，而最大摄氧量大的锻炼者比最大摄氧量小的锻炼者更接近这个极限。

5. 增强血管功能，改善微循环，防治心血管疾病

经常锻炼可使人体内的动静脉血管壁弹性提高，管径增大，有利于血液流动。运动还能使毛细血管扩张，能有效地改善微循环功能。经常锻炼还可以通过大脑皮质调节血管的收缩和舒张，使血压下降。经常参加运动的人与一般人相比高血压的发病率低 1/3。运动可预防运动不足症，长期静坐的人冠心病的发病率是经常锻炼者的两倍。

6. 增强呼吸系统的功能

长期坚持锻炼可使人体的肺活量增大。由于锻炼时耗氧增加，同时机体要排出

大量二氧化碳，因此加快了新陈代谢的过程，能使呼吸加快，增强呼吸肌、胸廓和呼吸器官的工作能力，能使人体承受更大的负荷强度。锻炼还能使呼吸道毛细血管密实，上皮细胞的纤毛活动和肺内吞噬能力增强，减少感染，防止呼吸道疾病，预防感冒。

（五）提高心肺耐力的锻炼手段

1. 有氧运动形式的选择

有氧运动是指人体需氧量和摄氧量达到动态平衡的运动。做有氧运动时，体内较少产生乳酸堆积，心率和呼吸保持在较为稳定的状态，因而持续运动时间长、安全性高、脂肪消耗多，有利于改善心血管系统的功能。常见的提高心肺耐力的锻炼方式包括慢跑、步行、爬山、跳绳、划船、骑自行车和游泳等。凡是有大肌群参与的慢节奏的运动都是有效的有氧锻炼方式。户外运动和各种有音乐伴奏的有氧健身形式都属于有氧运动的范畴。

2. 有氧练习的方法

（1）综合练习：综合练习是由几种不同的锻炼内容组成的。例如，第一天是跑步，第二天是游泳，第三天是骑自行车。综合练习的一个优点就是避免长期进行同一种练习的枯燥感，并且可以防止身体局部的过度疲劳。

（2）持续练习：持续练习是指长时间、长距离、慢节奏的中等强度（强度保持在约70%最大心率）的练习，是最受欢迎的心肺锻炼方法之一。一次锻炼时间可持续40~60分钟。

（3）间歇练习：间歇练习是指重复进行练习，且练习的强度、持续时间、运动量和间歇时间较固定的锻炼方法。练习内容不同，练习持续的时间各不相同，一般为1~5分钟。每次练习后有一个休息期，休息期的时间与练习时间相等或稍长于练习时间。间歇练习与持续练习相比能使学生完成更大的运动量，且锻炼的方式可以有所变化。

（4）法特莱克练习：法特莱克来源于瑞典单词 fartlek，意思是"速度运动"，是一种与间歇练习相似的长距离跑的锻炼方式，但练习时间与休息时间的比例不固定。法特莱克练习的锻炼地点比较随意，可以减少枯燥感。

3. 有氧练习的有效练习强度和频率

健身效果与有氧训练的频率、强度和每次训练的持续时间有关。因此，练习者在进行有氧练习时，要科学地控制练习强度和频率。

（1）选择以大肌肉群参与为主，而不是以小肌肉群参与为主的运动方式。

（2）每周练习3~5次，一次练习的运动持续时间为30~60分钟。

（3）运动强度控制在"靶心率"范围内。在这个范围内的练习既安全，又有效。

（4）运动强度是有氧锻炼的一个重要因素，因为它与能量来源、能量需求、氧消耗量、运动损伤等因素都相关。运动强度的大小常以心率、耗氧量及安静时能量或耗氧量的倍数来表示。由于年龄、体能和健康等状况存在个体差异，因此，每个人的有氧锻炼量亦不相同（表4-2-2）。

表 4-2-2　不同人群有氧锻炼适宜心率参考值

人群分类	最大心率	有氧锻炼心率
体能良好者	220–年龄	（70%～85%）×最大心率
体能普通者	220–年龄	（60%～75%）×最大心率
体能不佳者	220–年龄	（50%～70%）×最大心率

二、肌肉适能及其锻炼方法

（一）肌肉适能的概念

肌肉适能是指机体依靠肌肉收缩克服或对抗阻力以维持身体姿势和运动的能力，通常表现在肌肉力量、肌肉耐力和肌肉功率等方面。肌肉力量与肌肉耐力是健康相关体适能的组成部分，而肌肉功率则与运动技能密切相关。

肌肉力量，又称最大肌肉力量或者绝对肌肉力量，特指肌肉收缩产生最大收缩力的能力，通常以等长、等张或者等速运动条件下肌肉收缩克服或对抗阻力和做功功率的大小表示。肌肉耐力，特指肌肉持续收缩对抗疲劳的能力，通常以静态运动负荷持续时间、动态等张收缩次数或者动态等速运动的功率等表示。肌肉功率，又称快速力量，特指肌肉在短时间内快速发挥其收缩力量的能力，爆发力是肌肉功率的常见表现形式和评价指标。

（二）影响肌肉适能的因素

影响肌肉适能的因素很多，运动生理学通常根据这些因素发挥作用部位的不同，将其分为肌源性因素和神经源性因素两类，其他一些影响因素如年龄、性别和抗阻训练等通常是通过以上两类因素发挥作用的。

正常成年男性肌肉重量占体重的40%～45%，而女性则占35%左右。若以绝对值表示肌肉力量，通常成年女性上肢肌力比男性约低50%，下肢肌力约低30%。而以体重和去脂体重相对值来表示肌肉力量时，有训练的男性与女性之间的差异比无训练者小。肌肉力量绝对值的性别差异主要由肌肉生理横断面积或全身肌肉体积等因素决定。

肌肉力量的发展有明显的增龄性变化规律。一般规律是10岁以前，随着人体的生长发育，无论是男性还是女性肌肉力量一直缓慢而平稳地增长，且两者区别不大。女性从11～12岁，男性从13～15岁起，肌肉力量的增长速度开始分化，男性增长速度加快而女性增长速度缓慢。青春期过后，肌肉力量仍在增长但其增长速度很低。女性达到最大肌肉力量约在20岁，男性在20～30岁。40岁以后，人体大部分肌肉的力量开始衰退。50岁以后，每10年肌肉力量下降12%～15%。无论是肘关节屈肌，还是膝关节伸肌，男性的下降速度均明显快于女性。

（三）肌力、肌耐力练习的基本原则

1. 渐增阻力原则

渐增阻力原则是超负荷原则在肌力、肌耐力练习中的应用。尽管超负荷原则与渐增阻力原则可以相互替换，但在力量练习中，则常用渐增阻力原则。渐增阻力原则指肌肉

量、肌耐力因超负荷训练而增加，但由于力量、耐力的增长，原来的超负荷变成了非超负荷或低负荷，此时如果不增加负荷，则肌力、肌耐力就不能增长。因此，力量练习必须遵循渐增阻力原则。

2. 专门性原则

肌力、肌耐力的练习要充分考虑不同运动项目的专项力量、耐力的需要以及需求程度。不同的身体活动具有不同的效果，运动者期望获得什么样的运动效果，就应进行能产生这种效果的运动。例如，要增加上肢肌肉力量，可以采取仰卧推举的运动方式。高强度的重力训练可增强肌力和增大肌肉的体积，如果要获得最大的肌力就必须对抗最大的阻力；而要增加肌耐力则要采取低阻力、多次数的运动方式。高阻力、重复次数少的负重训练会明显增强肌肉力量；低阻力、重复次数多的负重训练则能明显增加肌耐力，而肌肉力量和体积不会有多大改变。另外，增加肌肉力量的负重训练主要是动员无氧系统的功能；而增加肌耐力的负重训练则主要是动员有氧系统的功能。得到锻炼的肌肉应该是在耐力和力量方面需要改善的肌肉。

3. 系统性原则

根据用进废退的原理，力量练习应进行全年系统的安排。研究表明，练习频率高、肌肉力量增长很快的人，停止练习后肌肉力量消退也快；而练习频率较低、训练时间较长、肌肉力量缓慢增长者，力量保持的时间则相对较长。许多研究结果显示，每周进行3~4次的力量练习，可使肌肉力量明显增长。

（四）增强肌力和肌耐力的措施与方法

负重抗阻练习是增强肌肉力量的基本手段，通过长期的渐增阻力的力量练习就可以发展肌肉力量。不论练习者的性别和年龄，只要每周进行适当的力量练习，都可以增加肌肉组织含量，提高肌肉力量，促进健康。

根据肌肉收缩的类型，力量练习可分为等张练习、等长练习和等动练习。

1. 等张练习

肌肉以等张收缩的形式进行负重或不负重的动力性抗阻练习，称为等张练习或动力练习。等张练习是最常用的力量练习法。等张练习能有效地发展动力性力量，改善神经肌肉的协调性，但不足之处是在整个动作过程中不能保证肌肉每一次收缩的负荷都相等，容易造成在某些关节运动角度上肌肉负荷不足。因此，只能按照力量最弱的关节运动角度来安排负荷，所以在整个练习中负荷往往偏小。

2. 等长练习

肌肉以等长收缩的形式使人体保持某一特定位置或对抗固定不动的阻力练习，称为等长练习或静力练习，它能有效地发展静力最大力量和静力耐力。

等长练习与等张练习主要有两方面的区别：一是等长力量的发展是高度特异性的，如果采用等长练习来发展某一特定动作的力量，可在动作的所有范围内的某几点上进行不同的等长练习，而等张练习在整个动作的关节范围内肌肉力量都能得到发展。二是大强度等长练习，由于血液循环条件不良和憋气等因素的影响，大脑血流量减少，容易引起头晕眼花、隐性心脏病发作等不良反应。

3. 等动练习

等动练习是借助专门的等动训练器，在动力状态下完成练习的方法。在整个练习中，关节运动在各角度上均受到相同的较大负荷，从而使肌肉在整个练习中均能产生较大的张力。

三、柔韧性及其锻炼方法

（一）对柔韧性的认识

柔韧性是人体适能的一个重要组成部分。它是指身体各关节的活动幅度，以及关节周围的韧带、肌腱、肌肉、皮肤和其他组织的弹性与伸展性。柔韧性包括两方面的含义：一是关节活动幅度；二是关节周围的韧带、肌腱和肌肉等软组织的弹性和伸展性。人体各关节活动幅度主要取决于关节本身的结构，关节的结构不同，柔韧性也有差别。其中，关节的骨结构是不能改变的，但关节周围的韧带、肌腱和肌肉等软组织的伸展性和弹性可以通过合理的训练得以改善。

根据人体生理解剖结构，柔韧包括四肢和躯干各关节的柔韧，其主要关节有肩、肘、腕、膝、踝及脊柱等各关节。柔韧性的锻炼就是针对上述各关节灵活性的练习。柔韧性是指一个特定关节的一系列可能活动的范围，而且可能只与一个关节（如膝关节）或一连串的关节（如脊柱关节）有关。一个人也许下肢关节的柔韧性很好，但其他关节的柔韧性却可能很差。

就体育锻炼中的柔韧性而言，柔是指肌肉、韧带拉长的范围，韧是指肌肉、韧带保持一定长度的力量和控制关节不受损伤的最大活动幅度。柔和韧的结合便是柔韧，所发挥的能力则是柔韧适能。

（二）发展柔韧性的措施与方法

1. 发展柔韧性的方法

发展柔韧性的目的是提高关节周围的肌肉、肌腱、韧带等软组织的伸展性。伸展能力的提高主要是"力"的拉伸作用的结果。这种"力"表现在动作上可分为两种，即主动动作和被动动作，而主动柔韧性练习和被动柔韧性练习又都可以分为动力练习和静力练习（表4-2-3）。

表4-2-3 不同类型柔韧性练习的方法及特点

柔韧性练习类型	举例	特点
主动柔韧性的动力练习	肩绕环、扩胸、振臂、转腰、涮腰、踢腿等	在主动肌的力量和速度不断增长的条件下，不断发展对抗肌的柔韧性
主动柔韧性的静力练习	控腿、拱腰、造桥等	使主动肌保持在一个相对静止的收缩状态，有意识地逐步放松对抗肌，使之慢慢拉长
被动柔韧性的动力练习	压肩、压腿等	活动关节，协调主动肌和对抗肌的运动，发展肌肉力量、爆发力
被动柔韧性的静力练习	拉肩、吊肩、耗腿、搬腿、劈叉、压脚背等	在自身体重或外力作用下，肌肉被强制拉伸

1）主动或被动的静态伸展法

主动或被动的静态伸展法是一种行之有效且比较流行的伸展肌肉的方法，它是缓慢地将肌肉、肌腱、韧带拉伸到有一定酸、胀、痛感觉的位置，并维持此姿势一定时间。关于在酸、胀、痛的感觉位置停留的最佳时间，目前的研究尚无定论，一般认为10～30秒应该是一个理想的时间，每块肌肉的伸展应以连续重复4～6次为好。

这种肌肉伸展方法可以较好地控制拉伸时所使用的力量，比较安全，尤其适合于活动少或未经训练的人。它可减少和消除超过关节伸展能力的危险性，避免拉伤，而且由于拉伸缓慢而不会引起牵张反射。

2）主动或被动的弹性伸展法

主动或被动的弹性伸展法是指有节奏的、速度较快的、幅度逐渐加大的多次重复一个动作的拉伸方法。主动的弹性伸展是靠自己的力量拉伸，并重复地收缩收缩肌来达到拮抗肌的快速伸展效果；被动的弹性伸展是靠同伴的帮助或负重借助外力的拉伸。

利用主动动作或被动动作所产生的动量来伸展肌肉，所用的力量应与被拉伸关节的可伸展能力相适应，如果大于肌肉组织的可伸展能力，肌肉就会被拉伤。运用该方法时，用力不宜过猛，幅度一定要由小到大。先做几次小幅度的预备拉伸，再逐渐加大幅度，从而避免拉伤。

3）本体感受神经肌肉伸展法

本体感受神经肌肉伸展法原先用于各种神经肌肉瘫痪患者的治疗，直到近年来才被当作正常人改善肌肉柔韧性的伸展方法来使用。现在流行许多不同的本体感受神经肌肉伸展法，包括慢速伸展—保持—放松法、收缩—放松法和保持—放松法三种。所有这些方法都包含收缩肌和拮抗肌的支持收缩和放松（一个10秒钟推的过程紧接着一个10秒钟放松的过程）。

以伸展股后肌群为例，慢速伸展—保持—放松法有以下几个步骤：首先仰卧，膝关节伸直，踝关节成90°角，同伴帮助推一腿弯曲髋关节至有轻微酸痛感；此时开始收缩股后肌群以抵抗同伴的推力，持续10秒钟以后，放松股后肌群而收缩股四头肌（收缩肌）；同伴再加力帮助伸展股后肌群（拮抗肌），放松过程持续10秒，此时，从这个关节新的角度开始，再一次对抗同伴的推力，这样的过程至少重复3次。

收缩—放松法和保持—放松法是慢速伸展—保持—放松法的变形。在收缩—放松法中，股后肌群等张收缩，因此，事实上腿在被推的过程中朝推力的反方向移动；而在保持—放松法中，股后肌群做等长收缩。在放松阶段，这两种方法都包括股后肌群和股四头肌的放松，股后肌群被动地伸展。

以上三种伸展方法都可有效地改善身体柔韧性，但弹性伸展法容易引起肌肉酸痛，也存在着肌肉被拉伤的危险，所以很少被采用。然而，我们在实际的体育锻炼中都要做弹性伸展，并通过它来提高动作练习效果，弹性伸展法比较适合经常锻炼的人和运动员。静态伸展法是使用最为广泛的方法，因为这种方法简单、有效、安全，甚至不需要同伴的帮助，通过一段时间的锻炼可有效地提高关节柔韧性。本体感受神经肌肉伸展法在一次伸展过程中可以大大提高关节活动幅度，比静态伸展法的效果更加显著，且不易导致肌肉酸痛或损伤，因此，越来越多的人选择用此方法来改善肌肉、关节的柔韧性，但该方法的主要缺点是需要同伴的帮助，无法一个人进行。

2. 柔韧性练习的基本要求

1）柔韧性的测量方法

在柔韧性练习之前，首先应对自己身体各关节的柔韧性有所了解。对柔韧性的了解可通过柔韧性测量和评价得知。常见的测量方法有坐位体前屈和站位体前屈等。

2）柔韧性练习的强度

柔韧性练习应采用缓慢、放松、有节制和无疼痛的练习，并且只有通过一定的努力才能提高肌肉的伸展度。肌肉的伸展会产生酸胀的感觉，但不应过分伸展而引起不适。伸展的强度随关节活动范围的增加而改变。随着柔韧性在锻炼过程中的提高，练习强度应逐渐加大，做到"酸加、痛减、麻停"。

3）柔韧性练习的时间和次数

柔韧性练习的时间由练习所采用的伸展方式决定，主要包括重复的次数和伸展时停留的时间。每个姿势持续的时间是逐渐增加的，应从最初的 10 秒，经过一段时间的练习增加至 30 秒，重复次数在 3 次以上。如果是平时体育锻炼时的柔韧性练习，5~10 分钟就足够了；如果是专门为了提高柔韧性的练习或是运动员训练，则必须要有 15~30 分钟的时间（表 4-2-4）。

表 4-2-4 柔韧性练习的时间、次数安排实例

周次	阶段	肌肉伸展持续时间/秒	每种练习重复次数	每周锻炼次数
1	起始	15	1	1
2	起始	20	2	2
3	起始	25	3	3
4	逐步进步	30	4	3
5	逐步进步	30	4	3~4
6	逐步进步	30	4	4~5
7 周及以上	保持	30	4	4~5

3. 柔韧性练习的注意事项

1）循序渐进，持之以恒

柔韧性练习需要练习者有坚强的意志力。拉伸练习会让练习者产生酸痛感，但若停止训练，柔韧性即会消退。初次练习易见效，第二次练习就会有痛感，而且第一次练习获得的效果会全部消退并且比第一次练习前的效果差，这是由于肌肉被拉长、回缩力增加。此时应继续将其慢慢拉开，这样才能消除痛感。经过一个时期的练习，该长度的伸展已适应，应进一步拉长肌肉，牵拉肌腱，使柔韧性上升到一个新的水平。如果柔韧性练习停止一段时间，已获得的效果就会有所消退，因此，柔韧性练习需要持之以恒才能见效。

肌肉、肌腱和韧带等软组织的柔韧性不是通过一朝一夕的练习就能得到提高的。如果急于求成，容易造成软组织损伤。练习时应逐步提高要求，做到循序渐进。

2）柔韧性练习要全面

不管是准备活动中的伸展练习，还是专门发展特定关节柔韧性的练习，都要兼顾身体

各关节柔韧性的全面发展。因为在身体活动中，完成动作不是局限于一个关节或某个身体部位，而是牵涉几个相互关联的部位，甚至全身。如果柔韧性练习只集中在部分关节而忽视其他部位，则完成动作时会受阻，甚至有受伤的可能。因此，如果发现某一关节柔韧性稍差，就应采取针对性措施使其得到改善。

3）柔韧性练习要因人因项而异

柔韧性练习必须根据所参加锻炼项目的特点和锻炼者的具体情况做出安排，在全面发展身体各部位柔韧性的基础上，要重点练习特定项目所需要的专项柔韧素质。例如，跳跃项目对腿部和髋部柔韧性要求较高，游泳项目要求肩关节和踝关节柔韧性要好等。另外，锻炼者应根据自身的情况，进行适合于自己的柔韧性练习。

4）柔韧性的发展应与力量发展相适应

力量练习是发展肌肉的收缩能力，柔韧性练习则是发展肌肉的伸展能力。因此，力量结合柔韧性的练习对提高肌肉质量最为有效，既能使力量增长，又能保证关节灵活性的提高。也就是说，肌力的增长绝不能因体积的增加而影响关节活动的幅度。

5）柔韧性练习要注意外界的温度和时间

外界温度过高或过低，都会影响肌肉的状态和肌肉的伸展能力。外界温度高时，轻微的热身运动后即可做伸展练习；外界温度低时，则应做充分的热身运动至冒汗后方可进行柔韧性练习。一般来说，当外界温度为18摄氏度时，有利于柔韧性的发展，因为肌肉在这个温度下的伸展能力比较好。

一天内的任何时间都可进行柔韧性练习，只是效果不同而已。早晨柔韧性会明显降低，而10：00~18：00时人体关节能表现出良好的柔韧性，此时可进行一些强度较大的柔韧性练习。

6）柔韧性练习后应结合放松练习

当每次伸展练习完成之后，应做些相反方向的练习，使供血供能机能加强，有助于伸展肌群的放松和恢复，如压腿后做几次屈膝下蹲动作，体前屈练习之后做几次挺腹、挺髋动作等。

4. 柔韧性练习应遵循的建议

为争取良好的锻炼效果并防止受伤，进行柔韧性练习时必须遵循以下几点建议。

（1）在进行大强度的肌肉伸展练习之前必须做好充分的热身运动，使身体出汗。

（2）肌肉、韧带等软组织只有通过略超正常范围的伸展练习，柔韧性才能提高，但练习不能太剧烈，防止疼痛和拉伤。

（3）肌肉拉伸时产生了紧绷感或感到不舒服时就应该停止练习，伸展练习不应让人感到疼痛。

（4）任何一个被伸展的关节只有感到动作幅度加大时，才说明练习已见效。

（5）伸展疼痛关节周围的肌肉时要小心，注意轻柔一些。

（6）既要伸展紧绷的、柔韧性差的肌肉，同时又要加强薄弱的、松弛的肌肉力量。

（7）进行伸展练习时，要保持正常的呼吸状态，不要屏气。

（8）静态伸展以后才能进行弹性伸展，并且只有关节柔韧性好的人或习惯于伸展练习的人才能进行弹性伸展。

（9）如果希望看到关节柔韧性有所提高，至少每周要做 3 次伸展练习，而每周做 5～6 次练习则能产生明显的变化。

柔韧性练习是体能锻炼中最易被忽视，但又是最简单易行、最易见效的练习。这种锻炼不需要任何特殊器材，可以在任何时间、任何地方进行。因此，合理地制订出每周 3～5 次的柔韧性锻炼计划，并按所制订的练习时间表进行锻炼，记录每次的练习情况，能养成坚持锻炼的习惯，终身受益。

四、身体成分及其锻炼方法

（一）身体成分概述

1. 运动改善身体成分的机理

（1）运动可促进脂肪分解。运动时肌肉对血液中的游离脂肪酸和葡萄糖的摄取和利用增多，促使脂肪细胞释放大量的游离脂肪酸。另外，运动同时使得血糖大量消耗，使其不能合成脂肪。

（2）运动可降低血脂。经常性地进行有氧运动，可提高脂蛋白酶的活性，加速脂肪的分解供能，降低血脂成分，并在此过程中提升高密度脂蛋白的含量。

（3）运动有利于减肥。有关研究证实，运动并不能使进食和能量消耗成比例地增加，当运动时能量消耗超过不运动时的 10%～25%时，偏瘦者进食增加，而肥胖者却没有显著的增加。这说明中小强度的运动不会显著影响食欲以及热量的吸收。这就是说，运动并不会增加食量，这对肥胖者能起到控制体重的作用。

（4）运动可增加能量代谢率。有氧运动加上 15～30 RM（repetition maximum，最大重复次数）重量的抗阻运动，既消耗了脂肪，又增加了肌肉组织。有关资料表明，机体每增加 0.5 千克肌肉组织，一昼夜可额外增加 125～170 焦的热量消耗。

2. 运动节食减肥的原则

（1）肥胖的预防重于治疗。经常检测自己的身体成分，改正不良的饮食习惯，不吃零食，每餐七分饱，尽量不在晚上 8 点以后进餐。因为一般进食 3～5 小时后血液中的脂肪酸含量最高，而凌晨两点正是熟睡期，胰岛素易将其输送至脂肪细胞，合成脂肪。

（2）坚持运动、节食和行为改变的计划。在节食的同时，参加有规律的体育运动，培养良好的行为习惯。

（3）有氧运动加力量练习效果最佳。快走、慢跑、爬楼梯、游泳、球类等有氧运动配合一些力量练习，既消耗了脂肪，又能增加肌肉组织含量，是控制体重的理想运动。

（4）持续的原则。减肥之初，体重减轻很少甚至不会减轻，这很可能是由于脂肪减少而肌肉增加，这属于正常状况。应按每天练习的数量、强度和持续时间继续坚持锻炼，并留意和记录自己体重、心率、血压、血脂、胰岛素和尿酸等指标的变化。

（二）改善身体成分的运动处方

1. 健康诊断

在实施减肥处方之前，应先请医生对自己的身体进行检查，如有无肝炎、心肌炎、心律失常、糖尿病、精神病等症状，逐一进行排查。

2. 运动负荷试验

初步对身高、体重、体脂、BMI（body mass index，身体质量指数，又称体重指数，是用体重千克数除以身高米数的平方后得到的指数）、最大摄氧量、心脏功能能力（functional capacity，F.C.）、运动能力（exercise capacity，E.C.）、靶心率（target heart rate，THR）等指标进行测试。

3. 处方目标

通过有氧运动和节食的方法，改善身体成分，减少因肥胖患代谢疾病的概率。

4. 处方内容

例如，选择快走、慢跑、游泳、骑自行车等有氧运动和通过采用可逐渐增加重量的哑铃力量练习，每月减少1千克体重。通过按设计的处方每天减少摄入的热量，每月再减1千克体重等。

5. 运动强度及节食耗热量

减肥宜采用中小强度的运动，可用测得的靶心率、每分钟跑的距离及40%～50%最大摄氧量进行监测；每天节食的耗热量应为1255～2090焦；也可采用自觉运动强度感觉来衡量运动强度。

6. 持续时间

减肥运动的特点是低强度、长时间，持续时间为30～90分钟，开始阶段一天的运动量可分两次完成。

7. 运动频度

每周至少3～5次，每天活动效果更好。

8. 实施自己的节食计划

经常测试体重，应保持每次测试后的体重比前一次轻，这才能说明你的能量代谢处于负平衡，可照计划继续进行。

9. 注意事项

（1）注意运动前、后做准备活动和整理活动。

（2）节食不是禁食，应在节食期间调整饮食结构，摄入必需的营养素。

（3）一次运动量不宜过大，一般不超过90分钟，热量消耗不超过2090焦，否则机体会产生更多的自由基，降低机体的抗氧化能力。

第五章　营养与健康

本章导读

营养是人类进行运动的重要物质基础。人体的各种生理活动和体力活动，乃至人体生命的存在，都离不开营养。随着科学的发展，人们不仅可以用科学的营养方法和合理的膳食来保持健身人群的身体健康和良好的体能，而且能够对体重进行控制和管理。

第一节　营养对健康的影响

营养是人体从外界摄取食物，经过消化、吸收和代谢，利用食物中身体所需要的物质维持生命活动的整个过程。世界卫生组织对影响人类健康的众多因素进行评估，结果表明：遗传因素对人类健康的影响居于首位，为 15%，而膳食营养因素的影响仅次于遗传因素，为 13%，远远高于医疗因素（8%）。人类的遗传是相对稳定的因素，因此对人的健康起决定作用的是膳食营养因素。合理的膳食营养，对人一生的健康都有着重要作用。

一、促进生长发育

生长是指细胞的繁殖、增大和细胞间质的增加，表现为全身组织、器官和系统的大小、长短和质量的增加。发育是指身体各组织、器官、系统功能的完善过程。营养是影响生长发育的主要因素。蛋白质是构成人体细胞的主要成分，细胞的繁殖和增大都离不开蛋白质。此外，碳水化合物、脂类、维生素、矿物质和水等营养素也在生长发育中扮演重要角色。近年来，儿童、青少年的成长发育水平稳步提高，儿童营养不良患病率显著下降，5 岁以下儿童生长迟缓率和儿童低体重率持续下降。其中，生活水平的提高，特别是营养状况的改善，起了决定性的作用。

二、提高智力

婴幼儿和儿童时期是大脑发育最快的时期，需要足够的营养物质，如蛋白质、二十二碳六烯酸、卵磷脂等，特别是二十二碳六烯酸，如果摄入不足，就会影响大脑发育，阻碍大脑智力的开发。

三、促进优生

在影响优生的因素中，营养是一个重要的因素。在怀孕期，如果孕妇膳食营养不良，可能造成胎儿畸形、流产或早产。例如，孕妇膳食中长期缺乏锌，可能会引起胎儿中枢神经系统出现畸形，膳食中长期缺乏维生素，可能会导致胎儿的骨骼先天畸形。

四、增进免疫

免疫是机体的一种保护性机制,如果免疫力低下,则容易受到各种病菌的侵害。营养不良,机体免疫系统的反应能力会降低。许多食物中的营养素,如维生素 C、维生素 E、维生素 A 等都可以提高机体的免疫力。

五、延缓衰老

人体的衰老是一种自然规律,但如果注意合理膳食,则完全可以达到延缓衰老、健康长寿的目的。例如,根据人体衰老时的生理特点,有针对性地补充营养,多吃蔬菜、水果和清淡食物,避免高盐、高脂肪饮食,可防止心血管病、糖尿病的发生或复发。

六、预防疾病

不良的膳食习惯导致营养不足和营养过剩都可能引发疾病。营养不足可引起缺铁性贫血、佝偻病、夜盲症等。营养过剩可引起糖尿病、心血管疾病、肥胖症等。《中国居民营养与慢性病状况报告(2015年)》指出,我国居民膳食能量供给充足,体格发育与营养状况总体改善。膳食结构有所变化,超重肥胖问题凸显。过去 10 年间,我国城乡居民粮谷类食物摄入量保持稳定。总蛋白质摄入量基本持平,优质蛋白质摄入量有所增加,豆类和奶类消费量依然偏低。脂肪摄入量过多,平均膳食脂肪供能比超过 30%。蔬菜、水果摄入量略有下降,钙、铁、维生素 A、维生素 D 等部分营养素缺乏现象依然存在。调查结果表明,膳食高能量、高脂肪和少体力活动与超重、肥胖、糖尿病和血脂异常的发生密切相关。饮酒与高血压和血脂异常的患病风险密切相关。特别应该指出的是,脂肪摄入较多、体力活动较少的人患上述各种慢性病的概率较大。通过改善膳食营养状况,实施合理的膳食营养就可以达到预防疾病、增强体质的目的。

第二节 营养素

营养是人体获得和利用食物的综合过程,是保证人体正常生长和发育的重要因素。运动与营养都是维持和促进人体健康的重要因素,营养素是构成机体组织的物质基础。运动可以增强机体活动的功能,营养与运动的科学配合,可以更有效地促进身体的生长发育和提高健康水平。如果只注重营养而缺乏体育运动,就会使人体肌肉松弛、发胖、活动能力减弱;如果只重视单纯的体育运动而缺乏必要的营养保证,体内消耗的营养物质得不到补偿,就会影响身体的发育和健康。

人体所需的营养成分包括蛋白质、糖(或称碳水化合物)、脂类、维生素、矿物质、膳食纤维和水等。现将对这些营养成分的组成、分类、营养功用以及供给量与来源分别加以阐述。

一、蛋白质

(一)组成与分类

蛋白质是一种化学结构非常复杂的化合物,主要由碳、氢、氧、氮四种元素构成(有的还含硫、磷等元素)。当蛋白质在酸、碱或酶的作用下进行水解时,其最终产物是氨基酸,它是构成蛋白质的基本单位。

(二)营养功用

(1)构成机体组织。蛋白质是一切细胞和组织结构的重要成分,是生命的物质基础。蛋白质占细胞内固体成分的80%以上,占体重的18%。

(2)调节生理机能。蛋白质在体内构成许多机能物质,具有多种生理功能,如酶的催化作用、激素的生理调节作用。

(3)供给热能。蛋白质的主要功能并不是供给热能,当碳水化合物和脂肪供给的热能不足,或摄入氨基酸过多时,蛋白质便开始供给热能。

(三)供给量与来源

蛋白质需求量受两方面因素影响:一是人体的生理状况,如儿童、孕妇、伤病康复者和重体力劳动者等对蛋白质的需求量较多;二是蛋白质的质量,摄入生物价高的蛋白质时,需要量较少,反之需要量较多。

我国目前膳食的蛋白质以植物性蛋白质为主,生物价较低,成年人的供给量为每日每千克体重1～1.5克。蛋白质供给的热能平均应占一日膳食总热能的10%～14%,其中,儿童为12%～14%,成人为10%～12%。

蛋白质广泛存在于动物性食物和植物性食物中的豆类、谷类和坚果类食物中。鸡蛋是最好的食物蛋白质来源,生物价高达94%。植物性食物蛋白质的营养价值虽然低于动物性食物,但是由于食用量大,目前仍然是我国居民膳食蛋白质的主要来源。

(四)蛋白质营养失调对人体的影响

蛋白质营养失调包括蛋白质不足与蛋白质过剩,它们都对人体健康有不良影响。蛋白质不足,可使机体生理功能下降、抵抗力降低、消化功能出现障碍、伤口愈合缓慢、精神不振,并出现贫血、脂肪肝、组织中酶活力下降等;相反,蛋白质摄入过多,也对人体有害。

(五)蛋白质与运动

运动使体内蛋白质代谢发生变化,而不同性质运动的作用又有所差异。耐力性运动使蛋白质分解加强,合成速度减慢,机体尿氮和汗氮排出量增加;力量性运动在使蛋白质分解加强的同时,活动肌群蛋白质的合成也增加,并大于分解的速度,因而使肌肉壮大。以上均反映出运动使机体对蛋白质的需要量增加。若蛋白质摄入不足,不仅影响体育锻炼的效果,而且会发生运动性贫血。但是,如果蛋白质摄入过多,不仅对肌肉壮大和提高肌肉功能没有好处,而且会对正常代谢产生不良影响。

二、糖(碳水化合物)

(一)组成与分类

糖由碳、氢、氧三种元素组成,因其每两个氢原子有一个氧原子,这个比例与水相同,故又称碳水化合物。依其分子结构的繁简,糖分为单糖(包括葡萄糖、半乳糖、果糖)、双糖(包括蔗糖、麦芽糖、乳糖)与多糖(包括淀粉、糖原、纤维素与果胶)。

(二)营养功用

(1)供给能量。糖是人体主要的能源物质,1克葡萄糖在体内完全氧化成二氧化碳和水时,可以产生4千卡(1千卡约为4200焦)的能量。糖在供给热能上有许多优点:比脂肪和蛋白质易消化吸收、产热快、耗氧少,对运动有利;在无氧情况下也能分解产热,这对于进行大强度运动有特殊意义。

(2)维持中枢神经机能。糖是大脑的主要能量来源。血糖水平正常才能保证大脑的功能,血糖降低,脑的功能即受影响,会发生头晕、昏厥等低血糖症。

(3)维持脂肪正常代谢。

(4)降低蛋白质的分解。

(5)保护肝脏。碳水化合物可增加肝糖原的储存,保护肝脏免受某些有毒物质(如酒精、细菌毒素等)的损害。

(6)糖是构成机体的重要物质。

(三)供给量与来源

糖的供给量依饮食习惯、生活水平和劳动性质等因素而定。目前,我国成年人糖的供给量以占总热能的50%～70%为宜。

糖在自然界中分布很广,主要在植物性食物中,粮食和根茎类植物含糖量很丰富。动物性食物中只有肝脏含有糖原,奶中含有乳糖,但数量不多。

(四)糖与运动

糖在能量代谢中十分重要,是运动中的主要能量来源,对人体运动能力有很大影响。

人体内糖的主要储备形式是糖原。肌糖原约350克可供给11400千卡热能;肝糖原70～90克可提供280～360千卡热能;血糖总量约20克可提供80千卡热能。

糖是运动中的重要能源。运动时肌肉的摄糖量可为安静时的20倍以上。体内糖原储量与运动能力成正比。运动前和运动中合理地补充糖,可以减少糖原消耗,提高血糖水平,有利于提高运动能力;运动后补充糖可促进糖原储备的恢复。据研究,运动后即刻摄入果糖对肝糖原的储备效果较好,葡萄糖与蔗糖可使肌糖原储备在24小时后保持较高水平。

三、脂类

(一)组成与分类

脂类包括脂肪和类脂,由碳、氢、氧三种元素组成,有的类脂还含有磷和氮。脂肪酸的种类很多,按分子结构分为饱和脂肪酸与不饱和脂肪酸两类,不饱和脂肪酸又可分为单不饱和脂肪酸与多不饱和脂肪酸。通常把维持人体正常生长所需而体内又不能合成的脂肪酸称为必需脂肪酸。亚油酸和亚麻酸是人体所需的两个重要的必需脂肪酸。

（二）营养功用

（1）供给热能。脂肪是高热能物质，每克脂肪可供热 9 千卡。沉积在体内的脂肪是机体的"燃料库"。

（2）构成机体组织。类脂质是构成细胞的基本原料。体内脂肪组织有保护和固定器官的作用，皮下脂肪有保温作用。一般成年男性的脂肪占体重的 10%～25%，女性脂肪含量更高。

（3）供给必需脂肪酸。

（4）脂类是脂溶性维生素的携带者，并促进其吸收利用。

（5）增加食物香味与饱腹感。

（三）供给量与来源

一般来说，脂肪供给的能量占总能量的百分比，青少年以 25%～30%为宜，成年人以 20%～25%为宜。各种脂肪酸的比例以 1∶1∶1 为宜。必需脂肪酸供能应达到总能量的 1%～2%。

膳食中脂肪的主要来源是烹调油，以及各种食物中所含的脂肪。目前，我们食用的一些烹调油是按 1∶1∶1 的比例对脂肪酸进行过调配的调和油。

（四）脂肪营养失调对人体的影响

由于人体对脂肪的实际需要量不高，因而在脂肪营养失调中的主要问题是摄入脂肪过多。膳食中脂肪总摄入量与动脉粥样硬化症发病率、死亡率呈正相关关系，与乳腺癌的发病率也呈正相关关系。摄入脂肪过多还会引起大量脂肪在肝脏存积而形成脂肪肝。脂肪肝可引起肝细胞纤维性病变，最后造成肝硬化，损害肝脏的正常功能。此外，由于脂肪是高热能物质，摄入过多会导致体内热量过剩，过剩的热能转化为脂肪存于体内，使机体肥胖，并容易发生心血管疾病。

（五）脂肪与运动

脂肪是长时间运动的主要能源，但必须在氧充足的情况下，并且在运动强度小于最大耗氧量的 55%时，脂肪酸才能氧化供能。

训练水平与氧化脂肪的能力有关。通过训练可以增强体内脂肪代谢酶的活性，从而提高氧化脂肪的能力。

四、维生素

维生素是维护身体健康、促进生长发育和调节生理机能所必需的一类（低分子）有机化合物，其种类较多，化学性质不同，生理功能各异，虽不参与构成组织，也不供给热能，却对体内生物氧化等代谢过程有重要作用，能促进机体吸收大量能源物质和构成基本物质的原料，调节物质代谢和能量转化等。通常按溶解性质将其分为两大类：一类是脂溶性维生素，另一类是水溶性维生素。脂溶性维生素包括维生素 A（视黄醇）、维生素 D（钙化醇)、维生素E（生育酚）和维生素K（凝血维生素）；水溶性维生素包括维生素B复合物和维生素C（抗坏血酸）。

人体所需的维生素有10余种。维生素大多不能在体内合成或合成量甚微，在体内的储存量一般很少，必须从食物中摄取。因此，合理地选择、正确地加工和烹调食物，对保证人体必需的维生素是很重要的。维生素摄入不足会影响正常代谢和生理机能，严重的会发生维生素缺乏症。

维生素对于运动十分重要，维生素不仅是保证身体健康所必需的，而且有些直接影响人体的运动能力。

摄入维生素必须适量，过少可引起缺乏症，过多对机体不仅无益反而有害。例如，维生素A、维生素D摄入过多会蓄积于体内而致中毒；过量的维生素B和维生素C会引起代谢紊乱和产生对其他维生素的抵抗作用，导致不良反应发生。人体主要通过食物摄取维生素，这不会过量，所以在食物供给充分的情况下，一般不必另外补充维生素制剂。

五、矿物质

（一）矿物质的组成及在人体中的含量

人体内所含矿物质元素的种类很多，总量占体重的5%～6%，其中含量较多的是钙、磷、钠、钾、氯、硫、镁7种，称为常量元素，含量较少的是铁、碘、氟、硒、锌、铜等，称为微量元素。

（二）矿物质对人体的功用

矿物质对人体十分重要，各种元素都有独特的功能。其对人体的功用可概括为构成机体组织、调节生理机能、维持正常代谢。

人体在物质代谢中每天都有一定量的矿物质排出体外，因此必须从食物中得到补充，以保持体内的动态平衡。若不能补充，体内的代谢和生理机能就会受影响，甚至发生疾病。但摄入过多也对人体有害，因此必须适量。人体所需的矿物质多数在正常膳食下都能获得，但有的容易缺乏；有的微量元素受地质化学状况的影响会发生地区性的缺乏。

六、膳食纤维

（一）营养功用

膳食纤维是可食植物的细胞壁间质组成成分。它不被人体内的消化酶分解消化，在保护健康、预防某些疾病方面有一定作用，是维持人体正常生理机能不可缺少的，因而也是膳食中的重要营养素之一。它的生理作用是：降低血浆中的胆固醇；降低餐后血糖升高的幅度；改善大肠的功能，预防便秘，加快有毒物质的排出；改善大肠中的代谢，从而减少毒素和致癌物质的产生。

（二）供给量与来源

成年人膳食纤维的供给量为每天4～12克，适量食用粗杂粮和蔬菜水果，不吃过分精制的食物，一般均能满足。含膳食纤维较多的食物有麦麸、鲜豆荚、嫩玉米、草莓、菠萝、花生、核桃等。蔬菜生吃可增加摄入膳食纤维的量。膳食纤维摄入过多，会影响钙、镁、锌、铁等无机盐和某些维生素的吸收，还可引起刺激性腹泻。

七、水

水是人体除氧以外赖以生存的最重要的物质。一般情况，人体在缺食但不缺水的情况下，可维持生命数十天；若是缺水，则仅能生存几天，由此可见水的重要性。

（一）营养功用

（1）机体的重要组成成分。水是机体中含量最多的组成成分，约占成人体重的60%。

（2）保证和参与物质代谢过程。机体内的代谢过程是在体液环境中进行的，而体液由水、电解质、低分子有机化合物和蛋白质等物质组成。水是良好的溶剂，营养物质的消化、吸收、生物氧化及代谢物的排泄都离不开水。

（3）调节体温。水的比热大，体温易保持稳定。水的蒸发散热（排汗）是调节体温的一种重要方式。

（4）体内物质的运输。水的流动性大，在体内形成体液，循环运输物质。

（5）保持腺体正常分泌。各种腺体分泌物均是液体。

（二）供给量与来源

人体的需水量取决于排出水量，每日摄入的水量应与机体经过各种途径排出的水量保持动态平衡。成年人一般情况下每天对水的最低生理需要量是1500毫升，为安全考虑，每日每千克体重供水以40毫升为宜；高温、运动等出汗多时，供水量应相应增加。

水的来源包括直接饮入的水、食物中含有的水，以及蛋白质、脂肪和碳水化合物在体内代谢产生的水分。在摄取水时，除考虑水量需满足机体需要外，还应注意水的卫生状况，必须饮用清洁卫生的水，以保证身体健康。

第三节 平 衡 膳 食

一、平衡膳食的概念

平衡膳食，是指膳食中所含有的营养素数量充足、种类齐全、比例适当。平衡膳食由多种食物构成，它提供足够的热能和各种营养素，以满足人体正常的比例需要。

二、平衡膳食的基本要求

（一）充足

为了营养充足，人们应当摄取足够的食物，保证自身供给。

（二）适量

谷物是健康饮食的基础，其次是水果和蔬菜。肉类和奶制品的蛋白质含量很高，也是维生素和矿物质的重要来源，但要控制食用量，因为它们同时是高脂肪和高热量的食物。

（三）多样

平衡膳食里有一点是至关重要的，那就是食物摄取的多样性。如肉类所在的一组也包括肉的替代物，如豆类、坚果类和豆腐。

三、平衡膳食宝塔

中国居民平衡膳食宝塔（以下简称膳食宝塔）由中国营养学会根据《中国居民膳食指南》，结合中国居民的膳食把平衡膳食的原则转化成各类食物的重量，便于大家在日常生活中实行。膳食宝塔提出了一个营养上比较理想的膳食模式。它所建议的食物量，特别是奶类和豆类食物的能量可能与大多数人当前的实际膳食还有一定的差距，对某些贫困地区来讲可能差距还很大，但为了改善中国居民的膳食营养状况，这是不可或缺的。应把它看成一个奋斗目标，努力争取，逐步达到。

膳食宝塔共分五层，包含每天应摄入的主要食物种类。膳食宝塔利用各层位置和面积的不同反映了各类食物在膳食中的地位和应占的比重（图 5-3-1）。

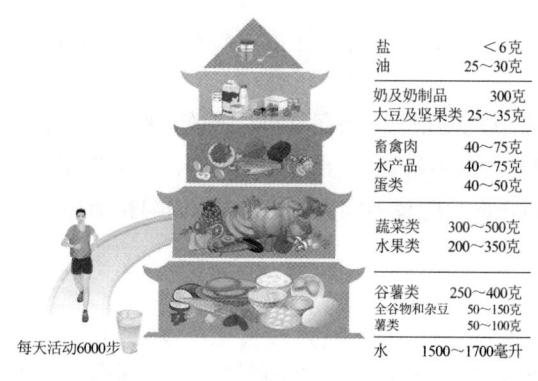

图 5-3-1

谷薯类食物位居底层，每人每天应摄入 250～400 克。

蔬菜和水果居第二层，每人每天应分别摄入 300～500 克和 200～350 克。

鱼、肉、蛋等动物性食物位于第三层，每人每天应摄入 120～200 克（畜禽肉 40～75 克，水产品 40～75 克，蛋类 40～50 克）。

奶类和豆类食物合居第四层，每人每天应摄入 300 克的奶及奶制品和 25～35 克的大豆及坚果类食物。

第五层塔顶是油和盐，每人每天应摄入油 25～30 克，盐不超过 6 克。

膳食宝塔增加了水和身体活动的形象，强调足量饮水和增加身体活动的重要性。水是膳食的重要组成部分，是一切生命必需的物质，其需要量主要受年龄、环境温度、身体活动等因素影响。在温和气候条件下生活的轻体力活动成年人每日至少饮水 1500 毫升（约 6 杯），在高温或强体力劳动条件下应适当增加。饮水不足或过多都会给人体健康带来危害。饮水应少量多次，要主动，不应感到口渴时再喝水。

膳食宝塔建议的各类食物的摄入量一般是指食物的生重，各类食物的组成是根据全国营养调查中居民膳食的实际情况计算的，所以每一类食物的重量不是指某一种具体食物的重量。

（一）谷类

谷类是面粉、大米、玉米、小麦、高粱等的总和，它们是膳食中能量的主要来源，在农村中也往往是膳食中蛋白质的主要来源。多种谷类掺着吃比单吃一种好，特别是以玉米或高粱为主要食物时，应当更重视搭配一些其他的谷类或豆类食物。加工的谷类食品如面包、烙饼、切面等应折合成相当的面粉量来计算。

（二）蔬菜和水果

蔬菜和水果经常放在一起，因为它们有许多共性。但蔬菜和水果终究是两类食物，各有优势，不能完全相互替代。尤其是儿童，不可只吃水果而不吃蔬菜。一般说来，红色、绿色、黄色较深的蔬菜和深黄色水果含营养素比较丰富，所以应多选用深色蔬菜和水果。

（三）鱼肉蛋

鱼、肉、蛋归为一类，主要提供动物性蛋白质和一些重要的矿物质与维生素。但它们彼此间也有明显区别。

鱼、虾及其他水产品含脂肪很低，有条件可以多吃一些。这类食物的重量是按购买时的鲜重计算的。肉类包含畜肉、禽肉及内脏，重量是按屠宰清洗后的重量来计算的。这类食物尤其是猪肉含脂肪较高，所以不应该吃过多肉类。蛋类含胆固醇相当高，一般每天不超过一个为好。

（四）奶类和豆类食物

奶及奶制品当前主要包含鲜奶和奶粉。膳食宝塔建议的300克按蛋白质和钙的含量来折合相当于鲜奶200克或奶粉28克。中国居民膳食中普遍缺钙，奶类应是首选补钙食物，很难用其他类食物代替。有些人饮奶后有不同程度的肠胃道不适，可以试用酸奶或其他奶制品。大豆及坚果类包括许多品种，膳食宝塔建议的25~35克，根据其提供的蛋白质可折合为大豆40克或豆腐干80克等。

（五）油脂类

油脂类包括植物油和动物脂肪，主要作用是提供能量。植物油还可提供维生素E和必需脂肪酸。

四、平衡膳食宝塔的应用

（一）确定适合自己的能量水平

膳食宝塔中建议的每人每日各类食物适宜摄入量范围适用于一般健康成人，在实际应用时要根据个人年龄、性别、身高、体重、劳动强度、季节等情况适当调整。年轻人、身体活动强度大的人需要的能量高，应适当多吃些主食；年老、活动少的人需要的能量少，可少吃些主食。

能量是决定食物摄入量的首要因素，一般来说，人们的进食量可自动调节，一个人的食欲得到满足时，对能量的需要也就会得到满足。但由于人们膳食中脂肪摄入的增加和日常身体活动的减少，许多人目前的能量摄入超过了自身的实际需要。对于正常成人，体重是判定能量平衡的最好指标，每个人应根据自身的体重及变化适当调整食物的摄入，主要应调整的是含能量较多的食物。

（二）根据自己的能量水平确定食物需要

膳食宝塔按照7个能量水平分别建议了10类食物的摄入量，应用时要根据自身的能量需要进行选择。

为了保持身体健康，必须保证每日三餐、按时进食；在每日摄入的总能量中，早餐、中餐、晚餐的能量应当分别占30%、40%和30%左右。谷类在每日食物摄入量中占33%左右，蔬菜水果类在每日食物摄入量中占31%左右，鱼肉蛋类在每日食物摄入量中占20%左右，奶豆类在每日食物摄入量中占12%左右，油脂类在每日食物摄入量中占4%左右。

（三）食物同类互换，调配丰富多彩的膳食

应用膳食宝塔可把营养与美味结合起来，按照同类互换、多种多样的原则调配一日三餐。

（四）充分利用当地资源

我国幅员辽阔，各地的饮食习惯及物产不尽相同，只有因地制宜、充分利用当地资源才能有效地应用膳食宝塔。

例如，牧区奶类资源丰富，可适当提高奶类摄入量；渔区可适当提高鱼及其他水产品摄入量；农村山区则可利用山羊奶以及花生、瓜子、核桃等资源。在某些情况下，由于地域、经济或物产所限无法采用同类互换时，也可以暂用豆类代替乳类、肉类；用蛋类代替鱼、肉；不得已时也可用花生、瓜子、核桃等坚果代替大豆或肉、鱼、奶等动物性食物。

五、平衡膳食宝塔的注意事项

（1）食物多样，谷物为主，粗细搭配。

（2）多吃蔬菜、水果和薯类。

（3）每天吃奶类、大豆或其制品。

（4）常吃适量的鱼、禽、蛋和瘦肉。

（5）减少烹调油用量，吃清淡少盐膳食。

（6）食不过量，天天运动，保持健康体重。

（7）三餐分配合理，零食要适当。

（8）每天足量饮水，合理选择饮料。

（9）饮酒应限量。

（10）吃新鲜卫生的食物。

第六章　体育锻炼卫生保健知识

本章导读

随着人们对体育锻炼的重视，运动健身已经成了人们生活中不可缺少的内容。在运动给自身带来健康、快乐的同时，也不能忽视运动过程中潜在的安全隐患与损伤风险。只有了解了体育锻炼的基本常识，掌握一定的运动损伤等卫生保健知识，才能降低运动损伤的风险，更好地进行自我保健。

第一节　体育锻炼的卫生常识

一、体育锻炼的环境卫生

体育锻炼环境是指人们进行体育活动时的外界条件，如空气、水、场地和运动设施等，通常可分为自然环境和室内环境。无论在什么环境中从事体育锻炼，都应该具有空气清新、光线充足和水质洁净等卫生条件。

（一）自然环境

在环境幽雅、空气清新、阳光和煦的户外进行体育锻炼，会使锻炼者有一种心旷神怡之感。但运动环境若被飘尘、二氧化硫、氮氧化合物和一氧化碳污染，污染物随人的呼吸进入体内，便会刺激呼吸道，引起呼吸功能降低和慢性支气管炎等疾病，直接危害青少年的生长和发育。特别是在雾天、人口稠密区、交通繁忙的街道和工厂等地，空气中尘埃、病菌和有害气体的含量就会更高，故锻炼最好选择在运动场、湖边、海滨或树木覆盖比较浓密的地方进行。这种地方不仅空气的净化程度较好，而且负离子的数量也多，对增进健康和振奋精神都会有较大的好处。

长时间在高温环境中锻炼身体，极易因体温调节失控而导致中暑；如果运动环境的温度过低，又会因冷空气刺激而引起感冒。在室外运动时，要避免强烈日光过度照射，防止紫外线和红外线对人体的伤害。在强烈的阳光下活动，特别是在高原地区，应戴遮阳帽和太阳镜，以减少太阳射线对头部和眼睛的直接照射。在不影响体温调节的情况下，尽量减少皮肤被阳光直接照射的面积，或涂抹一些防晒霜以保护皮肤。体育锻炼时，最好选择气温适宜的环境，使机体先有个适应过程。即便在适应之后，也应尽量避免在大风天、气温过低或过高等异常条件下锻炼身体。

（二）室内环境

在温度恒定、光线明亮的室内进行体育锻炼，会给人一种温馨舒适之感。但室内环境没有阳光直接照射，加上锻炼人群集中，对卫生条件就有更特殊的要求，如体育馆光线应以不刺眼、均匀、不闪烁、不眩目、无浓影、不污染空气、不显著提高温度为准，放射光谱最好接近日光光谱；室内温度需控制在 23～25 摄氏度；有良好的自然通风条件和人工通风设备。这样才能保证室内空气含量足以维持锻炼者的正常生理活动。室内游泳池的水质应为无色透明、无臭及无其他异味的清洁水。

二、体育用品的卫生要求

体育用品是指从事体育锻炼者所需的运动服装、鞋袜等运动辅助物品，以及为保证安全锻炼而由个人准备的防护用品。体育用品必须符合卫生和安全要求。

运动服装是体育锻炼必备的物品，应具有美观大方、质地柔软和不易玷污等性能，规格要合体，并以穿着舒适、便于活动为原则。夏季服装面料应具有良好的透气性和吸湿性，最好选择针织内衣，外套则选用浅色泽、稍宽松的棉织品运动服；冬季气候，运动服装应以保暖性较好的棉织品为最佳，织物厚度则可根据地区温差及运动需要而定。

选择运动鞋袜时要注意与从事运动项目的特点相适应，与自己的脚码、脚形相一致，切忌穿得过紧或过松。应根据不同的球类运动选择运动袜。为了保护小腿，参加球类运动时，一般穿长袜；长跑用的袜子要柔软且具有透气和吸汗功能，最好是由针织或棉毛材料制成。运动鞋袜要经常洗涤、晾晒，以保持清洁卫生。

三、体育锻炼过程的卫生常识

锻炼过程包括锻炼前、锻炼中、锻炼后三个阶段。为了使锻炼效果有利于促进身体健康，在保证适当运动负荷的同时，还必须遵循一般卫生学的原则，懂得处理符合卫生要求的有关细节问题。

（一）准备活动的注意事项

运动前至少 1 小时内不应进食，否则由运动引起交感神经高度兴奋，不但妨碍消化、有害健康，而且会因肠胃负担太重，不利于运动能力的发挥。如果运动前已感到十分饥饿、睡眠不足或情绪低落，最好暂停运动或只做轻微的体育锻炼。在运动前根据训练课或复习课的内容进行准备活动，其目的是做好运动前的热身活动，在生理和心理上动员身体各部分的机能以适应锻炼的要求。

准备活动的作用：①提高神经兴奋性，使人体在运动时迅速进入工作状态。②克服内脏器官生理惰性，有助于达到稳定的工作状态。③预防运动损伤，准备活动能提高肌肉的温度和代谢强度，使关节活动的灵活性增强。

（二）锻炼中的注意事项

为了使健身锻炼过程符合生理卫生的客观规律，就必须合理安排运动负荷，才能产生预期的锻炼效果。

运动中不宜在短时间内大量饮水，宜采用少量多次的方式补水。水分过多渗入血液，不仅会增加心脏和肾的负担，还使胃部膨胀，妨碍膈肌活动而影响呼吸。如果天气过热，排汗太多，可临时用湿毛巾擦汗降温，并补充少许淡盐水。在寒冷的天气跑步，应尽量采用鼻呼吸的方法，以避免冷空气直接刺激咽喉或尘埃进入呼吸道。

（三）锻炼后的注意事项

运动时所发生的一系列生理变化，在运动后需要有一个恢复过程，消除留在肌肉中的代谢物，主要是补偿因运动缺少氧气而产生的酸性物，并且改变因重力关系而使血液不易流向脑部的现象，因此，要认真做好整理活动。如果突然停止剧烈的运动、突然坐下或者蹲下，不仅会加重疲劳，更会有晕倒的危险。

整理活动的内容有放松慢跑、踏步、走步、舞蹈步、按摩放松、体操等，运动量要逐渐下降，剧烈的运动后还要做深呼吸，以加大肺通气量，提高气体交换功能，这对神经系统有良好的调节作用。

运动后同样不应大量饮水，特别在排汗较多、体内盐分浓度降低的情况下，如果立即大量饮水，还会因继续排汗使盐分损耗，乃至产生水中毒现象和头晕目眩等不良反应。正确的方法是：运动后应稍事休息，及时把汗擦干，换去被汗水浸湿的运动服装，以免着凉感冒。然后最好用热水洗澡、擦身，适当对身体各部位进行按摩，以加速体力的恢复过程。待回宿舍后再饮水、休息，并外出进行短暂的散步，为进餐做好准备。

第二节　运动损伤的预防与处理

运动损伤分为开放性损伤和闭合性损伤。对于运动损伤的处理，一般分为前、中、后处理原则。对于急性损伤前期（24小时以内）的处理原则是制动、止血、防肿、镇痛，即减轻炎症。可根据具体情况选用一种处理方法或几种处理方法并用。

一、一般处理方法

（1）一般先冷敷，加压包扎并抬高伤肢。这种方法应在伤后立即使用，有制动、止血、止痛及防止或减轻肿胀的作用。冷敷一般使用冰袋、自来水或氯乙烷。冷敷之后，用适当厚度的棉花或海绵置于伤部，立即用绷带稍加压力进行包扎。

（2）伤后24小时打开包扎，可进行理疗、按摩，如热疗、外敷活血化瘀和生新的中草药、贴活血膏等，也可用几种方法进行综合治疗。

（3）损伤组织已基本恢复正常，肿胀和压痛已消失，但锻炼时仍会感到酸胀、无力，因此要进行功能性的恢复治疗，这时仍以按摩、理疗及增加肌肉、关节功能的锻炼为主。

二、开放性软组织损伤的处理方法

常见的开放性软组织损伤有擦伤、切伤、刺伤和撕裂伤，局部皮肤或黏膜破裂，伤口与外界接触，常见组织液渗出或血液自伤口流出。紧急处理的原则是及时止血和处理伤口，预防感染。

（一）擦伤

擦伤多发生在摔倒时，对于伤口较脏的擦伤可先用生理盐水洗净伤口，然后用酒精棉球或碘酒消毒，伤口较浅、面积较小的擦伤无须包扎。

（二）切伤与刺伤

切伤与刺伤的伤口往往较深、较小。如果伤口较脏，除了进行伤口的止血、消炎、包扎外，还要注射破伤风抗毒素。

（三）撕裂伤

撕裂伤中头面部皮肤伤较为多见，如拳击运动中，眉弓被对方肘部碰撞而引起眉际皮肤撕裂等。若撕裂的伤口较小，经消毒处理后，贴上创可贴即可；若撕裂伤口较大，则须止血，缝合伤口；若伤情和污染较重，应注射破伤风抗毒素。

三、急性闭合性软组织损伤的处理方法

急性闭合性软组织损伤是运动损伤中较常见的一类，肌肉拉伤、挫伤和韧带拉伤等都属于这类损伤。

急性闭合性软组织损伤的特点是皮肤黏膜完整。该类损伤由暴力引起，损伤部位因组织的撕裂、血管损伤等导致出血，组织液渗出、肿胀。在急性闭合性软组织损伤发生后，首先要检查有无合并伤，如腹部挫伤后是否有内脏破裂；肌肉挫伤后有无断裂，有无明显血肿；头部挫伤后有无脑震荡等。如果有，应先处理合并伤，然后处理软组织损伤。在确定没有严重的合并伤后，在急性闭合性软组织损伤后应进行冷敷、加压包扎、制动和抬高伤肢，24小时以后解除包扎，并进行局部热敷、理疗、按摩等，以改善血液循环，促进局部代谢，加速损伤部位的修复。当损伤部位基本恢复后，开始进行肌肉、韧带的伸展性练习，以及加强局部力量练习，以恢复受伤部位的肌肉力量及肌肉、韧带的柔韧性。

四、几种常见运动损伤的征象、原因和处置

（一）挫伤

1. 征象

挫伤多发生在头部、胸部和四肢，因为这些地方经常暴露在外，常会遇到碰、跌、撞、打和摔等，受伤后局部红肿、疼痛，皮肤破裂的当时就出血，没有破裂的会出现青紫淤血。

2. 原因

首先是运动前的准备活动做得不够，肌肉关节没有得到充分活动；其次是活动时用力过猛，超过了肌肉、关节和韧带的负荷限度。

3. 处置

应根据情况及时处理挫伤。如果皮肤出血应立即停止运动，先用酒精或碘酒将伤口消

毒，再用纱布包扎。如果受伤部位红肿疼痛，可先用冷水或冰进行局部冷敷，抬高受伤部位，必要时加压包扎，防止继续出血。24小时以后改用热敷，用按摩来活血、消肿和止痛。待伤势减轻后再做针对性的活动，使关节、肌肉恢复功能，如做下蹲、弯腰和举腿等，可以避免伤后关节不灵或发生肌肉萎缩。

（二）肌肉损伤

1. 征象

如果是细微的肌肉损伤，则症状较轻；如果是肌纤维完全断裂，则症状较重。一般表现为伤处疼痛，局部肿胀、压痛，肌肉紧张或抽筋，伤后肌肉功能减弱或丧失。

2. 原因

准备活动做得不充分，肌肉的生理机能尚未达到剧烈活动所需的状态就参加剧烈活动；体质较弱，运动水平不高，肌肉的弹性、伸展性和力量较差，疲劳过度也可能导致肌肉损伤。

3. 处置

肌肉损伤治疗要根据具体情况而定，少量肌纤维断裂者，应立即采取冷敷、局部加压包扎等措施，并抬高伤肢。对于肌肉大部分或完全断裂者，应在加压包扎后立即送往医院进行手术缝合。

（三）关节韧带损伤

1. 征象

关节韧带损伤后，一般表现为压痛、自感疼痛，轻者韧带部分纤维断裂，重者韧带纤维完全断裂，引起关节半脱位或完全脱位，从而出现关节功能障碍。

2. 原因

上肢关节以肩关节、肘关节和腕关节损伤最为常见，如掷标枪时，引枪后的翻肩动作错误造成肩、肘关节扭伤；下肢关节以髋关节、膝关节和踝关节损伤较多，如从高处跳下，平衡缓冲不够，使膝、踝关节受伤；做"下桥"练习时，过分提腰造成腰椎损伤等。

3. 处置

发生关节、韧带扭伤应当在24小时内冷敷，必要时加压包扎，24小时后采用理疗、热敷、按摩和针灸进行治疗。待疼痛减轻后可增加功能性练习。对急性腰部损伤，如果出现剧烈疼痛，切不可轻易处理，可让患者平卧，并用担架送至医院就诊。

（四）骨折

1. 征象

骨折分为完全性骨折（骨完全断裂）和不完全性骨折（骨未完全断裂，如裂缝骨折），是运动中一种比较严重的损伤。主要症状表现为肿胀和皮下淤血、功能障碍，出现畸形和假关节，并有压痛和阵痛感。

2. 原因

骨折是身体某部位受到直接或间接的暴力，或肌肉强烈收缩所致。常见的骨折部位有肱骨、尺（桡）骨、手指、小腿和肋骨等。

3. 处置

一旦出现骨折，切勿随意移动伤肢，而应先用夹板或其他代用品固定伤肢，动作要轻巧、缓慢，不要乱拉乱拽，以免造成错位，影响整复。如果是上肢骨折，可用木板托住伤肢，用绷带扎紧骨折处的上下两端；如果是下肢骨折，先将伤腿轻轻放好，然后用宽布条或褥单将两条腿缠在一起，慢慢抬到硬板担架上，送往医院救治；如果是头部、颈部或脊椎骨发生骨折，运送时就更要小心，以免损伤神经和脊椎而造成肢体瘫痪。搬运时头部用枕头或衣服垫住，防止移动，固定好以后，告知患者不要扭动伤肢。送往医院时要注意做到迅速、平稳。

（五）关节脱位

1. 征象

因受外力作用，关节面失去正常的连接关系，称为关节脱位，又称脱臼。关节脱位可分为完全脱位和半脱位（或称错位）两种。

2. 原因

运动中发生的关节脱位大都是由间接外力撞击所致。例如，摔倒时用手撑地，引起肘关节或肩关节脱位。关节脱位后常出现畸形，与健肢相比不对称，表现为局部疼痛、压痛和关节肿胀，并失去正常活动能力，甚至发生肌肉痉挛等现象。

3. 处置

用长度和宽度相称的夹板固定伤肢。如果没有夹板，可将伤肢固定在自己的躯干或健肢上，防止震动，随后及时送医院治疗。必须指出的是，如果没有把握做整复处置，切不可随意做整复手术，以免增加伤害。

第三节　女子运动卫生保健

一、女子的生理特点

（一）女子运动系统的特点

女子身高、体重一般低于男子。女子躯干长，四肢短，肌肉比重小，脂肪比重大（女子为28%左右、男子为18%左右），但女子盆骨宽，重心低，关节韧带富有弹性，椎间盘厚，脊柱柔韧性好。

（二）女子呼吸系统的特点

女子的胸廓和肺廓的容积都小，男子肺总容量为3.61～9.41升，而女子仅为2.81～6.81升。加上女子呼吸肌肉力量较弱、胸廓狭窄、耐力差、呼吸深度浅、肺通气量小，因此肺活量小于男子（女子为2500～3000毫升，男子为3500～4000毫升），最大吸氧量和氧债最大值均低于男子。

（三）女子心血管系统的特点

女子心脏体积较小，心脏重量较男子轻10%～15%，心脏容积也比男子小，所以女子的心血输出量小，安静时的脉率比男子高，心脏收缩力量比男子弱，血压比男子低。

此外，女子还有月经、妊娠、分娩、哺乳等生理过程和特点。

二、女子运动的卫生

（1）女子进入青春期以后，身体形态、机能、素质和心理等方面均发生了变化，尤其是生殖系统。因此，男女生必须分班上体育课。

（2）由于女子运动器官系统、心血管系统和呼吸系统的机能都不及男子，因此，运动项目、运动内容、运动负荷和体育教学手段与方法，一定要符合女子的特点。

（3）女子的胸廓小，肩带窄，肌肉力量差，重心低，故不宜做单纯支撑、悬垂摆动和静力性练习。

（4）女子的有氧与无氧代谢功能较差，在进行速度和耐力练习时，应掌握适宜的运动强度和持续时间。

（5）注意发展女子的肩带肌、腰背肌、腹肌、骨盆底肌和骨盆后肌。这些肌肉是女子的薄弱环节，有意识地加强以上肌肉的锻炼，有利于保持子宫的正常位置。

三、月经期的体育锻炼

在月经期间，人体一般不会出现异常的变化。因此，月经正常的女子在月经期间可以随班上体育课，但只做些轻微活动，如做广播操、打乒乓球、打羽毛球或软式排球等。通过这些活动，不仅可以改善盆腔的血液循环，减轻盆腔的充血现象，还有助于经血的排出。此外，丰富多彩的体育活动，可以调节大脑皮质的兴奋和抑制过程，从而减轻全身的不适反应。

一般情况下，月经期间身体的反应能力、适应能力、肌肉力量、神经调节的准确性等可能下降。因此，月经期间运动量要适量减少，运动时间不宜过长，还要避免做剧烈运动。月经期的体育活动应注意以下几点。

（1）避免进行剧烈的、振动大的跑跳动作和静力性力量练习，如中长跑、快速跑、跳高、跳远、负重蹲起、举重、排球中的扣球和拦网、篮球中的跳跃等，以免造成子宫的移位和经血过多。

（2）凡有痛经、腰背酸痛、下腹痛、经血过多或过少、经期不正常、盆腔有炎症者，均应暂停体育活动。

（3）月经期一般不宜游泳，以免细菌侵入而发生炎症病变和因冷刺激引起子宫痉挛、收缩而不能顺利行经的现象。

（4）月经期能否参加训练或比赛，应根据个人的习惯而定。若平时有参加比赛和训练的习惯，是可以参加的，但应采取慎重的态度。如果经血过多、月经过频和痛经，应当停止月经期的比赛和训练。

（5）月经期参加体育活动，应特别加强医务监督，注意经期身体的反应和活动后的反应，以便发现问题并及时解决。

第七章　医疗保健体育

本章导读

随着人们保健意识的提高，作为一种医疗性的体育运动，医疗保健体育近年来开始受到人们的重视。医疗保健体育是以治疗为目的的体育活动，分为医疗体操、医疗运动和传统医疗体育，针对不同的人采取相应的疗法，以达到防病、治病、益智、健身和延年的目的。

第一节　医疗保健体育概述

一、医疗保健体育的概念

医疗保健体育是一种医疗性的体育运动，又称"体疗"，它是一种通过患者徒手或利用某些器具主动或被动的运动，以达到全身或局部功能得到最大恢复目的的一种主动的物理治疗方法，在现代康复医学中人们称之为运动疗法，它在康复治疗中起着主导作用。

医疗保健体育历史悠久，我国是世界上最早应用体育进行医疗的国家，早在公元前700多年就有了用舞蹈、导引、按摩治病的各种记载。三国时期名医华佗推出的"五禽戏"就是一个典型的例子。以后发展的各种流派的气功、太极拳、八段锦、易筋经等成套的医疗保健体育方法，在内容和形式上都具有我国独特的风格，自成体系。西方国家的医疗保健体育则是利用一些器械如肋木、体操凳、滑轮、重量及徒手体操等，专门锻炼身体各部位，它以功能训练为特色。随着现代康复医学的不断发展，近年来，我国在利用医疗体育防治高血压、慢性冠心病、神经衰弱、糖尿病、颈椎病和肩周炎等方面取得了长足的进步。

二、医疗保健体育的分类

医疗保健体育一般可分为三类，即医疗体操、医疗运动和传统医疗体育（图7-1-1）。

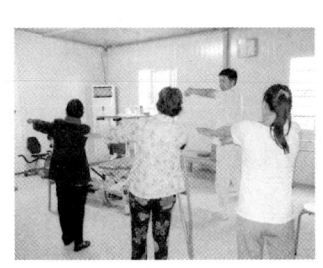
医疗体操

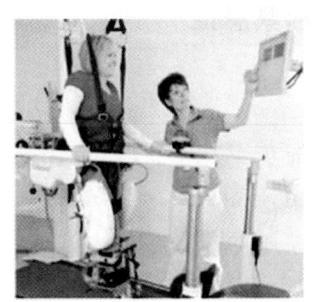
医疗运动

传统医疗体育

图 7-1-1

（一）医疗体操

医疗体操是根据伤病情况，为达到预防、治疗及保健目的而专门编排的体操运动和功能练习。如有用于健身的各种健身操；有用于矫正脊柱、胸廓畸形以及扁平足等的各种矫正操；有用于治疗各种慢性疾病的医疗保健操等。医疗体操的种类有姿势纠正体操、肌肉放松训练、体力恢复训练、功能体操等。

（二）医疗运动

医疗运动是指将一般体育手段用于预防、治疗及康复的治疗性运动，通常选用以有氧训练为主的项目，如快走、慢跑、骑车、游泳、爬山以及简单的球类运动等。

（三）传统医疗体育

我国传统医疗体育主要有气功、太极拳、八段锦、五禽戏、练功十八法和保健按摩等。

三、医疗保健体育的实施原则

医疗保健体育的基本手段是以治疗为目的的体育活动，进行医疗保健体育时应遵循下列原则。

（1）每人的练习方法和练习量，要依据个人的病情、整个机体的状态和年龄特点来确定。

（2）要保持对机体影响的系统性，就必须保证练习方法的适当变化和不间断地进行。

（3）保证对机体影响的连续性，只有持续的身体活动，才能确保机体能力的发展。

（4）确保练习活动的长期性，因为患者机体的主要系统被破坏的机能，只有在长期的重复练习中才有可能恢复。

（5）每个疗程的负荷量要适当增加。

（6）体育活动方式的选择和使用要多样化，并不断利用新的运动方式。

（7）运动负荷、运动时间和运动间隔时间要合适，不应采用绝对化集中练习。

（8）按照规定运动指标完成身体负荷时，应遵循运动和休息同期的原则，即身体活动和休息交替进行。

四、医疗保健体育的适应证和禁忌证

（一）适应证

医疗保健体育的适应证应包括如下几方面。

（1）内脏器官疾病，如高血压、冠心病、动脉粥样硬化、慢性支气管炎、肺气肿、肺结核、哮喘、消化不良等。

（2）运动器官疾病，如颈椎病、肩周炎、脊柱变形、四肢骨折等。

（3）代谢障碍疾病，如糖尿病、肥胖症等。

（4）神经系统疾病，如偏瘫、周围神经损伤等。

（二）禁忌证

医疗保健体育的禁忌证包括如下几方面。
（1）发热。
（2）疾病的急性阶段。
（3）医疗保健体育中可能引发并发症者。
（4）癌症的转移阶段。

第二节　医疗体操

在医疗体操的编制中应根据患者的年龄、全身情况、疾病特点和平时锻炼的程度来选择内容和运动量；在医疗体操中，局部作用的专门性运动，应与全身一般健身运动相结合；根据循序渐进的原则，医疗体操由简单到复杂，运动量逐渐增加；每次医疗体操应包括准备部分、基本部分和结束部分，最后的放松整理很重要。医疗体操的主要适应症状：关节运动功能障碍、颈椎病、腰肌劳损、肩周炎、胃下垂、痛经和对创伤手术后及瘫痪的功能恢复以及很多内科疾患等。以下介绍几种常见病症的医疗体操。

一、颈椎病的医疗体操

（1）颈椎受伤，应采用保守疗法治疗。经常活动的第5节、第6节颈椎最易遭受损伤。首先要在悬挂式小道和格利松环上尽力牵引，以解除神经、血管、脊髓的压迫，快速缓解症状（图7-2-1）。伤后第2天或第3天进行医疗训练，旨在预防可能出现的并发症。

训练内容包括一般身体练习（肢体远侧部位）和呼吸练习（静态的和动态的）。

在肌肉牵拉期，综合练习动作包括：
①预备姿势——仰卧，双臂置于体侧；
②膈肌呼吸；
③手指握紧、松开；
④双腿做绕环动作；
⑤屈伸肘关节；
⑥依次弯曲膝关节，用脚在床上滑动；
⑦膈肌呼吸；
⑧屈伸膝关节；
⑨双脚外展内收，不要离开床面；
⑩用腕关节做绕环动作；
⑪膈肌呼吸。

图 7-2-1

以上动作的练习应缓慢进行，不宜过猛过急，中间应有一定间歇时间，每个动作重复4～6次，每天练习2～3次。

（2）停止牵拉。给患者穿上带项圈的半石膏背心，佩戴8～10周。此后，医疗体操关节活动中持续时间应增加，运动范围扩大。允许患者行走，其目的是改善创伤部位的血液循环，预防颈部、肩带和上肢肌肉萎缩，增加上肢肌肉，恢复行走的正确姿势。为了增强颈部肌肉和背肌，建议肌肉等长收缩的持续时间从2～3秒逐步延长至5～7秒。每天可进行2～3次练习，每次15～20分钟（切忌上体向前运动）。

（3）拆除固定石膏之后，医疗体操应以增强颈部肌肉、肩带肌肉和上肢肌肉，恢复颈椎活动为主。采用卧姿、坐姿和立姿等预备姿势依次进行。同时可进行颈肌、肩带肌及上肢肌的等长收缩练习（弯腰、转头、转体等）。广泛进行动作协调练习、平衡练习和正确姿势的走步练习，此阶段可与按摩结合。

颈椎病恢复期的动作练习包括握拳或轻哑铃。

①屈肘扩胸运动（图7-2-2），做6～8次。
②斜方击出运动（图7-2-3），左右各做6～8次。
③侧方击出运动（图7-2-4），左右各做6～8次。
④上方击出运动（图7-2-5），左右各做6～8次。
⑤肩后张扩胸运动（图7-2-6），做6～8次。

图7-2-2　　　图7-2-3　　　图7-2-4　　　图7-2-5　　　图7-2-6

⑥直肩前后甩运动（图7-2-7），左右脚分别在前各做6～8次。
⑦与项争力运动（图7-2-8），做6～8次。
⑧回头望月式运动（图7-2-9），左右各做6～8次。
⑨托天按地式运动（图7-2-10），左右各做6～8次。

图7-2-7　　　图7-2-8　　　图7-2-9　　　图7-2-10

⑩头部朝前、后、左、右做屈伸、侧屈和侧转运动各4～6次（图7-2-11～图7-2-13）。

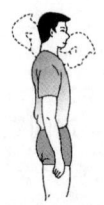 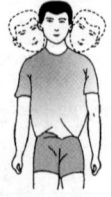 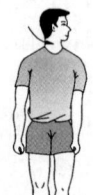

图7-2-11　　　图7-2-12　　　图7-2-13

二、肩周炎的医疗体操

许多中年以上的人或慢性病患者，常因体质较弱、代谢能力较差而出现肩关节疼痛和活动障碍。医疗检查，可发现肩关节周围有压痛点，X 线检查有时可发现肩关节周围的肌腱和滑囊有钙化现象，这就是所谓的肩关节周围炎（简称肩周炎）。

肩周炎会导致整个肩关节僵硬难动，好像"冻结"了一样，故称为"冻结肩"。医疗体操对"解冻"有一定帮助，可针对不同情况来处理。对于外伤引起的肩周炎，治疗以理疗为主，再配合做放松性的肩部运动。对于由慢性劳损引起的肩周炎，如某些职业需要人们经常做上臂外展、外旋动作，时间长了，就容易出现肩关节周围的肌腱劳损，导致钙化性肌腱炎。治疗则以按摩、理疗为主，并适当辅以医疗体操。对于因体质虚弱而引起的肩周炎，治疗应以医疗体操为主，配合理疗和按摩，并注意补充营养和辅以强壮药物（如中药的黄芪、党参）。

下面介绍一套常用的肩周炎医疗体操，练习者可根据情况选练一部分或全练。

（1）立位，两手握体操棒（或一般木棒，以下同）。两臂用力经前向上举（图 7-2-14）。

（2）立位，两手握体操棒。两臂用力向左右摆动，重点是用力向患侧摆动，摆动位置越高越好（图 7-2-15）。

（3）立位，两手在身后握体操棒。两臂反复用力后举（图 7-2-16）。

（4）立位，患臂屈肘，用掌心摸颈，身体保持正直（图 7-2-17）。

（5）立位，两臂交替做体后屈动作，用手摸背部，越高越好（图 7-2-18）。

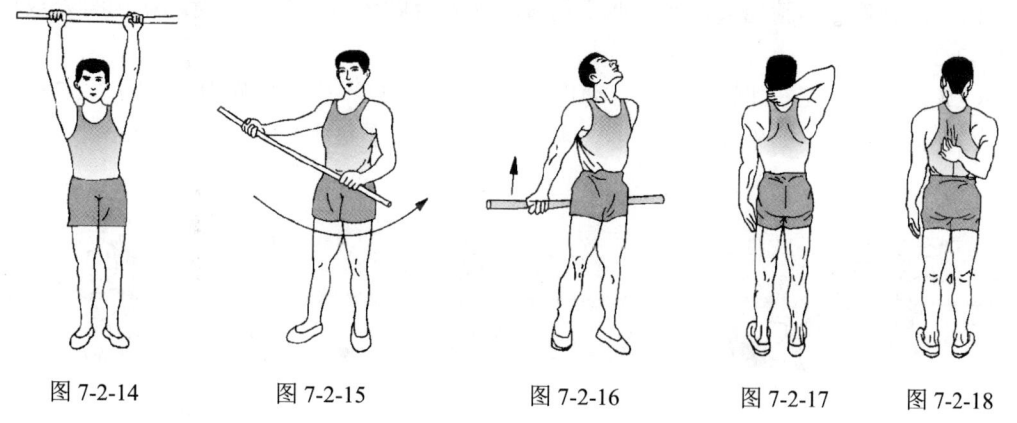

图 7-2-14　　　图 7-2-15　　　　　图 7-2-16　　　　图 7-2-17　　　图 7-2-18

（6）立位，两臂于肩部侧屈，两手手指交叉相握，置于颈后。尽量使肘向后引，反复进行（图 7-2-19）。

（7）立位，身体保持正直，两手在体后相握，手背贴背部。尽量提起两臂，然后放下，反复进行（图 7-2-20）。

（8）立位，面向墙。用患手扶墙、梯或树，逐渐向上触高（图 7-2-21）。

（9）立位，拉滑轮器活动肩关节（图 7-2-22）。

（10）立位，用手转动轮子，活动肩关节（图 7-2-23）。

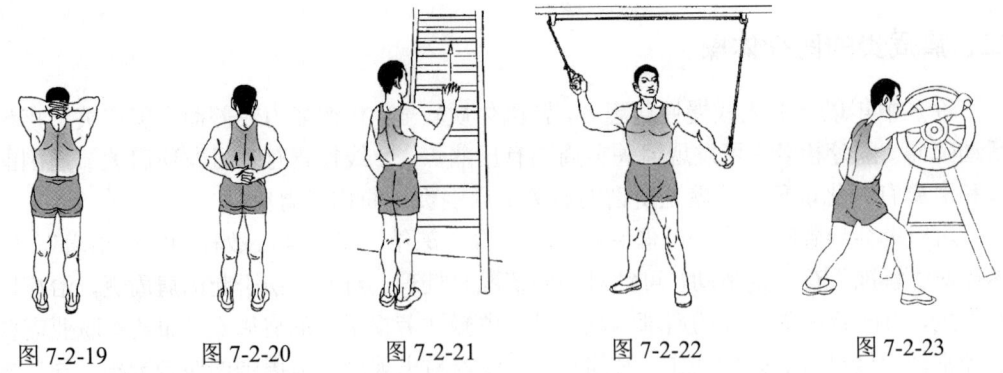

图 7-2-19　　　　图 7-2-20　　　　图 7-2-21　　　　图 7-2-22　　　　图 7-2-23

三、腰肌劳损的医疗体操

腰肌劳损，主要指骶棘肌劳损。这种劳损可能发生在急性损伤或牵扯伤之后。因为这时局部组织发生出血和渗液，如果未充分治疗，这些出血、渗液会逐渐纤维化，在肌肉和其他组织之间形成粘连，于是肌肉的每次收缩都会引起疼痛。此外，肌肉劳损后产生的局部水肿压迫神经末梢，也是引起腰痛的一个原因。

发生了劳损的腰肌，经常处于紧张甚至痉挛的状态，脊柱活动范围受到限制。治疗腰肌劳损的医疗体操，以放松腰肌和下背部肌肉为主，同时增进脊柱的活动性，不宜做腰肌静止紧张的练习。下面介绍一套常用的腰肌劳损的医疗体操，患者可根据情况选练，每节可做 10 次左右。

（1）仰卧位。两膝屈起贴腹，两手抱膝，使腰背贴床，腰肌和下背部肌肉得以放松（图 7-2-24）。

（2）仰卧位。左右腿轮流举起，动作稍快而轻松，以不引起疼痛为度（图 7-2-25）。

（3）仰卧起坐。如果疼痛，手可扶床；坐起后身体不向前弯曲（图 7-2-26）。

图 7-2-24　　　　　　　　图 7-2-25　　　　　　　　图 7-2-26

（4）叉腰立位。轮流向左右侧转体；转体时，同侧手臂伸直向外后上方摆，眼望掌心（图 7-2-27）。

（5）叉腰立位。两腿轮流做弓箭步（图 7-2-28）。

（6）分腿立位。身体前屈，模仿劈柴动作，要做得轻松，动作幅度以不引起疼痛为度（图 7-2-29）。

（7）分腿站立。两手扶腰骶部做扭腰运动。

（8）坐位。做腰背部自我按摩。

图 7-2-27　　　　　图 7-2-28　　　　　图 7-2-29

这套体操每日可做 4~6 次，每次 10 分钟左右，坚持练 1 个月左右，症状会减轻甚至消失。

四、感冒的运动疗法

感冒属于常见病，犹以春夏之交和秋冬之交最易发病，症状有鼻塞、流鼻涕、嗓子痛、头痛发热、全身酸痛等，进一步发展可出现咳嗽、高烧不退等情况，严重时可引起肺炎或病毒性心肌炎等其他病变，因此对感冒要做好预防。

（一）方法：防感按摩保健操

防感按摩保健操是根据针灸治疗感冒的原理编制的，简便易行、容易坚持。根据经络理论，针灸合谷、迎香、风池、大椎、耳垂等穴位可以防治感冒、发烧、咳嗽等病。

1. 第一节：擦鼻

【预备动作】双手交叉握住，将两个大拇指的大鱼际肌（即拇指根部掌面）互相擦热。

【动作】右手拇指大鱼际肌自鼻根部开始，沿鼻右侧自上而下擦鼻至迎香穴，然后换左手拇指大鱼际肌的左侧，左右交替各擦 16 次。

2. 第二节：按合谷穴

【动作】先用右手拇指按左手合谷穴，来回旋转各 16 次，然后换左手拇指按右手合谷穴，同样做 16 次。

3. 第三节：浴面拉耳

【预备动作】两手掌互相擦热。

【动作】两手掌紧贴前额，沿鼻两侧用全手掌擦到下颚，然后沿脸外侧向上，经耳部时用拇指和食指夹住耳冠部内外侧轻拉，再向上经两颊至前额部，做 16 次。

4. 第四节：揉迎香穴

【动作】用两手食指指腹揉两侧迎香穴，来回旋转各 16 次。

5. 第五节：擦风池、大椎穴

【动作】用右手中间三指的掌从右风池穴，擦至左风池穴，向下经大椎穴回至右风池穴，重复 8 次；然后换左手，动作同右手一样，重复 8 次。

防感按摩保健操应该每天做一次，持之以恒才能见效。如果出现感冒迹象，可增加按摩次数，每一部位按摩次数也可增加。如果能增加其他方式的身体锻炼，更能增强防治感冒的效果。

（二）注意事项

（1）感冒与气温变化有关，因此要随时增减衣服。
（2）经常参加体育锻炼，以增强对感冒病毒的抵抗力。
（3）坚持四季用冷水洗脸和擦身，特别是用湿毛巾搓擦鼻翼两侧和风池穴，也能增强抵抗力，对预防感冒有积极的作用。
（4）坚持做防感按摩保健操。
（5）每天睡眠前和起床后，在室内进行全身按摩。
（6）患感冒后，不宜进行剧烈运动，以免加重病情。

五、慢性肠胃疾病的运动疗法

平常所说的"慢性肠胃病"一般是指慢性胃炎、慢性肠炎、胃十二指肠溃疡病等的总称。慢性胃炎是胃黏膜的慢性炎症，其发病率占慢性胃肠疾病的40%左右。慢性胃炎可由急性胃炎的反复发作而来，症状多为消化不良、上腹疼、恶心、嗳气、食欲不佳等。还有一部分是由胃功能不佳而引起的功能异常和不适症状，其发病与神经精神状态关系密切。大多数患者是由长期生活不规律、有不良的饮食嗜好及过度体力活动和精神压抑等所致。

（一）运动疗法的作用

除采用药物外，调整自己的生活规律，并采用运动疗法，可起到积极的治疗作用。运动治疗的作用在于：能有效改善大脑皮质对胃肠的调节功能，增强胃肠蠕动，增加消化液的分泌，促进消化功能的发挥；能改善胃肠系统的血液循环，提高免疫力，消炎止痛，加速溃疡的愈合，提高胃黏膜抵抗力。运动还可增强腹肌和骨盆底肌肉力量，加强内脏之间韧带的力量，防止内脏下垂，有利于已下垂的内脏复位。

（二）方法

1. 促进肠胃运动的医疗体操

1）仰卧单伸腿（图7-2-30）

（1）预备势采取仰卧位，两臂放于身体两侧，目视上方。
（2）左腿屈膝抬起，大腿尽量贴近腹部。
（3）左小腿伸直上举，绷直脚尖。
（4）左腿屈膝使小腿垂落。
（5）左腿伸直下落，还原，保持仰卧位。
（6）仰卧，伸直右腿，其动作要求同伸举左腿。
（7）仰卧，伸举左腿、右腿交替练习，各举6~8次。

图 7-2-30

2）仰卧起坐（图 7-2-31）

（1）预备势取坐位或仰卧位，做深长腹式呼吸，用逆呼吸法，吸气时意守腹部，收缩肛门。

（2）呼气时要求腹部自然鼓起，呼吸要匀长。

（3）上体向前下俯身，两手尽量抓贴两脚尖，目视两手。

（4）上体起坐，恢复动作（2）姿势。

（5）上体后倒，还原成预备势，目视上方。

（6）重复做仰卧起坐 6～8 次。

3）内养功（图 7-2-32）

（1）预备势，取坐式，两臂垂于体侧，目视前方。

（2）左腿屈膝提起，双手抱膝，使大腿尽量贴腹，同时深呼吸。

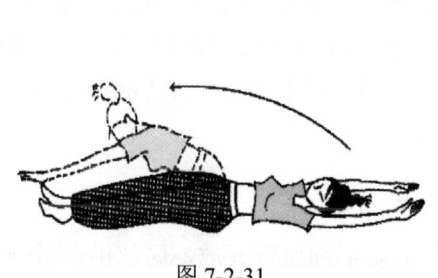
图 7-2-31

图 7-2-32

【疗效】提高腹肌、肛提肌肌力，增强胃肠道蠕动。

【提示】勉强追求呼吸深长易导致缺氧头晕。

2. 腹部按摩

（1）预备势：端坐于椅子上，左手心贴附在腹部肚脐部位。右手心在外贴附于左手背上，目视前方。

（2）双手掌重叠在一起，向左、向上、向右、向下，沿逆时针方向旋转画圆按摩腹部。圆圈由小到大，转至 36 圈时扩大到整个胸腹。目视前方或轻闭均可。

（3）双掌变换，变成右掌心在里，左掌心贴在右掌背上，双掌重叠，向左、向下、向右、向上沿顺时针方向旋转画圆，按摩腹部。圆圈由大到小，按揉 36 圈，回到肚脐部位。旋转时可两目轻闭，心中默数。转至腹部肚脐时，双掌贴紧加力按揉，每天 2～3 次。

（三）注意事项

（1）运动治疗肠胃病，应以医疗体操、气功、腹部按摩为主，长久坚持，会产生明显效果。

（2）保持有规律的生活，保证充足的睡眠，注意控制忧愁、多虑的情绪。

（3）采用运动治疗时，应积极配合药物治疗和理疗。

（4）平时饮食不可过饱，尽量少食油腻食物，可多选用营养丰富、易于消化的食物。

第三节 保健按摩

一、保健按摩的作用

按摩亦称推拿，是将各种不同手法作用于机体，以消除疲劳，提高身体机能的一种手段。人力按摩最受运动员的欢迎，现在已有各种代替人力按摩的方法，如机械按摩、气压按摩、水力按摩等。

（一）对神经系统的作用

按摩可促使神经系统产生兴奋或抑制作用，借此通过神经反射影响各器官的功能。不同的按摩手法或同一按摩手法由于运用方式的不同，对神经系统也有着不同的作用和影响。

（二）对皮肤的作用

按摩首先作用于皮肤，使衰亡的上皮细胞得以清除，改善皮肤的呼吸，有利于汗腺和皮脂腺排除异物。按摩过程可使皮肤内产生组织胺和类组织胺类物质，从而促使毛细血管扩张、增加局部血流量，使血液循环加快，提高皮肤温度，改善皮肤的营养，使皮肤润泽富有弹性，经常按摩可加强皮肤的屏障功能。

（三）对运动系统的作用

由于按摩能使肌肉中毛细血管扩张和后备毛细血管开放，局部供血得到加强，营养得到改善，因此能提高肌肉的工作能力，加速疲劳肌肉中乳酸的排出，有助于消除疲劳。采用适宜的按摩手法，在运动前可增强肌力，运动后可降低亢进的肌张力，减轻以致消除肌肉酸痛；增强韧带的柔韧性，加大关节的活动范围，预防关节韧带因过度牵拉而引起损伤。

（四）对循环系统的作用

按摩可以使周围血管扩张，降低血液循环中的阻力；加速静脉回流，促使血液重新分配，以适应肌肉紧张工作时的需要；可使白细胞的吞噬能力提高，增强抗病能力。

（五）对呼吸、消化系统的作用

按摩可以直接刺激胸壁或通过神经反射使呼吸加深，增强体质，减少感冒的发生率；

按摩全身或腹部后，能使身体氧的需要量增加10%～11%，并相应地增加二氧化碳的排出量；经常按摩腹部，通过机械作用和反射作用，能提高胃肠道的分泌机能和消化机能。

二、保健按摩的基本要领

保健按摩用于治疗痹症、痿症等疾病，具有消除病症和恢复肢体的功能。保健按摩已成为我国康复疗法的一个重要组成部分，它对多种疾病都有良好的康复效果。

（一）保健按摩的治疗法则

1. 补法

补法主要用于虚证。症状有神疲乏力、腰膝酸软、两足无力、盗汗遗精、夜寐多梦等。操作时手法应轻柔，不可使用重刺激手法。具体操作时常用滚、揉、摩、擦、推等手法。

2. 泻法

泻法主要用于实证。症状有腹满、便秘、腹痛、纳呆、苔黄等。在操作时，手法频率由慢到快，刺激稍强。常用的手法有摩法、一指禅法、推法等。

3. 清法

清法主要用于热证。症状有面红目赤、便秘、尿赤、脉数等。操作时要刚中有柔，从而达到清热除烦的目的。操作时常用推、摩、擦等手法。

4. 和法

和法主要用于半表半里证。症状有胸胁苦满、胃纳不佳、脉弦等。操作时应平稳而柔和，频率稍缓。具体操作时常用抖、振、摩、擦等手法。

5. 温法

温法主要用于寒证。症状有形寒肢冷、腹中冷痛、苔白、脉迟等。操作时的手法应缓慢而柔和。常用的手法有按法、点穴、捏法、滚法、揉法等。

6. 通法

通法主要用于壅滞不通之证。症状有酸痛、便秘等。操作时手法要刚柔兼施。常用的手法有推法、搓法、拿法等。

7. 汗法

汗法主要用于外感风寒、风热之证。症状有咳嗽、头痛、鼻塞、脉浮等。操作时的手法应先轻后重，步步深入。常用的手法有拿法、按压、点穴、捏法等。

8. 散法

散法用于有形或无形积滞之证。症状有胸腹胀满、痞闷等。操作时手法宜轻快柔和。常用的手法有摩法、擦法、搓法、揉法等。

（二）保健按摩的部位选择

根据中医理论选择适当部位进行按摩推拿，是确保疗效的关键。常用的部位选择法有以下几种。

（1）按解剖部位选择：根据病变所在的位置，选择相应的体表部位进行按摩推拿。由于这种方法简单易学，故应用十分广泛。

(2)按经络理论选择:根据经络理论,选择相应的穴位进行按摩推拿。

(3)其他选择方式:有人还对耳、手、足上某些与脏腑对应的部位进行按摩,也能获得疗效。

(三)保健按摩的常用手法

保健按摩手法种类有很多。现就康复中的常用按摩推拿手法做一个简要介绍。

1. 摩法

【操作】用手的掌部或指腹在患部慢慢做往返直线抚摩动作。用力宜均匀,动作应轻巧灵活(图 7-3-1)。

【作用和适应证】理气导滞,消食和中。主治胸胁胀满、胃脘疼痛、食积不化等症。

2. 推法

【操作】用手掌(偏于外侧部)自患部的近端向远侧反复推摩(图 7-3-2)。

【作用和适应证】理气宽中,消积导滞,活血化瘀,消肿止痛。主治胸腹闷胀、局部肿痛、活动不利等症。

3. 一指禅法

【操作】用拇指指端罗纹面着力于患部,或着力于所选的穴位上,通过腕部的摆动和拇指关节的屈伸活动,使指端来回摆动。操作时要求沉肩、垂肘、悬腕(图 7-3-3)。

【作用和适应证】行气通络,调和脾胃,祛瘀消肿。主治头痛、胃痛、腹痛和关节酸痛等。

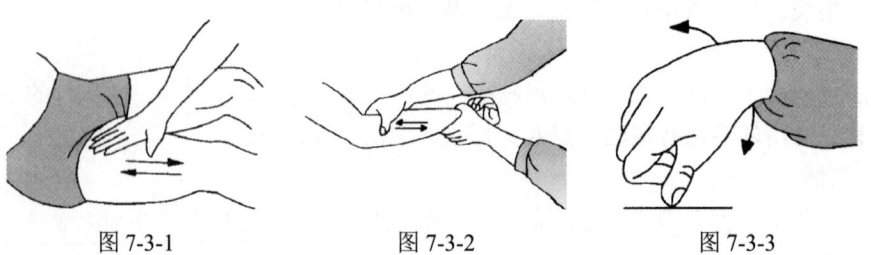

图 7-3-1　　　　　图 7-3-2　　　　　图 7-3-3

4. 擦法

【操作】用手掌、大小鱼际、掌根或小指指腹在皮肤上摩擦。操作时用上臂带动手掌,力量大而均匀,动作要连贯,使皮肤有灼热感(图 7-3-4)。

【作用和适应证】活血祛瘀,行气通络,消肿止痛,健脾和胃。主治胸腹部挫伤、胸胁迸伤、内脏虚弱、气血不足等症。

5. 揉法

【操作】拇指和四指成相对方向揉动,手指不能离开皮肤,使该处的皮下组织随手指的揉动而滑动(图 7-3-5)。

【作用和适应证】理气宽胸,消积和胃,活血消肿,行气止痛。主治软组织损伤、局部肿胀、疼痛以及胸腹部闷胀、纳呆、便秘等症。

6. 劈法

【操作】用手掌侧面击打肢体,一般用于肌肉丰厚处(图 7-3-6)。

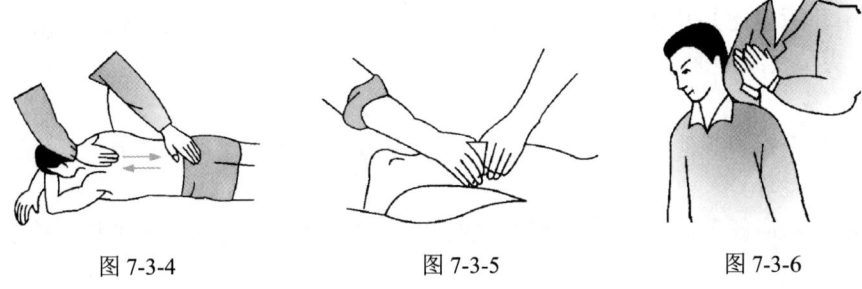

图 7-3-4　　　　　　图 7-3-5　　　　　　图 7-3-6

【作用和适应证】活血舒筋，行气通络，祛瘀消肿。主治肩背、臀腿部的软组织劳损，局部酸楚、胀痛等症。

7. 捻法

【操作】用拇指、食指螺纹面捏住某一部位，两指做相对揉动动作。操作时动作宜快速、灵活（图 7-3-7）。

【作用和适应证】舒筋通络，滑利关节。主治关节损伤后的酸痛、肿胀、活动不利等症。

8. 滚法

【操作】用手背掌指关节突出部或小鱼际和小指掌指关节的上方在皮肤上滚动。操作时用力要均匀，如"吸附在肢体上"一样滚动，力求力量渗透入里，切忌浮浅（图 7-3-8）。

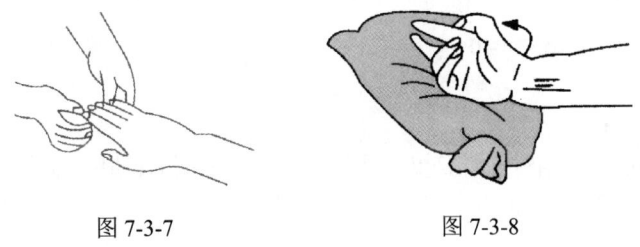

图 7-3-7　　　　　　图 7-3-8

【作用和适应证】活血舒筋，松解组织，消肿止痛。主治肢体酸痛、麻木不仁，肌肉、韧带粘连，关节活动不利等症。

9. 点穴

【操作】在选择的穴位上，用手指按压。用力要适中，不可用力过猛，以防损伤组织（图 7-3-9）。

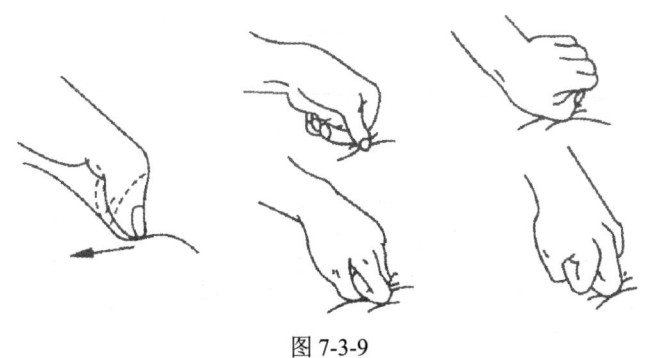

图 7-3-9

【作用和适应证】开通闭塞，活血通络，调整脏腑功能。主治局部软组织肿痛、胃脘部闷胀、头晕目眩等症。

10. 弹筋

【操作】拇指和其他四指相对，把肌肉、肌腱拿捏起来，然后迅速放开，像射箭时拉弓一样（图7-3-10）。

【作用和适应证】活血舒筋，通络止痛。主治局部软组织受损后的肿痛、关节活动不利等症。

11. 拨络

【操作】在与筋络垂直的方向上用拇指做快而强的拨动动作，其动作类似拨动琴弦（图7-3-11）。

【作用和适应证】舒筋通络，止痛，滑利关节。主治肌腱、韧带粘连，活动不利，局部酸痛等症。

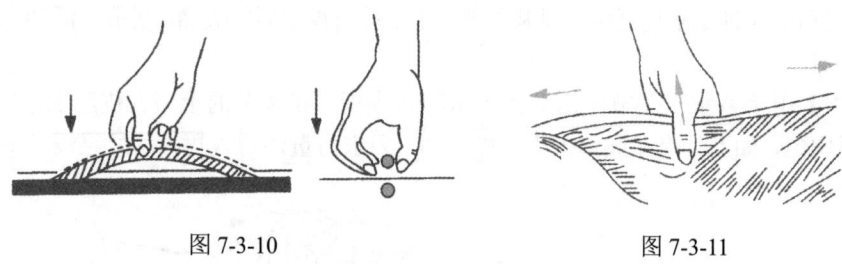

图7-3-10　　　　　　　　　图7-3-11

12. 拿捏

【操作】用拇指与其他各指做相对的、不断的用力动作以挤捏肌肉、韧带等组织（图7-3-12）。

【作用和适应证】祛风通络，活血舒筋，行气止痛。主治颈部与背部肌肉酸痛、转侧不利等症。

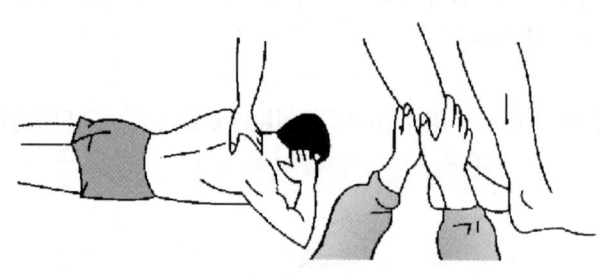

图7-3-12

13. 拍打

【操作】用手掌部拍打患部，拍打时应成虚掌，用力轻巧而有反弹感，动作要有节律（图7-3-13）。

【作用和适应证】调和气血，疏通经络。主治风寒湿邪入侵、肌肉酸楚等症，常配合其他手法使用。

14. 屈伸

【操作】一只手握住肢体远端，另一只手固定关节部，顺着关节缓慢地做屈伸活动。屈伸幅度应根据病情而定，先小后大，逐步恢复到正常的活动幅度（图7-3-14）。

【作用和适应证】活络关节，疏通经脉，舒筋活络。主治关节粘连、活动不利、局部酸痛等症。

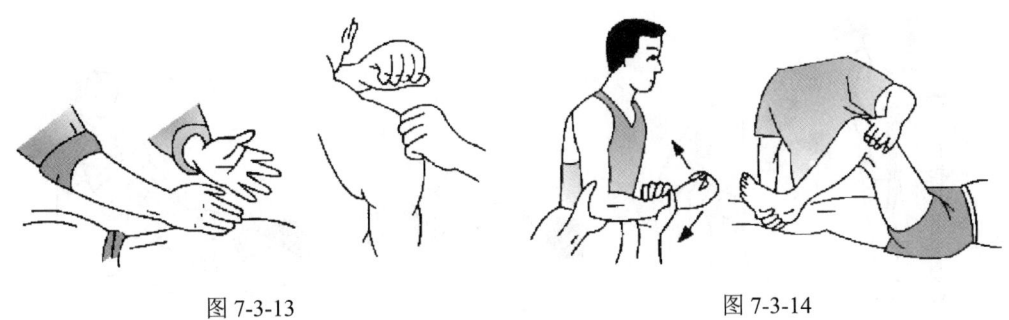

图 7-3-13　　　　　　　　　　　图 7-3-14

15. 旋转

对于不同部位有不同的旋转法（图7-3-15）。

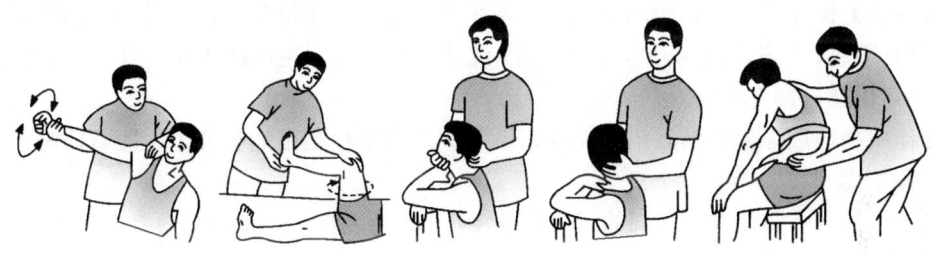

图 7-3-15

【操作】四肢旋转，一只手握住关节近端，另一只手握住关节远端，做往返旋转、摇晃的动作，旋转幅度由病情决定，逐步加大。

颈部旋转，一只手托住下颌，另一只手按扶头后，或一只手托住下颌，另一只手按颈椎患部棘突做旋转动作。此手法在操作时需谨慎，转动幅度不宜过大，手法应轻柔，对颈椎病或椎动脉患者慎用。

腰部旋转，一手按住腰部，另一手环抱患者躯体，或扳拉对侧肩部做旋转动作。如果患者身体较胖，则可两人同时配合做此动作。一人双手按住患者臀部，另一人按住患者相对方向的肩部，两人同时从相对方向推按。注意在运用此法时，两人的动作必须同步进行。

【作用和适应证】疏通经络，松解粘连，增加关节活动度。主治关节错位、活动不利等症。

16. 背伸

【操作】此法一般适用于腰部疾患，操作时，与患者以腰部相抵，操作者以两手臂夹住患者两臂，然后操作者弯腰，使患者腹部后伸，稍加抖动（图7-3-16）。

【作用和适应证】可使腰椎及两侧骶棘肌伸展，促使扭错的小关节复位，以缓解腰椎间盘突出症、腰椎管狭窄症等症状。主治腰部酸痛、活动不利、行走不便等症。

17. 按压

【操作】用掌心或掌根按压患部，或双手重叠在一起按压，注意用力要适当（图7-3-17）。

【作用和适应证】开通闭塞，行气活血。主治腰背部酸痛、麻木等症。

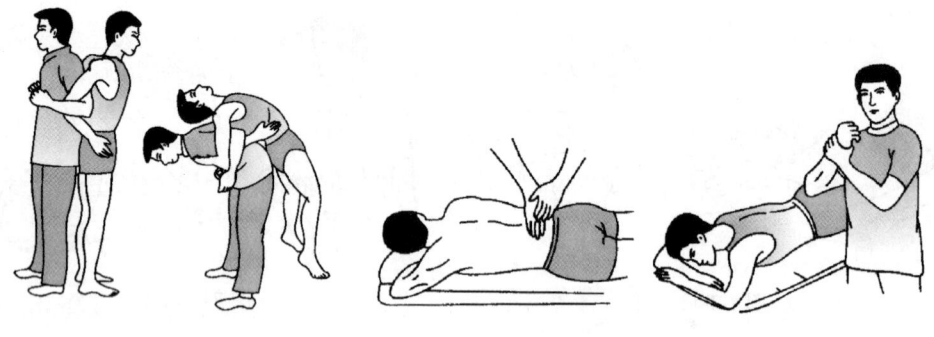

图 7-3-16　　　　　　　　　　　图 7-3-17

18. 踩跷

【操作】操作者两足踩于患者患部，双手撑于床边的木框架上，以控制踩踏的重量，然后进行踏跳。患者应做深呼吸予以配合。此法的运用必须注意踏跳的力度，要适可而止，切忌动作粗暴（图7-3-18）。

【作用和适应证】松解软组织粘连，活络关节。主治腰椎间盘突出、腰背疼痛等症。

19. 抖法

【操作】用手握住患者患部的远端，轻轻抖动。患者应放松肌肉。抖动时动作应连续，不可间断用力（图7-3-19）。

【作用和适应证】调和气血，舒筋通络。主治四肢酸楚、活动不利等症。

20. 搓法

【操作】两手掌相对置于患部，用力做上下或前后的搓动。动作应协调、轻快，双手用力要均匀、连贯（图7-3-20）。

【作用和适应证】行气活血，舒筋通络。主治腰前、四肢肌肉酸麻等症。

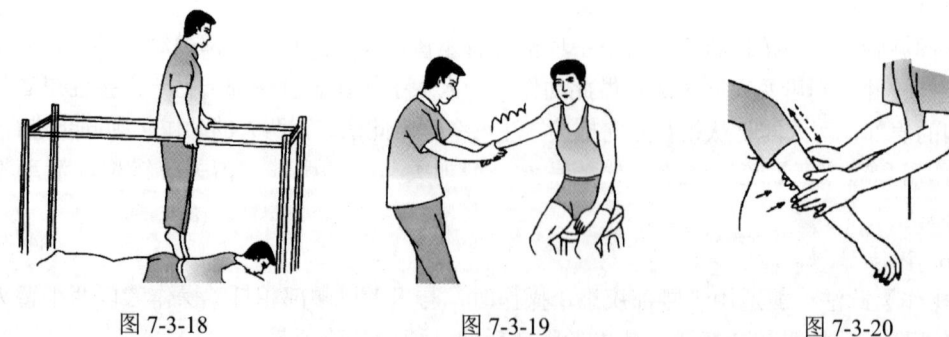

图 7-3-18　　　　　　图 7-3-19　　　　　　图 7-3-20

（四）保健按摩的注意事项

（1）根据治疗目的决定按摩的方向。若为改善血液淋巴循环，按摩方向宜从远至近；若为促进瘫痪肌肉的功能恢复，则宜从近至远，因为瘫痪肌肉的功能恢复常从近侧大肌群开始。

（2）根据疾病的需要选择合适的按摩手法，用于治疗痉挛性瘫痪时，宜选用轻至中等强度的手法，且此按摩手法主要起抑制作用，如推摩、擦摩等，按摩时间宜长，直至痉挛缓解、减轻。对于弛缓性瘫痪，则可用较强且兴奋性较高的手法，如揉捏、叩击、颤摩等，时间不宜过长。

（3）当被按摩部位处于放松舒适位时，可提高按摩的效应。按摩部位要求裸露，以便观察局部的反应。

（4）若皮肤有感染或新鲜疤痕，禁做局部按摩；有出血倾向的患者不宜做按摩，在关节部位，大血管、神经干比较浅的部位，按摩手法的强度宜适中，以免引起损伤。

（5）每次按摩后不应引起疼痛，更不应引起痉挛。每次按摩要有一定的治疗效果，否则应考虑改换按摩手法。

（6）按摩应和其他治疗配合使用，如按摩后可做被动运动、主动运动或中草药外洗等。

三、保健按摩在体育运动中的运用

运动按摩是体疗的一种形式，它不仅对于那些积极参加运动的人群或者在软组织损伤后需要治疗的人群是有效的，而且对于需要缓解肌肉紧张或者需要通过按摩保持肌肉健康的人群是有效和有益的。运动按摩是采用专门的特殊技巧推拿人体的软组织和具体肌群的一种技术。其主要目的是提高运动参与者的身体工作能力、预防运动损伤、帮助运动员赛后恢复。运动按摩技术包括推摩、搓揉和按压。

（一）运动前按摩

运动前按摩的目的是提高肌肉的核心温度，帮助运动员热身；牵拉组织，增进关节的灵活性和韧带的柔韧性，提高运动员的运动能力和预防伤病；改善关节活动度和血液循环，加大活动范围；为运动员做好赛前身体和心理上的准备，使运动员保持训练和比赛前的良好状态。

一般情况下运动前的按摩应和准备活动结合起来，在训练或比赛前15分钟内按摩2~10分钟为宜。

应根据运动员赛前或训练前的不同情况，分别采用不同的手法进行按摩。一般采用中度力量针对负荷大的肌群进行按摩。

1. 克服赛前紧张状态的按摩法

要求被按摩者取坐位，按摩者取站立位按下列步骤进行。

（1）用一只手的拇指指腹揉印堂穴3~4次，用双手拇指指腹分别来回推前额部3~4次，然后推至两耳后面，双手五指并拢向下推，止于颈部两侧，如此重复3~4次。

（2）一手五指分开用指腹从前额向头后方向推，如此反复3~4次。

(3) 用一手拇指指腹沿头正中线从前额向头后按压，经百会穴和风池穴时，稍用点力揉，如此重复3～4次。

2. 克服赛前精神不振的按摩法

被按摩者取坐位，按摩者站于其身后（或体侧）。点揉风池、太阳、内关等穴位，并重揉和向外重推第四至第七颈椎和斜方肌之外缘，使酸胀反应直达头及眼部。然后用拿法、弹筋、分筋等手法按摩冈上肌、斜方肌2分钟。最后用掌击其脊背中心，令被按摩者咳嗽。

3. 克服赛前局部关节、肌肉无力，皮肤发凉的按摩法

采用手法较重、频率较快、时间短、接触面积小的局部按摩。顺序为先做重推和擦摩3～4次，接着用1分钟左右的时间做快速的局部推摩、擦摩、重揉捏，再进行搓切击、轻拍等兴奋手法，按摩后做好专项准备活动。

（二）运动中按摩

运动中按摩的目的是保持体温，迅速消除疲劳，恢复体力，缓解肌肉张力，提高肌肉的兴奋性，为下面比赛做好肌肉工作的准备。

运动中按摩，应根据项目的特点和间歇的时间，采用短暂、兴奋的手法，消除肌肉紧张和疲劳。运动中的按摩一般是对负荷大的肌群进行按摩，按摩时间不应超过3分钟，按摩后做专项准备活动。

1. 运动中抽筋的按摩法

医者点按患者委中穴、承山穴各1分钟，然后按压膝关节上下端3～5次，再将踝关节屈伸3～5次，最后用按揉法、揉捏法按摩腓肠肌2分钟左右。

2. 运动中腹痛症的按摩法

医者点按患者人中穴、足三里穴、涌泉穴、内关穴和阿是穴，然后按摩腹部2分钟左右，再推摩胸部、腹部，揉捏斜方肌、胸大肌、腰大肌，同时患者可饮用适量的温开水或吸氧。

（三）运动后按摩

运动后按摩，也叫恢复按摩，采用轻抚、推摩和揉捏技术来帮助运动员消除疲劳，恢复体力。其作用是加速恢复过程，牵拉肌肉组织，清除肌肉组织内代谢产物，帮助消除延迟性肌肉酸痛的不适。按摩一般在课的结束部分或课后进行，也可在洗澡后或晚上睡前进行，当运动员十分疲劳时，须休息2～3小时后再进行按摩。

按摩部位应根据运动项目的特点和疲劳情况而定，一般是对运动员负荷量最大的部位进行按摩，当运动员极度疲乏时，可做全身按摩。

1. 消除腰背部肌肉酸痛的按摩法

腰背部按摩的重点是背阔肌、斜方肌和骶棘肌。采用推摩、擦摩、揉、搓、叩击、按压等手法。运动员取俯卧位，上肢置于体侧不可外展，按摩者先用两手掌自腰部向上推，推到肩胛下角时，向外展开，推向腋窝，再用掌根自下而上地揉骶棘肌，并以手掌自上而下做摩擦，直至皮肤发热，然后叩击背部，按压腰部，经双手搓腰背部，最后以推摩结束。

2. 消除颈肩部肌肉酸痛的按摩法

运动员取坐位或卧位。按摩者用双手从颈根向下推摩，再转向肩部，反复数次，然后

揉胸锁乳突肌、斜角肌，揉捏斜方肌上部，叩击肩背部，最后做头颈的运拉。

3. 消除四肢肌肉酸痛的按摩法

上肢按摩时，运动员取坐位，上肢放松。按摩者一手扶握被按摩者的手部，另一手从其手指开始，经前臂、肘部、上臂到腋窝，施以推摩、揉、揉捏、搓、抖动、运拉等手法。按摩重点是上臂和肩部肌肉。下肢按摩时，运动员取卧位或坐位，膝关节微屈，下肢放松。按摩者用推摩、擦摩、揉、揉捏、搓、叩击、抖动、运拉等手法。按摩由小腿开始，经膝关节、大腿到腹股沟或坐骨结节。按摩重点是大腿肌肉。

4. 神经系统疲劳的按摩法

运动后的全身按摩是消除神经系统疲劳的必要措施，特别是在重大比赛及超负荷的强化训练期间，最好3天或一周进行1次。按摩在运动训练结束后休息2~3小时再进行。温水浴后，在温暖、清静的室内进行按摩效果最佳。按摩时运动员放松全身关节肌肉，微闭双眼，取卧位，医者依次由头至腰背部、胸腹部、上下肢的顺序，沿着血液、淋巴液回流的方向施行按摩。一侧按摩后，再按摩另一侧。关节和躯干部以揉为主，四肢肌肉以揉捏为主，并且循经取穴，以调和气血，消除疲劳。按摩时间需半小时。

5. 穴位按摩法

穴位按摩可以疏通气血、平衡阴阳、消除疲劳。点穴是用拇指或中指的指端点压穴位。在肌肉丰厚的部位可用肘尖点穴。

第四节　传统保健养生方法

一、传统保健体育的概念和内容

传统保健体育是中国古代养生学说与强身健体的锻炼方法相结合的宝贵民族文化遗产。它通过姿势调整、呼吸锻炼、身心松弛、意念集中和运用等锻炼方法，来调节和增强人体各部分机能，诱导和启发人体内在潜力，起到防病、治病、益智、健身和延年的作用。它属于人体科学范畴。

传统保健体育具有医疗和体育属性，但二者又有所区别。一般医疗方法对于患者来讲，自身是被动的。而传统保健体育则是发挥人的主观因素，通过自身的锻炼，有意识地自我控制心理、生理活动，注重人体内部活动，也就是精、气、神的锻炼，取得增强体质、防病治病的效果。传统保健体育对中华民族的整个思想文化，乃至身心修养、中医养生理论都有极其深远的影响。

传统保健体育包括导引和武术两部分。导引是我国古代人们在长期的生活劳动中与疾病和衰老的抗争中，逐渐认识和创造的一项自我身心锻炼的方法和理论。导引锻炼功法流派很多，内容也十分丰富，按照导引锻炼调身、调息和调心三要素可分成三大类：以调心、调息为主，身体姿势处于相对安静状态，加强意念对自身的控制能力养生治病的，归为静功；以调身、调息为主，增强身体姿势变化对气机运行的影响，通过姿势和呼吸的调整来养生治病的，归为动功；运用自身按摩、拍打等锻炼方法，达到疏通经络、调和气血、增进健康的，归为保健功。武术则是以技击为主要内容，以套路和搏击为运动形式，是注重内外兼修的中国传统保健体育项目，是我国宝贵的民族文化遗产，也是世界文化遗产。利用武术运动进行保健养生，把"武"与"健"密切结合，使人体各部分得到全面的发展，实现强健身体的目标。

二、传统保健体育的特点和作用

（一）传统保健体育的主要特点

1. 不仅可以养生，而且能治病祛病

养生，就是"治未病"。中医将养生的理论称为"养生之道"，将养生方法称为"养生之术"。常见的养生方法有神养、气养、行养、术养及食养和药养。前四种养生方法充分体现了传统保健体育的特点，它们通过调养精神和形体来增强体质、治疗疾病、保持健康，达到延年益寿的目的。

2. 体现形神兼备、内外合一的练功方法

"形"是外在的形体活动，"神"是内在的情志和气息运动。静功习练时，采用坐、卧、站等安静姿态，结合意念的集中与各种呼吸方法进行锻炼，姿势、呼吸、意念不可分割；动功则由肢体运动、呼吸锻炼、意念运作组成，肢体运动表现于外，要求做到动中有静，形、意、气的统一。通过静功和动功的练习，对内能理脏腑、通经络、调精神，对外能利关节、强筋骨、壮体魄，使身心得到协调发展。

3. 强调整体观，是以内为主的运动

整体观是中医理论的指导思想，"天地一体""五脏一体"，宇宙是一个整体，人体五脏六腑同样是一个整体。生活在自然界中的人，其生命活动、生理变化与大自然的整个运动联系在一起。自然界的变化将直接影响着人体，也必然会产生相应的生理或病理上的反应，因此，要善于掌握和适应自然界的变化，顺从天地之合，只有这样，才能更好地进行守神、调息、形体的锻炼，实现强身治病的目的。

4. 具有广泛的参与性和适应性

传统保健体育形式多样，内容丰富，不同的功法有着不同的动作结构，具有极高的锻炼价值。其技术要求、风格特点及运动量不受年龄、体质、时间、场地和器械的限制，人们可以根据自己的需求和条件，自由选择进行锻炼，参与性强，适应性广，便于普及和开展。

（二）传统保健体育的作用

从古到今，人们经过实践证明：传统保健体育对人体的健康促进、疾病预防、强身健体有着积极的作用。

传统保健体育是通过姿势的调整、呼吸的锻炼、心神的修养来疏通经络、活跃气血、协调脏腑、平衡阴阳，起到锻炼真气、培育元气、扶植正气的作用。

传统保健体育在锻炼时，强调放松机体、平衡呼吸、安静大脑，可以直接作用于中枢神经和自主神经系统，缓冲不良情绪对大脑的刺激，降低大脑的应急反应，从而维持人体内环境的相对稳定，预防疾病的产生。

传统保健体育的作用不是在于发展身体某部分机能或治疗某种疾病，而是通过调身、调息、调心的综合锻炼，达到调整中枢神经系统、增强机体的抵抗能力和适应能力、改善整个机体功能的目的。

传统保健体育是一种自我身心锻炼的运动，它依靠自身锻炼，掌握一定的方法和要领，逐渐获得效果，从而战胜疾病，增进健康。

三、传统导引养生功法

五禽戏、八段锦和易筋经是中国传统养生保健方法的代表。尽管这些养生保健方法的发展变化使肢体运动形式变得极为多样化，功法流派也层出不穷，但是我们仍然可以沿着前人设计导引动作的中心思想，把导引功法分为三大类：第一类是以"仿生"动作为主体的五禽戏系统，以华佗五禽戏为代表；第二类是结合医疗保健需要设计的八段锦系统，以（站式）八段锦为代表；第三类是以强身壮力为主的易筋经系统，以易筋经十二式为代表。任何一种导引功法都会在不同程度上产生强身壮力的作用，而强身壮力的本身即带有预防与治疗学上的意义。

（一）五禽戏

五禽戏是东汉名医华佗根据古代导引、吐纳、熊经、鸟伸之术，研究了虎、鹿、熊、猿、鸟五禽的活动特点，并结合人体脏腑、经络和气血的功能，编成的一套具有民族风格特色的导引术。五禽戏作为一种防治结合的传统保健导引术，其锻炼要求是比较严格的。每一种禽戏的神态运用要形象，不仅要求形似，更重视神似。根据中医的脏腑学说，五禽配五脏。虎戏主肝，能疏肝理气、舒筋活络；鹿戏主肾，能益气补肾、壮腰健胃；熊戏主脾，能调理脾胃、充实两肢；猿戏主心，能养心补脑、开窍益智；鸟戏主肺，能补肺宽胸、调畅气机。但是，人体是一个有机整体，五脏相辅相成，所以五禽戏中任何一戏的演练，既主治一脏的疾患，又兼顾其他各脏，所以能达到祛病强身、延年益寿的目的。

（二）八段锦

八段锦是中国古代导引术中的一个重要组成部分，是一套针对一定脏腑、病症而设计的练功功法。八段锦由八节动作组成，因简便易学，历来深受人们喜爱，被比喻成"锦"（精美的丝织品），故名八段锦。从宋朝流传和发展到现在的八段锦，内容丰富，大体可分为坐式和站式两大类。坐式八段锦也称为文八段，保存着古人席地而坐的迹象，文八段多偏重于内功。站式八段锦也称为武八段。八段锦的七言八句歌诀有助于练习者对八段锦动作的背诵和记忆。八段锦对人体之所以有良好的作用，是因为它的各个动作对某一脏器的作用有一定的针对性，但是这种作用又是综合性、全身性的，并非头痛医头、脚痛医脚。只有把八段锦各节动作综合起来，才能起到调脾胃、理三焦、去心火、固肾腰的作用。

（三）易筋经

《易筋经》相传为梁武帝时代印度高僧达摩所著。但据多数学者考证，《易筋经》是明朝天启四年紫凝道人搜集医、释、道流行的养生导引术及汉代东方朔的洗髓、伐毛健身法，并在宋朝八段锦的健身理论等基础上编辑而成的。学练易筋经，除了姿势要正确，还必须领会以下要求：练习每式时要尽量伸展；锻炼时动作要舒缓、柔和；练功时神态安详和安静；初练功时要缓缓地自然呼吸，有一定功夫后，逐渐进入"吐惟细细，纳惟绵绵"的呼吸。

第八章 奥林匹克文化

本章导读

现代奥林匹克运动历经 100 多年的风风雨雨，已发展成迄今为止人类历史上最盛大的社会文化现象。奥林匹克运动文化，包括奥林匹克运动的全部思想体系和活动内容，是奥林匹克运动在实践过程中所创造的物质财富与精神财富的总和。目前，它已经成为当今世界体育文化发展的主流文化，成为各民族展示自身文化以及政治、经济、科技等多视角的立体视窗。

第一节 奥林匹克运动会的历史与发展

一、奥林匹克运动会的起源与发展

（一）古代奥林匹克运动会

古代奥林匹克运动会产生于古希腊。公元前 776 年首届古代奥运会在奥林匹亚召开，至公元 394 年，共举行了 293 届。第 1 届古代奥运会仅有一个比赛项目，距离约为 192.27 米的场地跑，规定每 4 年举行 1 次。后来随着比赛项目的增加，又延长为 2 天。在第 13 届后，陆续增加了中长距离跑、五项竞技运动、角力、拳击、战车赛、混斗、赛马和武装赛跑。第 37 届奥运会增加少年比赛项目后，时间又延长到 5 天，其中，第 1 天是开幕式，举行献祭和宣誓仪式，第 2~4 天是具体的比赛，第 5 天是闭幕式，进行发奖和敬神活动。这时古代奥运会达到了鼎盛时期。公元前 4 世纪，马其顿征服希腊，古代奥运会的规模和受人关注的程度开始下降。公元前 146 年，罗马人征服了希腊，古代奥运会进一步衰落。公元 325 年，君士坦丁大帝下令毁了阿尔非斯体育场。公元 394 年，罗马皇帝狄奥多宣布古代奥运会为"异教"，至此，历时一千多年的古代奥运会随着古奴隶制的衰亡而销声匿迹。

（二）现代奥林匹克运动会

1. 现代奥林匹克运动会的复兴

19 世纪后半叶，在世界各地均有复兴奥运会的尝试。其中以 1859 年在希腊雅典举办的第 1 届泛希腊奥运会和 1870 年、1875 年先后举办的第 2 届、第 3 届泛希腊奥运会为高潮。随着 1881 年德国柏林大学库尔提乌斯教授率领的德国学者成功发掘了奥林匹亚，建立了一个综合性的国际体育交流的大舞台和协调各单项组织活动的国际体育组织，复兴奥运会的运动就更加顺理成章了。

现代奥林匹克运动的复兴与法国教育学家、国际体育学家顾拜旦密不可分。在他的努力下，1892 年，法国体育协会在巴黎召开大会，庆祝该协会成立 50 周年。顾拜旦在会上发表了《复兴奥林匹克运动》的著名演说，提出了创办现代奥运会的建议。1894年6月16日，"国际体育运动代表大会"在巴黎开幕，大会通过了《复兴奥林匹克运动》的决议，并于同年6月23日正式成立国际奥林匹克委员会，顾拜旦当选为国际奥委会的秘书长。历史名城雅典赢得了首届现代奥运会主办权。

2. 现代奥林匹克运动会的艰难发展期

1896年，第1届现代奥运会沿袭古代奥运会的传统，未设集体项目且没有女子选手参加。1912年，第5届奥运会在瑞典斯德哥尔摩举行。此届奥运会首次在田径场安装电子计时器和终点安装摄影装置。瑞典国王邀请来自欧洲各国的1500多名青年，发起奥林匹克青年营。此届奥运会是奥运会诞生以来，第一次达到顾拜旦所期望的没有事故、没有抗议、没有民族沙文主义仇恨的奥运会，成为奥运史上的一个里程碑。

1914年，第一次世界大战开始，1915年4月10日，国际奥委会总部从巴黎迁往洛桑。1916年，原定于德国柏林举行的第6届奥运会因第一次世界大战而停办。1920年，第7届奥运会于安特卫普举行，奥运会首次在开幕式上进行运动员宣誓和举行国际奥委会会旗升旗仪式。1924年，第8届奥运会于巴黎举行。奥运会首次为运动员兴建简易木房，这成为后来奥运会村的雏形。奥运会首次出现了两种非正式排名方法：一种按各国所获金、银、铜牌数排列顺序，另一种按前6名计分的方式排列顺序。1928年，第9届奥运会于荷兰阿姆斯特丹举行，大会首次点燃圣火台上的圣火，火种取自奥林匹亚，并组织火炬接力传递。此届奥运会开始将女子田径项目列为比赛项目。1936年，第11届奥运会于德国柏林举行，首次进行电视实况转播，用电影对奥运会进行完整的记录。1940年原定于在东京举行的第12届奥运会和1944年原定于在伦敦举行的第13届奥运会均因第二次世界大战而停办。

3. 现代奥林匹克运动会的振兴推广期

1948年，第14届奥运会于伦敦举行，标志着奥林匹克运动在国际环境相对稳定、和平处于主导地位后迅速得以振兴。1952年，第15届奥运会于芬兰赫尔辛基举行。中国、苏联、联邦德国首次参加奥运会。1960年，第17届奥运会于意大利罗马举行，电视转播进入市场，大会首次对马拉松等部分项目的运动员进行了兴奋剂检查。1968年，第19届奥运会于墨西哥的墨西哥城举行，此届奥运会首次在开幕式上增设裁判员宣誓，首次正式施行性别检查和兴奋剂检查。奥运会的比赛更趋于规范化和程序化。

4. 现代奥林匹克运动会的奥运低潮期

1972年，第20届奥运会于德国慕尼黑举行。此届奥运会广泛使用了最先进的自动控制、信息传播和处理、电子测距技术等，因而称为"技术奥运会"。1976年，第21届奥运会于加拿大蒙特利尔举行。本届奥林匹克火焰传递采取了与以往不同的做法，火种于奥林匹亚点燃，传到雅典后，利用卫星传到加拿大首都渥太华，随后进行火炬接力跑传递到蒙特利尔，最后由一对少年男女共同点燃主体场奥林匹克火焰，这是奥运史上第一次也是唯一一次由两人共同执行这一光荣使命。1979年10月25日，国际奥委会执委会会议于日本名古屋召开，通过了承认中国奥委会为全国性奥委会、恢复中国在国际奥委会合法席位的决议。因为经历了蒙特利尔高达10亿美元的亏损，1984年，第23届奥运会在无其他城市竞标的情况下于洛杉矶举行。此届奥运会是第一次由民间承办的奥运会，首次以商业性开发为主的方式筹集资金，标志着商业手段开始占据主导地位。

5. 现代奥林匹克运动会的现代期

1980年，西班牙胡安·安东尼奥·萨马兰奇被选为国际奥委会的第七任主席。1992年，第25届奥运会于西班牙巴塞罗那举行，此届奥运会中，苏联解体后的各国以独联体的名义最后一次参赛，而联邦德国和民主德国合并后以一个国家奥委会体育代表团参赛，加上中国体育代表团实力的加强，奥运会呈现出了新的格局。1996年是现代奥运会100周年，美国亚特兰大获得举办权。国际奥委会197个国家和地区全部出席此届奥运会，首次实现奥林匹克大家庭团圆于五环旗下。2004年，现代奥运会重新回归它的发源地雅典，希腊人借助现代科技手段，充分展现了希腊的文明，举办了一届梦幻般的奥运会。2008年，第29届奥运会在中国的北京举行，此届奥运会的口号是"同一个世界，同一个梦想"，集中体现了奥林匹克精神的实质和普遍价值观——团结、友谊、进步、和谐、参与和梦想，表达了全世界在奥林匹克精神的感召下，追求人类美好未来的共同愿望。第30届奥运会于2012年7月27日至8月12日在英国的伦敦举行，这也是该城市第4次获得奥运会的举办权。第31届奥运会于2016年8月5日至8月21日在巴西的里约热内卢举行。

第二节　奥林匹克运动的思想体系

一、《奥林匹克宪章》

现代奥林匹克运动在其发展过程中，形成了一个完整的体系。这个体系由思想体系、组织体系、活动体系三大部分组成。奥林匹克运动的思想体系包括奥林匹克主义、奥林匹克精神、奥林匹克理想及其宗旨和格言等，属于一个统一的范畴，包含在《奥林匹克宪章》中。

二、奥林匹克精神

奥林匹克精神是奥林匹克运动的实质内容，《奥林匹克宪章》指出，奥林匹克精神就是相互了解、友谊、团结和公平竞争的精神。通常它包括参与原则、公正原则、竞争原则、友谊原则和奋斗原则。体育运动是人类文化现象之一，国际奥委会前任主席萨马兰奇说过奥林匹克运动就是文化加体育，人类的各项竞技运动成绩和运动记录，是社会文化的一部分。在这部分社会文化的积累、更新和创造过程中，奥林匹克运动起了重要作用，众多凝聚着人类智慧和体能的历史记载，多半是经过奥运会确立的，只有真正了解奥林匹克精神，人类才能真正拥有它。

三、奥林匹克理想

奥林匹克理想是奥林匹克主义和奥林匹克精神的综合，是人们对奥林匹克运动未来和前景的向往与希望。奥林匹克运动提倡人的全面发展，提倡人类社会的和谐与公正，共同建立一个和平的、更加美好的世界。这些朴素的思想，也是人们寄托愿望的一种形式，希望人类自己去求得团结、友谊、进步，这正是维系现代奥林匹克运动发展的精神力量。

四、奥林匹克运动宗旨

奥林匹克运动宗旨具体体现为：使体育运动为人类的和谐发展服务，以友谊、团结和公平竞赛的精神，促进青年更好地相互了解，从而有助于建立一个更加美好和平的世界；使世界运动员在每4年一次的盛大节日——奥林匹克运动会中联欢聚会在一起。

五、奥林匹克格言

奥林匹克格言为：更快、更高、更强。它是国际奥委会对所有参与奥林匹克运动的人们的号召，号召他们本着奥林匹克的精神奋力向上。这个口号于1913年获得国际奥委会的正式批准并被定为奥林匹克格言，1920年它又成为奥林匹克标志的一部分。

六、奥林匹克会旗

奥林匹克会旗是国际奥委会于1913年根据顾拜旦的构思和建议制作的。旗为白底，无边，中央是五色的奥林匹克标志。

七、奥林匹克标志

奥林匹克标志也称为奥运五环标志，它由5个奥林匹克环套接组成，可以是单色，也可以是蓝、黄、黑、绿、红5种颜色。环从左到右互相套接，上面是蓝环、黑环、红环，下面是黄环、绿环。奥林匹克标志象征五大洲和全世界的运动员在奥运会上相聚一堂，充分体现了奥林匹克主义的内容，"所有国家-所有民族"的"奥林匹克大家庭"主题。

八、奥林匹克会歌

奥林匹克会歌是希腊著名作曲家萨马拉斯于1896年创作的，原是献给第1届奥运会的赞歌，后来由希腊诗人帕拉马斯配词而成《奥林匹克颂歌》。1958年国际奥委会在东京举行的第55届全运会上，正式决定将这首歌作为奥林匹克会歌。

九、奥林匹克圣火

奥林匹克圣火象征着和平、正义、友谊、团结和青春活力，因此，自1928年起，在奥运会开幕时都要点燃圣火。无论奥运会在哪里举行，奥林匹克火炬都得在希腊奥林匹亚村希腊女神赫拉庙前，按照传统仪式将火炬传到举办国，并在开幕时，由主办国一位著名运动员高擎火炬，穿过主体运动场，登上火焰塔点燃圣火，圣火将一直燃烧到大会闭幕。

第三节 中国与奥林匹克运动

中国人最初是通过了解奥运会来认识奥林匹克运动的。1904年，许多中国报刊曾报道过第3届奥运会的消息，但未在社会上引起广泛反响。1922年，当时任中国大学校长的王正廷入选第一位中国籍和远东地区的国际奥委会委员，中国与国际奥委会建立了直接的联系。1924年8月，中华全国体育协进会正式成立，标志着中国体育的发展和中国奥林匹克运动开展都进入一个新的阶段。同年派出3名网球运动员参加了巴黎第8届奥运会的网球表演赛，之后，中国陆续加入田径、游泳、体操、网球、举重、拳击、足球和篮球8个国际体育联合会。

1928年，中华全国体育协进会派出代表宋如海作为观察员，参加阿姆斯特丹第9届奥运会的开幕式，但没有派运动员参加比赛。1932年洛杉矶第10届奥运会，虽然只有刘长春一名运动员参加比赛，且成绩不佳，但向世界宣告了中国奥林匹克运动的存在。1936年和1948年中国又分别参加了第11届和第14届奥运会。在这期间，国际奥委会又于1936年和1947年分别增补了孔祥熙和中华全国体育协进会总干事董守义为国际奥委会中国委员。

1949年中华人民共和国成立，为奥林匹克运动在中国的发展提供了前所未有的机遇。1952年，在芬兰赫尔辛基的国际奥委会会议上，以多数票通过了邀请中国参加第15届奥运会的决议，这是中华人民共和国第一次派团参加奥运会。同年，成立中华全国体育总会。1954年，国际奥委会在雅典举行的第49次会议上，正式承认中华全国体育总会为中国国家奥委会。但后因国际奥委会中一些人坚持在国际奥林匹克运动中制造"两个中国"，1958年8月，中华全国体育总会发表声明，中断与国际奥委会的一切关系。

在国际体坛和国际奥委会一些人士的努力下，1979年11月，国际奥委会根据中国的提议，确定了著名的"奥运模式"，恢复中国在国际奥委会中的合法席位，允许台湾作为中国的一个地方性组织在国际体育组织中占有席位。从1980年开始，中国连续参加了第23届、第25~28届夏季奥运会和第13~19届冬季奥运会。在第23届夏季奥运会上，中国运动员许海峰一枪实现了中华民族奥运史上金牌"零"的突破；第19届冬季奥运会上，女子短道速滑选手杨扬又为中国夺得冬季奥运会上的第一枚金牌；第28届雅典夏季奥运会上，田径选手刘翔第一次代表中国乃至亚洲站在了奥运会短距离决赛跑道上并夺得金牌，使世界为之一震。在第27届、28届夏季奥运会上中国金牌总数和奖牌总数均进入前三位。奥运战场上不断进取的战绩，为中国屹立于世界体育之林奠定了雄厚的基础。

2008年，北京成功举办了第29届奥运会，把一届出色的、令人难忘的奥运会载入历史史册。2014年在第2届青年奥运会上，再次拉近了中国与奥林匹克的距离，举办城市南京围绕"竞争"、"学习"与"分享"三大主题，在规划与运行过程中始终秉承青年奥运会理念，从赛事基础设施建设到文化推广，尤其在关注青少年的营养、环境、技能发展、生活方式等方面，通过文化教育项目计划、让年轻人学习重要的生存技能，接触多种文化，体验"卓越、友谊、尊敬"的奥林匹克价值，使每一位参与者在青年奥运会旅途中留下了永久的印记。2015年7月31日，国际奥委会在吉隆坡宣布北京赢得2022年冬季奥运会举办权。中国人对于举办奥运会的心态越来越成熟，越来越自信。

第九章　田径运动

本章导读

　　田径运动是由田赛和径赛、公路赛、竞走和越野赛组成的运动项目，具有广泛的普及性和悠久的历史。最早的田径比赛是公元前776年在古希腊奥林匹亚村举行的第1届古代奥运会上进行的短跑比赛项目，距离为192.27米。至今，田径运动仍然是体育比赛中观赏性极强的运动之一。田径、游泳和水上项目被视为体育运动中的基础大项。田径运动也是在奥运会中金牌设置最多的三大项目，故有"得田径者得天下"之说。

　　田径运动具有广泛的群众性。田径运动是开展最普及、参与人数最多的运动项目。田径运动受条件限制的因素少，它对全面提高人体健康水平的效果明显，不同身体状况、不同兴趣爱好、不同年龄和性别的人都能够选择适合自己的田径运动项目。田径运动是提高人体的速度、力量、耐力等运动能力的有效手段，也是培养人的意志品质、心理素质、勇敢顽强和团结协作精神的重要方法。

第一节　跑

一、短跑

　　短跑项目包括100米跑、200米跑和400米跑。

（一）100米跑

　　1. 起跑

　　田径竞赛规则规定，短跑比赛运动员必须采用蹲踞式起跑，必须使用起跑器，要按发令员的口令完成起跑动作。起跑器的安装方式主要有普通式和拉长式两种，运动员应根据个人的身高、体形、身体素质和技术水平等情况来选择起跑器的安装方式。

　　普通式：前起跑器距起跑线一脚半长，后起跑器距前起跑器一脚半长。前起跑器、后起跑器的抵足板与地面夹角分别约成45°和75°，两起跑器的左右间隔约为15厘米。

　　拉长式：前起跑器距起跑线两脚长，后起跑器距前起跑器一脚长，起跑器的抵足板与地面的夹角及两起跑器左右间隔与普通式基本相同。

　　起跑技术包括"各就位"、"预备"和鸣枪三个阶段。

　　听到"各就位"口令后，运动员走到起跑器前，俯身，两手撑地，两脚依次蹬在前后起跑器的抵足板上，脚尖应触及地面，后腿膝关节跪地。接着两臂收回到起跑线后撑地，两臂伸直，两手间距离比肩稍宽，四指并拢与拇指成"八"形，颈部自然放松，身体重量均匀地落在两手、前腿和后膝之间，注意听"预备"口令。

听到"预备"口令后，逐渐抬起臀部和后膝，臀部要稍高于肩部，身体重心适当向前上方移动，肩部稍超出起跑线，重心落在两臂和前腿上。两脚紧贴起跑器抵足板，集中注意力听枪声。

听到枪声后，两手迅速推离地面，两臂屈肘做积极有力的前后摆动，同时两腿快速用力后蹬起跑器，后腿快速蹬离起跑器后迅速屈膝向前上方摆出，前腿快速有力地蹬伸（图 9-1-1）。

图 9-1-1

2. 起跑后的加速跑

起跑后的加速跑是从蹬离起跑器到途中跑之间的一个跑段，一般为 30 米左右，其任务是尽快加速达到自己的最高速度。

起跑后第一步约三脚半长，第二步为四脚至四脚半长，以后逐渐增大，直至途中跑的步长。腿蹬离起跑器后，身体处于较大的前倾姿势，为了不使身体向前摔倒，要积极加快腿的蹬伸与臂的摆动，保持身体的平衡。

最初几步两脚着地点并非在一条直线上，随着速度的加快，两脚内侧着地点逐渐趋于一条直线上。

3. 途中跑

途中跑在整个短跑中是最长的一段距离，其主要的任务是继续发展和保持较长距离的最高速度。其动作特点是前脚掌落在身体重心投影点的稍前面，脚触地后，膝关节微屈，足踵下沉，使身体重心很快地移过垂直阶段；接着后腿的髋、膝、踝关节依次迅速伸展，完成快速有力的后蹬。后蹬的角度约为 50°，后蹬方向要正。随着腿的落地动作，摆动腿的大腿迅速前摆，小腿随惯性折叠。蹬地腿蹬地时，大腿积极向前上方摆动，并把同侧髋一起带出。落地前，大腿要迅速积极地下压，这时由于惯性，小腿自然前伸，接着前脚掌迅速和有弹性地向下、向后做"扒地"动作。

途中跑时，头要正对前方，两眼要向前平视，上体保持正直或微向前倾。以肩关节为轴，两臂轻松而有力地前后摆动。前摆时，不超过身体中线和下颌，上臂与前臂之间所成的角度约为 90°；后摆时，肘关节要稍微向外。摆臂动作应以自然协调为原则（图 9-1-2）。

4. 终点跑

终点跑是全程跑的最后一段，要求运动员在离终点线 15～20 米处时，尽力加快两臂摆动速度和力量，保持上体前倾角度，当离终点线一步距离时，上体急速前倾，双手后摆，用胸部或肩部冲向终点线，跑过终点后逐渐减速。

图 9-1-2

（二）200 米跑和 400 米跑

200 米跑和 400 米跑，有一半以上的距离是在弯道上进行的，弯道跑与直道跑的技术有区别。

1. 弯道起跑和起跑后的加速跑

为了便于弯道起跑后能有一段直线距离进行加速跑，应将起跑器安装在弯道跑道的右侧，起跑器对着弯道的切线方向。弯道起跑后，前几步应沿着内侧分道线的切线跑进（图 9-1-3）。加速跑的距离适当缩短，上体抬起较早。在进入弯道时，应尽可能地沿着跑道内侧跑，身体及时向内侧倾斜。

2. 弯道跑技术

图 9-1-3

运动员从直道进入弯道时，身体应有意识地向内倾斜，加大右侧腿和臂的摆动力量及幅度，身体应向圆心方向倾斜。后蹬时，右脚用前脚掌的内侧，左脚用前脚掌的外侧蹬地。两腿摆动时，右腿膝关节稍向内摆动，左腿膝关节稍向外摆动。两臂摆动时，右臂前摆稍偏向左前方，后摆时肘关节稍偏向右后方；左臂稍离躯干做前后摆动。弯道跑的两腿蹬地与摆动方向都应与身体向圆心方向倾斜趋于一致。从弯道跑进直道时，应在弯道最后几步，身体逐渐减小内倾程度，自然跑几步，然后做一个进入直道的调整，按直道途中跑技术跑进。

二、中长跑

中长跑项目包括 800 米跑、1500 米跑和 3000 米跑。

（一）起跑和起跑后的加速跑

中长跑采用站立式起跑，当运动员听到"各就位"的口令后，迅速走到起跑线后，习惯将力量较大的脚放在起跑线后，前后脚距约一脚长，左右脚距约半脚长，后脚掌触地，眼看起跑线 5～10 米处，两臂一前一后，身体保持稳定，集中注意听枪声。当听到枪声后，两腿迅速用力蹬地，两臂配合腿部动作做快速有力的摆动，使身体迅速向前冲出，在短时间内获得较快的跑速，然后进入匀速有节奏的途中跑。

（二）途中跑

途中跑的距离最长，是中长跑的主要部分。中长跑的强度小于短跑，跑速相对较慢，动作速度和用力程度相对较小，除了根据战术需要而改变跑的节奏外，一般多采用匀速跑，跑时要做到技术合理、速度均匀、节奏感强、全身动作协调有力。

（三）终点跑

终点跑是运动员在十分疲劳的情况下，竭尽全力进行的最后一段距离的冲刺跑，在运动员实力接近的条件下，它将决定比赛的胜负。

什么时候开始终点冲刺，这要根据比赛项目、训练的水平、战术的要求和临场的情况等因素决定。一般情况下，800 米可在最后 200～300 米、1500 米在最后 300～400 米、5000 米以上可以在最后 400 米或稍长的距离开始加速，长距离的项目加速距离可更长些。速度占优势的可采取紧跟，在进入最后直道时，才开始做最后冲刺超越对手。

（四）中长跑的呼吸

中长跑时，应注意呼吸的节奏。呼吸应自然，有一定的深度，一般是跑两三步一呼气，跑两三步一吸气。随着跑速的提高，呼吸频率也相应加快。中长跑时，由于强度大、竞争激烈，为了提高呼吸效率可用半张的口与鼻子同时呼吸，以最大限度地满足机体对氧气的需要。

中长跑时，跑一段距离后会出现不同程度的胸部发闷、呼吸困难、动作无力的感觉，迫使跑速降低，这种生理现象叫"极点"。当"极点"出现时，应适当降低跑速，深呼吸，特别是加深呼气，同时要以顽强的意志坚持下去。

三、接力跑

接力跑竞赛项目一般为男、女 4×100 米接力跑和男、女 4×400 米接力跑。

（一）4×100 米接力跑技术

1. 起跑

（1）持棒起跑：第一棒运动员采用蹲踞式起跑，其基本技术类同短跑起跑，通常右手持棒，接力棒不得触及起跑线及起跑线前面的地面。持棒的方法一般是用中指、无名指和小指握住棒的末端，拇指和食指分开撑地（图 9-1-4）。

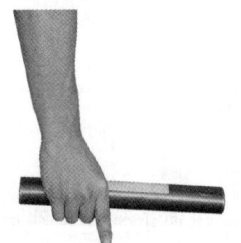

图 9-1-4

（2）接棒人起跑：第二棒、第三棒、第四棒运动员多采用半蹲式或站立式起跑。第二棒、第四棒选手站在跑道外侧，第三棒选手站在跑道内侧。接棒运动员起跑姿势的选择主要取决于能否快速起跑和进入加速跑，并能清晰地看到传棒选手以及设定的启动标志。

2. 传接棒

传接棒时，一般采用不看棒的传接棒方法，可分为以下两种。

（1）上挑式。接棒人手臂自然后伸，手臂与躯干的角度为40°～45°，掌心向后，虎口张开朝下。传棒人将棒由下向前上方"挑"送到接棒人手中（图9-1-5）。

（2）下压式。接棒人手臂后伸，与躯干的角度为50°～60°，掌心向上，虎口向后，拇指向内。传棒人将棒的前端由上向下"压"送到接棒人手中（图9-1-6）。

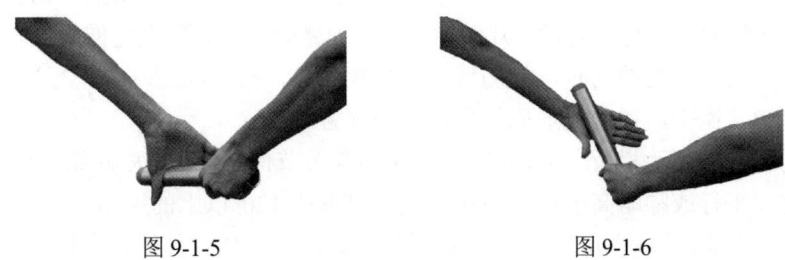

图9-1-5　　　　　　　　　　　图9-1-6

（二）4×400米接力跑技术

4×400米跑的传接棒技术相对简单，由于传棒人最后跑速已不快，所以接棒人应目视传棒人，顺其跑速接棒，然后快速跑出。

四、跨栏跑

（一）110米跨栏跑技术

1. 起跑至第一栏技术

起跑至第一栏要求步数固定，步长稳定，准确地踏上起跨点。若采用8步，应将起跨腿放在前起跑器上，若跑7步，摆动腿放在前起跑器上。同短跑相比上体抬起较快，大约在第6步时身体姿势已接近短跑途中跑的姿势。

2. 途中跑技术

跨栏途中跑是由9个跨栏周期组成的，每个跨栏周期由一个跨栏步和栏间三步跑构成。

1）过栏技术

过栏技术由起跨攻栏、腾空过栏、下栏着地构成（图9-1-7）。

图9-1-7

（1）起跨攻栏：起跨离地前，身体重心积极前移，身体重心移过支点后，足跟提起，上体加速前移，在摆动腿屈膝折叠积极前摆的配合下完成后蹬，形成有利的攻栏姿势。快速高摆攻栏腿，加大两腿夹角。起跨腿着地时，摆动腿由体后向前摆动，足跟靠近臀部，膝向下，以髋为轴，大腿带动小腿积极向前上摆至膝超过腰部高度。

两腿蹬摆配合完成起跨动作过程中，上体随之加大前倾，摆动腿异侧臂屈肘向前上方摆出，肘关节达到肩的高度，另一臂屈肘摆至体侧，整个身体集中向前用力。

（2）腾空过栏：起跨结束后，摆动腿继续向前上方高抬，异侧臂屈肘后摆，超过栏板高度后，摆动腿的小腿迅速前摆，几乎伸直，脚尖微微上翘，使大腿伸肌拉长准备积极下压着地。当摆动腿前摆的同时，异侧臂伸向栏板上方，与摆动腿基本平行。同侧臂后摆，加大上体前倾，躯干与摆动腿形成锐角，目视前方。

在摆动腿脚掌到达栏板之前，起跨腿一侧的髋关节保持伸展，大腿屈肌处于拉紧状态，小腿约与地面平行或膝略高于踝，两腿在过栏前形成120°以上的夹角。

（3）下栏着地：摆动腿脚掌移过栏板的同时，起跨腿屈膝外展，小腿收紧抬平，脚尖勾起，足跟靠臀，以膝领先经腋下加速提拉，当脚掌过栏后，膝关节继续收紧向身体中线高抬，脚掌沿最短路线向前摆出，身体成高抬腿跑的姿势。

过栏时两腿剪绞换步动作是在两臂和躯干协调配合下完成的。摆动腿的异侧臂和经腋下向前提拉的起跨腿做相向运动，膝肘几乎相擦而过，臂的摆动积极有力，摆过肩轴以后屈肘内收摆向体后，另一臂屈肘前摆，以维持身体平衡。

伸直下压的摆动腿在接近地面时，前脚掌做积极"扒地"动作。脚落地后踝关节稍有缓冲，但足跟不触地面，膝关节、踝关节保持伸直，使身体重心保持较高。躯干应保持一定前倾，起跨腿大幅度带髋提拉，两臂积极摆动，形成有利的跑进姿势。

2）栏间跑技术

栏间跑用三步跑过，其三步的步长分别是：小—大—中。

第一步：为使跨跑紧密结合，在下栏着地时，应充分发挥踝关节及脚掌力量，借起跨腿的高抬快摆和两臂前后用力摆动，加速身体重心前移。

第二步：要高抬大腿用前脚掌着地，上体稍前倾，两臂积极前后摆动。

第三步：其动作特点与跨第一栏前的最后一步相同，形成一个快速的"短步"，摆动腿抬得不高，放脚积极而迅速。

合理的栏间跑技术表现为栏间三步，步长比例合理，身体重心高，起伏小，频率快，节奏稳定，直线性强，更加接近平跑技术。

3. 全程跑技术

全程跑技术与栏间跑技术要有机地结合，跨过最后一个栏架后，要像短跑一样冲刺。

（二）400米跨栏跑技术

400米跨栏跑距离较长，对节奏、速度、耐力有较高的要求。起跑技术与400米起跑技术基本相同。全程跑，一般固定步数过栏较好，但由于身体疲劳，最后几个栏步数可能增加，因此应该掌握两腿过栏技术，好的跨栏跑技术表现为跑速均匀、节奏准确、动作轻松。

第二节 跳

一、跳高

随着跳高技术的发展,在正式比赛中已经比较普遍采用背越式跳高。背越式跳高技术由助跑、起跳、过杆和落地四个部分组成(图 9-2-1)。

图 9-2-1

(一)助跑

助跑一般分为前段直线跑和后段弧线跑。助跑开始采用直线助跑,用前脚掌着地,富有弹性地跑;提高重心,步幅均匀,不断加速;进入弧线跑时,前脚掌沿弧线落地,外侧摆动腿有弹性地蹬地,上体逐步加大向弧线内侧倾斜。助跑的节奏要快,特别是助跑最后两步髋关节前送幅度要大,迈步时上体保持较垂直的姿势,摆动腿积极、充分后蹬,起跳腿快速前伸,髋部自然前送。助跑时两臂应积极有力地前后摆动,弧线跑时外侧手臂的摆动幅度应大于内侧手臂的摆动幅度。

(二)起跳

起跳腿以大腿带动小腿积极下压着地,起跳脚脚跟外侧先着地,接着通过脚的外侧滚动至全脚掌,脚尖朝向弧线的切线方向。随着身体由内倾转为垂直,迅速地完成缓冲和蹬伸动作,运动员顺势向上跳起。

摆动腿蹬离地面以后,以髋发力加速向前摆大腿,同时以膝关节领先,屈膝折叠,当摆动腿摆过起跳腿前方后应向里转,而小腿和脚要稍外展。摆动腿沿着助跑弧线的延续方向加速上摆,直至减速制动。两臂的摆动要与腿的摆动协调配合。

(三)过杆和落地

当起跳腿蹬离地面结束起跳以后,身体应保持伸展的姿势向上腾起,同时在摆动腿和同侧臂的带动下,围绕身体纵轴旋转,使身体转向背对横杆。当头和肩越过横杆以后,及时地仰头、倒肩和展体,并利用身体重心向上的速度,收腿挺髋,形成身体的背弓姿势。这时两腿屈膝稍后收,两臂置于体侧。当身体重心移过横杆时,则应做相反的补偿,即含胸收腹,控制上体继续下旋,同时以髋部发力,带动大腿和小腿加速向后上方甩腿,使整个身体脱离横杆。保持屈髋伸膝的姿势下落，最后以上背部或背先落于海绵垫上。落在海绵垫后要做好缓冲控制，防止受伤。

二、跳远

跳远技术由助跑、起跳、腾空和落地四个部分组成。

（一）助跑

助跑是为了获得理想的水平速度，并为准确踏板和快速有力的起跳做好准备。助跑距离与运动员的年龄、运动水平和发挥速度的能力有关，助跑的距离一般为28～50米。男子助跑为16～24步，女子助跑为14～18步。助跑过程注意身体重心、节奏的把握，最后一步达到助跑最高速度。

（二）起跳

助跑的倒数第二步摆动腿着地时，膝关节迅速前移，上体正直，起跳腿自然积极地前摆。在起跳腿的大腿前摆时，抬腿要比短跑时低些，并积极主动下压，用全脚掌踏上起跳板，然后，屈膝缓冲，身体重心稍降低，当身体重心移至起跳腿支点的垂直部位时，起跳腿迅速用力蹬伸，使髋、膝、踝三个关节迅速伸直，上体挺起，摆动腿的大腿积极向前上方摆至水平位置，小腿自然下垂，完成起跳动作。

起跳腿同侧臂屈肘向前上方摆起，异侧臂屈肘向侧摆起，当双臂肘关节摆至略低于肩或与肩同高时，突停，使身体借助于摆臂的惯性提肩、拔腰、挺胸、顶头，帮助身体重心提起，增大起跳效果。

（三）腾空

起跳腾空后的空中动作主要有挺身式、蹲踞式和走步式，以下介绍挺身式（图9-2-2）。

图 9-2-2

起跳腾空后，摆动腿的大腿积极下放，小腿随之向下、向后方摆动，留在体后的起跳腿与摆动腿靠拢。当达到腾空最高点时，上体充分伸展，形成"挺胸展髋"姿势。两臂上举或后摆，然后收腹团身，落地瞬间双腿前伸成落地动作。

（四）落地

落地前，上体不要过分前倾，大腿要尽量上举靠近胸部，将要落地时，小腿积极前伸，双脚接触沙面后，迅速屈膝缓冲，两臂积极向前挥摆，臀部前移，上体前倾，使身体重心迅速移过支撑面。为了避免落地时身体后坐，可采用以下两种落地姿势：前倒姿势，当脚跟着地后，前脚掌下压，两腿屈膝前跪，身体移过支撑点后继续向前移动，并向前倒下；侧倒姿势，当脚跟着地后，一腿紧张支撑，另一腿放松，身体向放松腿的前侧方倒下。

三、三级跳远

三级跳远由助跑、单足跳、跨步跳和跳跃四个部分组成（图9-2-3）。

图 9-2-3

（一）助跑

助跑是为了获得最快的速度和准确地踏上起跳板。三级跳远的助跑与跳远的助跑基本相同。

（二）单足跳

起跳腿自然积极主动下压，用全脚掌踏上起跳板，然后，屈膝缓冲，身体重心稍降低，当身体重心移至起跳腿支点的垂直部位时，起跳腿迅速积极用力充分蹬伸，摆动腿的大腿积极向前上方摆至水平位置，然后开始做换腿动作，即摆动腿大腿带动小腿自然向下、向后摆动，同时起跳腿屈膝向前上方摆动，完成换步动作。

（三）跨步跳

随着身体重心下降，前摆的起跳腿积极有力地下压，小腿迅速前伸做积极有力的"扒地"动作，着地后要及时屈膝缓冲并迅速滚动到前脚掌，同时摆动腿的大腿快速有力地向前上方摆至水平位置。

（四）跳跃

随着身体重心下降，摆动腿的大腿积极下压，小腿前伸做有力的向下、向后快速"扒地"动作。着地后适度地屈膝、伸踝、积极缓冲，使身体快速前移。同时，前两跳中的起跳腿此时成为摆动腿，与两臂积极配合快速有力、大幅度地向前上方摆出，及时完成第三跳的起跳动作。

第三节 投 掷

投掷包括推铅球、掷铁饼、掷标枪等。本节主要介绍背向滑步推铅球技术。

背向滑步推铅球技术由握球和持球、预备姿势、滑步、最后用力和维持身体平衡五个部分组成。

一、握球和持球

握球的方法（以右手为例）：五指稍微分开，将球放在食指、中指、无名指指根处，拇指和小指扶在球的两侧，手腕背屈（图 9-3-1）。握好球后，将球放在锁骨窝处，贴于颈部，右臂屈肘向外，掌心向内（图 9-3-2）。

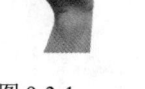

图 9-3-1　　　图 9-3-2

二、预备姿势

持球后，站在投掷圈的后部，背对投掷方向，右脚在前，贴近投掷圈，身体重心落在右脚掌上，左脚在后，以脚尖自然点地。身体从正直姿势向右旋转约90°并向前屈体，待身体与地面约成45°时，屈右膝下蹲，形成"团身"动作。

三、滑步

预备姿势完成后，臀部带动身体重心略向投掷方向移动，使其移离身体的支撑点（右脚），以便于滑步和避免身体重心起伏过大。接着，左腿以大腿带动小腿迅速向抵趾板方向摆出并外旋，右腿积极蹬伸，及时拉收并内旋，两腿摆蹬协调配合，推动身体向投掷方向快速移动。

四、最后用力

最后用力是推铅球技术的重要环节。滑步结束后，左腿脚掌内侧着地支撑，右腿弯曲，支撑体重。左脚尖与右脚跟在一条直线上，肩轴与髋轴成扭紧状态，右腿积极蹬转，推动右髋向投掷方向转动，左臂由胸前向投掷方向牵引摆动，体重逐渐移至左腿，左膝被动微屈。左臂由上向身体左侧靠压制动，右臂向投掷方向转动，用力推球。铅球快离手时，手腕手指向外拨球。

五、维持身体平衡

铅球离手后，两腿交换，降低重心，维持身体平衡。

第十章 足球运动

本章导读

古代足球运动起源于中国，现代足球运动的发源地则在英国。1863年10月26日，英国成立了世界上第一个足球运动组织——英格兰足球协会，人们把这一天作为现代足球的诞生日载入史册。从1908年第4届奥运会开始，足球被列为奥运会的正式比赛项目。1904年在法国巴黎成立了国际足球联合会。1930年举办了第1届世界足球锦标赛。经过100多年的发展，足球运动成为人们喜爱的体育项目，被誉为"世界第一运动"。

经常参加足球运动，可以培养人的意志力、自制力、责任感及勇敢顽强、机智果断、团结协作、密切合作等思想品德，可以促进人们的健康，提高身体素质，特别是能增强人的心血管系统、呼吸系统等内脏器官的功能。

第一节 足球基本技术

足球技术是指在比赛情况下，运动员所采取的操纵球、控制球与抢夺球的动作方法的总称。它包括无球技术和有球技术两部分。

一、无球技术

无球技术是指在比赛中，队员在不持球的情况下完成的各种技术，包括各种形式的启动、跑步、急停、转身和假动作等。

掌握好各种无球技术，在比赛中是很重要的。一名控球能力较强的队员，在一场90分钟的比赛中，所能控球的时间也只有几分钟，其余的时间都是在无球情况下使用无球技术，或慢跑，或突然启动，或调整位置等。

发展队员的身体素质是提高无球技术的基础。因此，在无球技术的训练中要着重注意对身体素质的训练，如发展力量、速度和耐力等素质。

二、有球技术

（一）传接球技术

1. 踢球

踢球是指运动员有目的地用脚的某一部位将球击向预定的目标。

踢球包括脚内侧踢球（脚弓踢球）、脚背正面踢球（正脚背踢球）、脚背内侧踢球（内脚背踢球）、脚背外侧踢球（外脚背踢球）、脚尖踢球和脚跟踢球等。

踢球的方法很多，动作的要领也有所不同，但从技术动作结构上分析主要由助跑、支撑脚的位置、踢球腿的摆动、脚与球接触的部位和踢球后的随前动作这五个部分组成。

1）脚内侧踢球

踢球时，助跑路线为直线，支撑脚踏在球的侧方15厘米左右处，脚尖与球的前沿平行，膝关节微屈。在支撑脚落地的同时摆动腿由后向前摆动，在前摆过程中髋关节外展，小腿加速前摆，脚掌平行于地面，脚尖稍翘起，踝关节紧张，用脚内侧部位击球的后中部。触击球后，身体跟随移动，髋关节向前送（图10-1-1）。

2）脚背正面踢球

踢球时，直线助跑，最后一步稍大并积极着地，支撑脚踏在球的侧方10～15厘米处，脚尖与球前沿平行并指向出球方向。膝关节微屈，摆动腿以髋关节为轴，大腿带动小腿迅速前摆。脚面绷直，膝关节紧张，脚趾扣紧，用脚背正面击球的中后部，踢球腿随之前摆（图10-1-2）。

3）脚背内侧踢球

踢球时斜线助跑，助跑方向与出球的方向基本成45°，支撑脚在球的侧后方20～25厘米处，膝关节微屈，在支撑的同时踢球腿已完成后摆，脚尖指向出球方向，身体向支撑腿一侧倾斜。在支撑腿着地的同时踢球腿以髋关节为轴，大腿带动小腿由后向前迅速摆动，触球一瞬间脚面迅速绷直，踝关节紧张，脚尖外转插向球的斜下方，用脚背内侧击球的后下部，踢球腿随球向斜上方前摆（图10-1-3）。

4）脚背外侧踢球

助跑、支撑脚站位及踢球腿摆动均与脚背正面踢球技术的三个环节相同，脚触球时用脚背外侧部位。此时要求膝关节和脚尖内转，脚背绷紧，脚趾紧屈并提膝，击球后身体随踢球腿的摆动前移（图10-1-4）。

5）脚尖踢球

脚尖踢球是一种用脚尖部位接触球的方法。由于脚尖踢球时出球异常迅速，雨天场地泥泞时多使用这种方法踢球。具体方法是用支撑腿跳跃上步，踢球腿屈膝前跨，髋关节尽量前送，两臂上摆协助身体向前，小腿前伸，在踢球脚落地前用脚尖捅球的后中部（图10-1-5）。

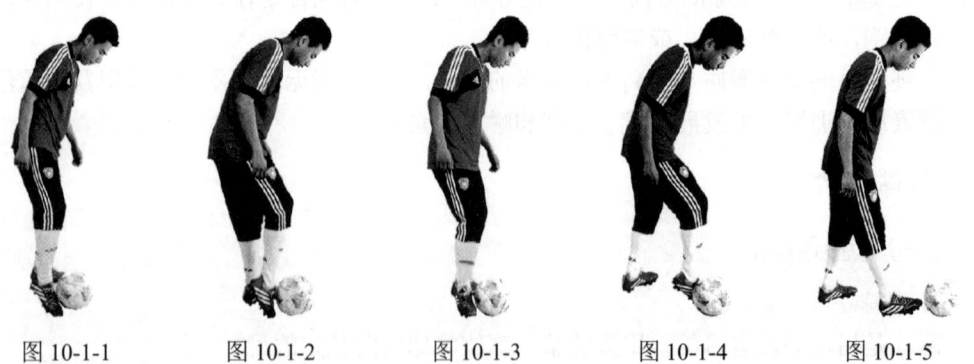

图10-1-1　　图10-1-2　　图10-1-3　　图10-1-4　　图10-1-5

6）脚跟踢球

脚跟踢球是用脚跟接触球的一种踢球方法。球在支撑脚外侧时，踢球脚在支撑脚前面交叉，摆到支撑脚外侧用脚跟击球；球在支撑脚内侧时，踢球脚后摆用脚跟踢球。

2. 停球

停球是指足球运动员用身体的合理部位将球停挡在自己的控制范围内。停球包括脚内侧停球、脚背外侧停球、胸部停球、脚背正面停球、大腿停球和脚底停球等。

1）脚内侧停球

（1）停地滚球。

脚接触球的面积大，停球稳，能准确将球停在自己的控制范围内。

身体对正来球方向，支撑脚膝关节微屈，停球脚稍提起，脚尖翘起，膝关节外转，脚内侧正对来球。脚与球接触的一刹那，停球腿稍有后撤以缓冲来球的力量，将球停在自己的体前。

（2）停反弹球。

先判断好球的落点，支撑脚要在球落地的侧前方，膝关节弯曲。上体稍前倾对准球的反弹路线，停球腿放松，用脚内侧对准球的反弹角度，推压球的中上部，缓冲球的力量，将球控制好。

（3）停空中球。

准确判断来球方向、力量和高度，迎球前上。提腿用内侧对准来球，触球的一刹那，小腿放松、微撤，缓冲球的力量，将球停在自己的控制范围内。

2）脚背外侧停球

（1）脚背外侧停地滚球。

将接球点放在接球腿一侧，支撑腿膝关节微屈。接球腿提起屈膝，脚内翻使小腿和脚背外侧与地面成锐角，并对着接球后球运行的方向。脚离地面的高度应约等于球的半径，然后大腿向接球后球运行的方向推送，同时身体随球移动。

（2）脚背外侧停反弹球。

根据来球的落点及时移动到位，支撑脚站在来球落点的侧后方，除触球部位外，其他环节均与脚背外侧停地滚球相同。

3）胸部停球

胸部既能停高球又能停空中平直球，是足球运动中较常见的技术之一。

（1）缩胸停球。

缩胸停球主要停齐胸高的平直球。面对来球，两脚前后开立，两臂自然张开，挺胸迎球，在与球接触的一刹那，上体后移，迅速收胸、腹挡压球，缓冲来球力量，将球准确停在体前。

（2）挺胸停球。

挺胸停球主要停高于胸以上的高空球。面向来球，两臂自然屈肘上举，当球与胸接触时，两腿蹬地，上体稍后仰，胸部向上挺出，将球弹起落在体前（图10-1-6）。

4）脚背正面停球

脚背正面停球主要用于空中下落的球。面对来球，停球脚提起，用脚背正面迎空中下落的球的底部，踝关节及膝关节放松，接球一刹那脚背后下撤，缓冲球的力量，将球准确停在体前（图10-1-7）。

5）大腿停球

大腿停球主要用于高空下落的球及平行于大腿高度的球。停球时，面对来球，停球腿抬起，以大腿中部对准下落的球，肌肉放松，当大腿与球接触时，大腿迅速后撤，将球准确停在体前（图10-1-8）。

6）脚底停球

由于脚底停球技术便于掌握，易将球停到准确位置，故常被用来接各种地滚球。

（1）脚底停地滚球。

身体正对来球方向，移动前迎，支撑脚站在球的侧面，脚尖正对来球方向，膝关节微屈，同时接球腿提起，脚略背屈，使脚底与地面角度约小于45°，以前脚掌能够触球的上部为宜（图10-1-9）。

图10-1-6　　　图10-1-7　　　图10-1-8　　　图10-1-9

（2）脚底停反弹球。

根据来球落点，及时前移迎球，支撑脚站在落点侧后方，脚尖正对来球方向，球落地瞬间，用前脚掌去触球的中上部，微伸膝，用脚掌将球停在体前。

3. 头顶球

1）原地顶球

正对来球，两脚前后开立，膝关节稍屈，上体后仰，身体重心放在后脚上，两臂自然张开，判断球的速度和力量；两脚用力蹬地，上体前摆，收腹，颈部紧张，快速向前甩头，用前额正面顶球的后中部，触球后上体继续随球前摆（图10-1-10）。

图10-1-10

2）跳起顶球

屈膝，重心下降，判断来球方向、速度和力量。两脚向上跳起的同时，收胸收腹，两臂自然张开。当跳到最高点时，身体成背弓，快速收腹前摆甩头，用前额将球顶出，缓冲落地。

3）后蹭顶球

后蹭顶球分原地蹭顶球与跳起蹭顶球。第一环节分别与原地前额正面和跳起前额正面头顶球相同，当球运行到身体上空时，利用挺胸、展腹和仰下颌，使身体向后上方伸展，用前额正面靠上的部位用力击球的下部，将球向后上方顶出。

4. 掷界外球

由于掷界外球时接球人不受越位规则的约束，因此，不仅可将掷界外球用于恢复比赛，而且可以为进攻创造有利条件，尤其是在前场 30 米内掷界外球，将球直接掷向门前，可以给对方造成很大威胁。

1）技术动作结构分析

（1）掷界外球的动作是一个下端固定的爆发式的平摆运动，需要稳固的支撑。

（2）根据身高和臂长，掌握合理的掷出角（不超过 45°），它是影响远度的重要因素，一般球出手早掷出角大，反之则小。

（3）球出手速度快则掷得远，这需要力量基础和协调用力能力。

（4）充分利用助跑的初速度有助于将球掷远。

2）掷界外球的方法

（1）原地掷界外球。

面对出球方向，两脚前后或左右开立，膝关节弯曲，上体后仰成背弓，重心移到后脚上（左右开立时，重心在两脚间），两手自然张开，拇指相对，持球的侧后部，屈肘将球置于头后。

掷球时，后脚用力蹬地，两腿迅速伸直，身体重心由后脚移到前脚，屈体收腹，同时两臂急速前摆，当球摆到头上时用力甩腕将球掷入场内。掷球时后脚可沿地面向前滑动，两脚均不得离地或踏入场地（但允许踏在线上）（图 10-1-11）。

（2）助跑掷界外球。

双手持球于胸前，在助跑迈出最后一步时，上体后仰成背弓，同时将球上举至头后。掷球时的动作与原地掷界外球动作相同（图 10-1-12）。

图 10-1-11　　图 10-1-12

（二）运球技术

运球是指运动员在跑动中，用脚间断触球的技术，它是控制球能力的集中体现。运球技术包括脚背正面运球、脚内侧运球、脚背外侧运球及其他运球方式。

1. 脚背正面运球

脚背正面运球有利于向前跑动时快速运球。运球时，身体放松，上体前倾，两臂自然摆动，步幅不要太大，运球脚提起时，踝关节弯曲，脚尖下指，在向前迈步着地前，用脚背正面向前推拨球（图 10-1-13）。

2. 脚内侧运球

要求在运球前进时支撑脚始终领先于球，位于球的侧前方，肩部指向运球方向，支撑腿膝关节微屈，重心放在支撑腿上，另一条腿提起屈膝，用脚内侧推球前进（图10-1-14）。

3. 脚背外侧运球

运球时身体持正常跑动姿势，上体稍前倾，步幅不宜过大，运球腿提起，膝关节稍屈，髋关节前送，提踵，使脚背外侧正对运球方向，在运球脚落地前用脚背外侧推拨球的后中部（图10-1-15）。

图 10-1-13　　　图 10-1-14　　　图 10-1-15

4. 其他

1）拨球

利用踝关节向侧转动，用脚背内侧或外侧触球，将球拨向身体的侧前方、侧方和侧后方。

2）拉球

将前脚掌放在球的上部或侧上部，另一只脚在球的侧后方支撑，然后触球脚向后下方用力将球拉回。

3）扣球

这种方法与拨球相同，不同的是扣球时的用力是突然的并伴随着突然转身或急停，在对手来不及调整重心的瞬间，突然从反方向推送球突破对手的防守。

4）挑球

用脚背触球的下部并突然向上方挑起，运球者迅速随球跟进。

5）颠球

根据对手抢截时所处位置或实施抢截的时间，用恰当的部位将球颠起，越过对手以达到过人的目的。

（三）守门员技术

守门员技术有位置选择、准备姿势、移动、接球、扑球、拳击球、托球和掷球等。

1. 位置选择

位置根据对方射门地点和射门角度来决定，通常站在两门柱与射门时球所处的位置所形成的分角线上。

2. 准备姿势

两脚左右开立，与肩同宽，两脚跟稍提起，体重落在前脚掌上，两腿屈膝，并稍内扣，上体稍前倾，两臂自然屈肘于体前，手指自然张开，目视来球。

3. 移动

向左右调整位置的移动一般采用侧滑步和交叉步两种办法。

1）侧滑步

侧滑步常用于扑接两侧低平球。向左侧滑步时，先用右脚用力蹬地，左脚稍离地面并向左滑步，右脚快速跟上。向右侧滑步时，动作相同，方向相反。

2）交叉步

交叉步多用于扑接两侧高球。向左侧交叉步移动时，身体先向左侧倾斜，同时右脚用力蹬地，并及时向左前方跨出一步成交叉步，然后左脚向左侧移动，右脚和左脚依次快速移动并蹬地跃出。向右侧交叉步移动时，动作相同，方向相反。

4. 接球

1）地面球

直腿式：身体对正来球，弯腰时两膝伸直，两腿分开，距离不得超过球的直径，两手掌心向上，前迎触球后将球抱于怀中。

跪撑式：用于向侧移步接球。接左侧球时，左腿屈，右腿跪撑于左脚附近，距离不得超过球的直径，其余动作与直腿式接球相同。接右侧球时，动作相同，方向相反。

2）平空球

平空球是指膝以上、胸以下的空中球。接球时面对来球，两手掌心向上，小指相靠，前迎接球。上体前屈，手触球时微后撤以缓冲来球力量，将球抱于胸前。

3）高空球

面对来球，两臂上伸，两手拇指相对呈"八"形，其余四指微屈，手掌对球。在最高点手触球瞬间，手指、手腕适当用力，缓冲来球并将球接住，顺势转腕屈肘，下引将球抱于胸前。

5. 扑球

1）扑两侧的低球

异侧脚用力蹬地，双手快速伸出，一手置于球后，另一手置于球的侧上方，同时身体向同侧脚方向倒地，落地时小腿、大腿、臀和肘外侧依次着地，落地后即团身。

2）扑两侧平高球

完成这一动作时应注意空中展体，手指用力抓住球，接球后以球、肘、肩、上体、臀和腿外侧依次着地并迅速团身。

6. 拳击球和托球

1）拳击球

在守门员没有把握接住球或对方猛烈冲门的情况下，为了避免接球脱手，可采用拳击球。

准确判断来球运行路线，及时移动到位，握紧拳，在接近球的刹那，迅速出拳击球。拳击球有单拳击球、双拳击球，单拳击球动作灵活，摆动幅度大，击球力量大；双拳击球接触球面积大，准确性高。

2）托球

托球主要是在来球弧度较大，其落点又在球门横梁附近，守门员起跳接球把握性不大时运用。

7. 掷球

充分利用后腿蹬地、持球手臂后引、转体、挥臂和甩腕力量将球掷出。

第二节　足球基本战术

一、进攻战术

（一）个人进攻战术

个人进攻战术包括摆脱、跑位、运球过人等，是指在对方紧逼防守的情况下采取有效措施，摆脱自己的对手，跑到有利的位置，接应控制球的同伴巧妙传球配合以达到进攻的目的。

（二）局部进攻战术

局部进攻战术指两人以上的战术配合行动。此战术可以丰富和完善全队的进攻战术，是实施全队战术的基础。一般常用的有斜传直插二过一、直传斜插二过一和反切二过一等。

（1）斜传直插二过一，如图 10-2-1 所示，⑦横传给⑨，⑨斜线传球，⑦直线插入接球；⑥斜线传球给⑩的斜传直插。

（2）直传斜插二过一，如图 10-2-2 所示，⑦横传给⑨后立即斜线插上接⑨的直传；⑩运球过人后传给⑧再斜线插上接⑧的直传。

（3）反切二过一，如图 10-2-3 所示，⑦回撤接⑨的传球，如防守跟上紧逼时，⑦回传给⑨并转身切入，接⑨传至对手身后空当的球。

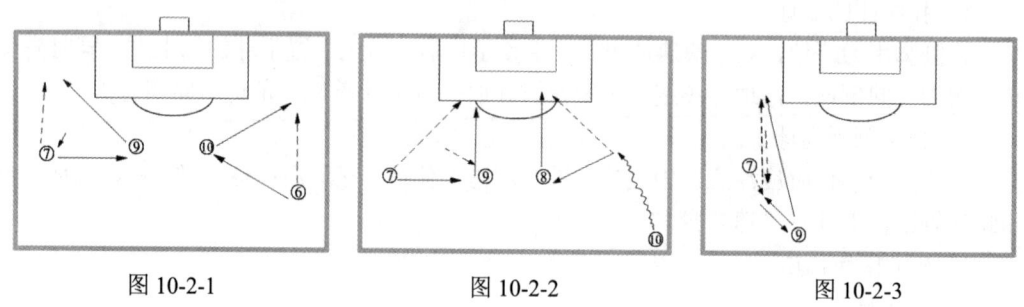

图 10-2-1　　　　　　图 10-2-2　　　　　　图 10-2-3

（三）集体进攻战术

1. 边路进攻

边路进攻主要通过边锋或交叉到边上的中锋或直接插上的前卫、边后卫，运用个人带球突破或传球配合，以达到突破对方防线传中（外围传中、下底传中、切底迂回传中），最后由中锋包抄射门的目的。

2. 中路进攻

中路进攻能直接威胁球门，但中间防守队员密集，不易突破。因此，要通过中锋、内切的边锋或插上的前卫间的配合或个人运球过人等方法突破对方防线。

3. 转移进攻

当一侧进攻受阻，另一侧进攻有利时要及时快速地转移进攻方向。此方法多是采用有效而准确的中长距离传球来实现的，以拉开对方的一边防守，达到声东击西的进攻目的。

4. 快速反击

在防御中积极拼抢，一旦得球，趁对方立足未稳时，快速传球，形成以多打少的局面，达到射门得分的目的。

二、防守战术

（一）个人防守战术

个人防守战术是局部和集体防守的基础，包括堵（迎面堵、贴身堵）、抢（迎面抢、侧面抢、侧后铲）、断等技术的运用。此外，选位与盯人也是重要的个人防守战术。

（二）集体防守战术

集体防守战术是指全队相互协作而进行防守的战术方法。集体防守战术有全攻全守的全场防守、半场防守、紧逼防守和区域防守，也有盯人结合区域防守、密集防守等多种防守战术。不论采用哪种战术都要考虑到本队的特长，更要针对对方的进攻技术，采取有效的防守战术，破坏对方的进攻。

（三）造越位战术

造越位战术是防守队员主动制造对手越位的做法，以破坏对方的进攻节奏和攻势，是由守转攻的一种手段。

第三节 足球比赛场地及规则简介

一、比赛场地

国际足联规定世界杯比赛场地长 105 米、宽 68 米。国内基层比赛的场地长度为 90~120 米、宽度为 45~90 米，但球场的边线长度必须大于球门线长度（图 10-3-1）。国际比赛场地长度为 100~110 米、宽度为 64~75 米，场内各区域的面积不得变更。两球门柱间的距离为 7.32 米，横梁下沿距地面 2.44 米。

二、主要规则简介

（一）比赛开始或重新开始

比赛开始前，裁判员召集双方队长，用投币方式选择场区。开球时球应放在中点上，当球被踢并向前移动时比赛即为开始。中场开球直接踢进对方球门，算进一球。

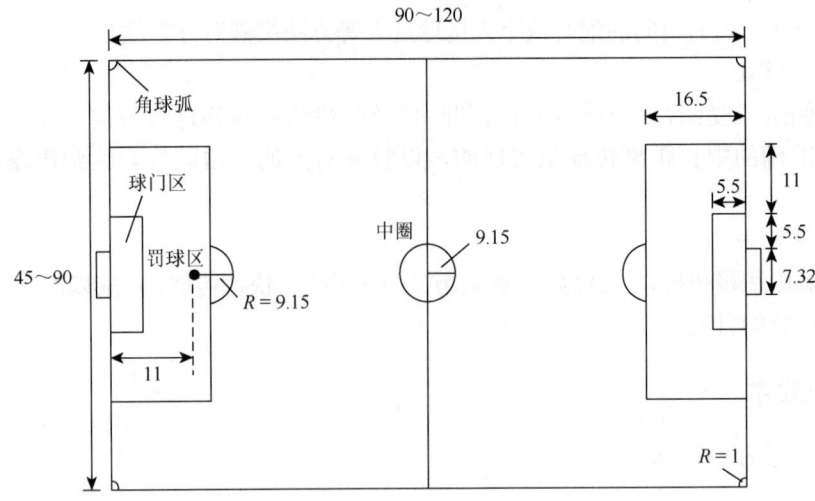

图 10-3-1（单位：米）

（二）比赛进行及死球

当球不论在地面或空中整体越过球门线或边线时，或者当比赛已被裁判员停止时比赛成死球，其他所有时间均为比赛进行中，包括球从球门柱、横梁或角旗杆弹回场内，以及球从比赛场地上的裁判员或助理裁判员身上弹回场内。

（三）越位

队员在对方半场内较球和最后第二名对方队员更接近于对方球门线，即处于越位位置。队员处于越位位置本身并不是犯规。

队员下列情况为不处于越位位置：在本方半场内；齐平于最后第二名对方队员；齐平于最后两名对方队员。

处于越位位置的队员，在同队队员踢或触及球的一瞬间，裁判员认为其就下列情况而言"卷入"了现实比赛中时才被判为越位犯规。

（1）干扰比赛。
（2）干扰对方队员。
（3）利用越位位置获得利益。

如果队员直接得到球门球、界外球、角球，则没有越位犯规。
对于任何越位犯规，裁判员应判给对方在犯规发生地点踢间接任意球恢复比赛。

（四）犯规

1. 可警告的犯规（黄牌）
（1）犯有非体育道德行为。
（2）以语言或行动表示异议。
（3）持续违反规则。
（4）延误比赛重新开始。

(5) 当以角球或任意球重新开始比赛时，不退出规定的距离（9.15 米）。

(6) 未得到裁判员许可进入或重新进入比赛场地。

(7) 未得到裁判员许可故意离开比赛场地。

2. 罚令出场的犯规（红牌）

(1) 严重犯规。

(2) 暴力行为。

(3) 向对方或其他人吐唾沫。

(4) 故意用手球破坏对方的进球或明显的进球得分机会（不包括守门员在本方罚球区内）。

(5) 用可判为任意球或罚球点球的犯规破坏对方向本方移动着的明显进球得分机会。

(6) 使用无礼的、侮辱性的或辱骂性的语言及动作。

(7) 在同一场比赛中得到第二次警告。

（五）任意球

凡判罚直接任意球或间接任意球，必须具备下列 4 个基本条件。

(1) 犯规队员是场上队员。

(2) 队员违反规则的有关规定。

(3) 犯规地点是在比赛场地内。

(4) 犯规时间是在比赛进行中。

直接任意球可以直接射入对方球门得分，若直接踢入本方球门，不能判对方进一球，应由对方踢角球恢复比赛。间接任意球直接射入球门不得分。

（六）掷界外球、球门球、角球

(1) 掷界外球不能直接掷入球门得分，掷界外球时没有越位。

(2) 球门球可以直接射入对方球门而得分，踢球门球时没有越位。

(3) 角球可以直接射入对方球门而得分，踢角球时也没有越位。

第十一章 篮球运动

本章导读

篮球运动是由美国人詹姆斯·奈史密斯于1891年在美国马萨诸塞州斯普林菲尔德市基督教青年会国际训练学校发明的。当时,在寒冷的冬季,缺乏室内体育活动类竞赛项目。他从工人和儿童用球投向"桃子筐"的游戏中得到启发,以足球和桃筐作为游戏道具,发明了篮球。初期的篮球游戏比较简单,近似美式足球,无明确比赛规则,场地大小不等,人数也不限定,仅在室内场地两端各放一个桃筐,比赛时把参加者分成人数相等的两队进行比赛。这就是篮球运动的雏形。

篮球运动是全民健身活动的手段,具有娱乐性和增强体质的作用。进行篮球运动,能够提高参与者各感受器官的功能,提高神经中枢的灵活性,改善内脏器官的功能,促进参与者的力量、速度、耐力和灵敏等身体素质的全面提高。篮球运动能全面、有效、综合地促进身体素质和人体机能的发展,提高和保持人的生命活力,为人的一切活动打下坚实的身体(物质)基础,从而提高人的生活质量。

第一节 篮球基本技术

一、传接球

传接球是篮球比赛中队员之间有目的地转移球,是组织进攻配合和实现战术的基础。

(一)持球

正确的持球姿势是一切传球技术动作的前提。持球时,双手自然分开,拇指相对成"八"形,用指根以上部位握住球的两侧后下方,手心空出,两臂弯曲,肘关节下垂,持球放于胸前(图11-1-1)。

图 11-1-1

(二)双手胸前传球

手臂伸向传球方向,后脚蹬地,身体重心前移,手腕下压、外翻,快速地抖腕、拨指,将球传出。出球后，手心和拇指向下，其余手指向前（图 11-1-2）。

图 11-1-2

（三）单手肩上传球

以右手传球为例。传球前，左脚向前跨半步，向右转体将球引至右肩侧上方。传球时，上体向左转动并带动肩肘，前臂快速前摆，扣腕，手指用力将球传出（图 11-1-3）。

（四）单手胸前传球

持球方法与双手胸前传球相同。传球时，传球手的前臂快速前伸，手腕急促前扣，手腕、手指用力将球传出（图 11-1-4）。

图 11-1-3　　　　　　　　　　　图 11-1-4

二、投篮

投篮是篮球运动中的一项关键技术，是唯一的得分手段。队员多在移动中接球，利用假动作、时间差进行投篮。投篮应与突破、传球等技术相结合，投篮方式多、变化多、出手点高。

（一）原地双手胸前投篮

双手持球于胸前，肘关节自然下垂，上体稍前倾，两腿微屈。投篮时，两脚蹬地，腰腹伸展，两臂向前方伸出，手腕同时外翻，最后用拇指、食指和中指将球投出。

（二）原地单手肩上投篮

以右手投篮为例，右手五指自然分开，向后屈腕、屈肘，持球于肩上；左手扶球，右脚在前，左脚在后，重心放在两腿之间，上体稍前倾，两腿微屈。投篮时，两脚用力蹬地，腰腹伸展，从下向上发力，同时提肘，且手臂向前上方充分伸展，最后通过食指、中指指端将球投出。球出手后，右手手腕前屈，手指向下（图11-1-5）。

图 11-1-5

（三）行进间单手高手投篮

以右手投篮为例，接球和运球上篮时，在右脚跨出一大步的同时，双手持球，左脚紧接着跨出一小步，用力蹬地起跳。当身体接近最高点时，右手手指向后，掌心向上，托球的下部向球篮方向伸臂，食指、中指以柔和力量拨球，将球从指端投出（图11-1-6）。

图 11-1-6

（四）行进间单手低手投篮

以右手投篮为例，接球和运球上篮时，在右脚跨出一大步的同时，双手持球，左脚紧接着跨出一小步，用力蹬地起跳，腾空时间要短。当身体接近最高点时，右手手指向前，掌心向上，托球的下部向上伸展，当接近篮筐时，食指、中指、无名指以柔和力量向上拨球，将球从指端投出（图11-1-7）。

图 11-1-7

(五) 原地跳起单手肩上投篮

以右手投篮为例，投篮时，屈膝降低重心，两脚掌用力蹬地向上起跳。同时，双手举球至肩上，右手托球，左手扶球的左侧方。当身体接近最高点时，左手离球，右臂向前上方伸展，手腕用力前屈，通过食指、中指力量将球投出。球出手后，指、腕自然前屈。落地时，屈膝缓冲（图 11-1-8）。

(六) 急停跳起投篮

（1）接球急停跳起投篮：移动中跳起腾空接球后，两脚同时或先后落地，脚尖对篮筐，两膝弯曲，迅速跳起投篮，投篮出手动作同原地跳起单手肩上投篮（图 11-1-9）。

图 11-1-8

图 11-1-9

（2）运球急停跳起投篮：运球过程中及时降低重心，用跨步急停或跳步急停，持球屈膝跳起投篮，投篮出手动作同原地跳起单手肩上投篮（图 11-1-10）。

三、运球

持球队员在原地或移动中用单手连续按拍和迎引从地面反弹起来的球叫运球。运球是篮球比赛中个人控制球、支配球、突破防守的重要手段，是组织全队进攻配合的桥梁。

图 11-1-10

（一）高运球

抬头，目视前方，上体稍前倾，以肘关节为轴手按拍球的后上方，球的落点在身体的侧前方，球反弹高度在腰胸之间。

（二）低运球

抬头，目视前方，两膝深屈，身体半蹲，重心下降，上体前倾，手按拍球的后上部，球的落点在身体侧面，球的反弹高度在膝部以下。

（三）运球急停急起

快速运球中运用两步急停，同时按拍球的前上方，用臂、身体和腿保护球，目视前方。急起时，后脚（异侧脚）用力蹬地，上体迅速前倾，手按拍球的后上方，快速启动，加速超越对手（图 11-1-11）。

四、持球突破

持球突破是持球队员利用脚步动作和运球技术快速超越对手的一项攻击性很强的进攻技术。

图 11-1-11

（一）原地持球交叉步突破技术

以左脚为中枢脚，从防守队员右侧突破。两脚左右开立，两膝微屈，持球于腹前，突破前，先做瞄篮或其他假动作。突破时，右脚内侧蹬地，并向左前方迈出一大步，上体左转，右肩向前下压，将球引至左侧，在左脚离地前，用左手推拍球于迈出脚的侧前方。同时，左脚用力蹬地，迅速超越对手（图11-1-12）。

图 11-1-12

（二）原地持球同侧步突破技术

以左脚为中枢脚，从防守队员左侧突破。准备姿势与原地持球交叉步突破相同。突破时，左脚内侧蹬地，右脚迅速向防守队员左侧跨出，上体稍右转，同时探肩，重心前移。在左脚离地前，用右手推拍球于右脚的侧前方。同时，左脚用力蹬地，加速超越对手。

（三）跳步急停持球突破技术

跳步持球前，应根据自己与防守队员的位置、同伴的传球方向，调整好准备姿势，向前或向侧面跳步急停。接球时，要向来球方向伸臂迎球。同时，用一只脚蹬地，向前或向侧跃出，在空中接球（一般使用移动方向异侧脚），然后两脚前后或平行落地，两腿微屈，重心落在前脚掌上。根据防守队员情况，用交叉步或同侧步超越。

五、抢篮板球

在篮球比赛中，抢篮板球是获得控球权的重要手段之一。一个球队对抢篮板球技术的掌握程度对比赛中球队的主动与被动、胜利与失败有着很重要的影响。抢篮板球的要点：当对方或同伴投篮时，必须想到可能不中，要积极地抢篮板球；防守时抢篮板球，必须把对手挡在外面。

挡人方法有以下两种。

（1）前转身挡人。当对手与你的距离稍远、动作很快时，用前转身挡人，前转身比后转身快，但占据面积小。

（2）后转身挡人（图11-1-13）。对方离身体较近，为抢占较大面积，多用后转身挡人。后转身挡人应注意：①必须贴紧对方，最好用臀部、腰部顶住对方；②挡住人以后，稍停1秒，再冲到篮下去抢篮板球，因为中距离投篮时，一般球在空中运行一两秒；③要冲到篮下抢占投篮方向的对面，因为球碰到篮圈后，有70%的概率反弹后落在对面。到篮下立即屈臂，两臂要张开，占据较大空间，腿和腰及全身要用力起跳。要求技术动作力量强，起跳迅速，即使被对方冲撞也不能失去平衡，仍然能跳起来。抢前场篮板球时，只要能挤进一条腿、一只手臂，就要跳起来拼抢。只要手指触到球，就要用力抓紧、下拉，以便控制住球。在空中要转身观察同伴的接应情况，并抓住球，保护好球，将球举到头上，不要拿在胸前。落地同时要向边线一侧后转身，同时观察接应同伴所处位置，以最快的速度进行一传。一传出手后，借后转身的动作把和自己争抢篮板球的对手挡在后面，立即启动快跑，跟进参加快攻。

图 11-1-13

第二节　篮球基本战术

一、基本进攻配合

进攻配合是指两三个人之间有目的、有组织地协同作战的配合方法。它是运动员在场上制造、捕捉不同战机，相互协同、相互配合制造机会以达到进攻的目的。

（一）传切配合

传切配合是指进攻队员间利用传球和切入技术所组成的配合方法，主要包括一传一切和空切两种方式。

【练习方法及操作】学生分两组。A组④传球给B组⑤后做向左切入的假动作，然后变向从右侧切入，⑤接球后回传给⑥，并做向底线下切入的假动作，然后变向从内侧横切。④切入后至B组的队尾，⑤至A组的队尾，依次进行练习（图11-2-1）。

（二）突分配合

进攻者持球突破或运球突破对手后，遇到对方补防或"关门"时，及时将球传给空隙地带的同伴。这种在突破中区别情况及时传球给无人防守的同伴的配合叫突分配合。突分配合的要点是同伴之间要有良好的配合默契，突破者在突破过程中要注意观察攻守队员的位置变化，既要做好投篮准备，又能在遇到对方补防时巧妙地分球给同伴投篮。

【练习方法及操作】学生分两组。开始时A组④持球突破，在突破中跳起分球传向两侧移动的B组⑦，⑦在接球后示意投篮动作，然后传球给⑤，⑤接球后切入底线或向内侧突破，跳起传球给接应的⑧。④到 B 组的队尾，⑦到 A 组的队尾。练习一定次数后，改换从左边突破分球练习（图 11-2-2）。

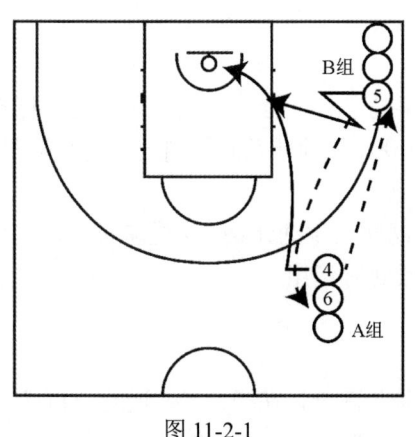

图 11-2-1

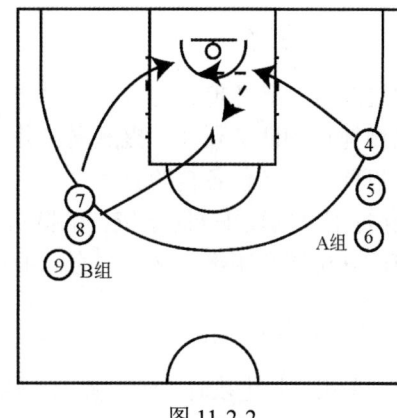

图 11-2-2

（三）掩护配合

掩护配合是指进攻者以合理的行动，用身体挡住同伴防守者，为同伴摆脱防守，创造接球和投篮机会的一种配合方法。

【练习方法及操作】学生分两组，教师站在④身前做防守，⑥跑到教师侧后方给④做掩护，④先做向左跨步切入假动作，待⑥做好掩护后，及时向另一侧切入，⑥适时地后转身跟进。然后二人互换位置，轮流进行练习（图 11-2-3）。

二、基本防守配合

基本防守配合是指防守队员之间为了破坏对手的进攻配合，或当同伴出现防守困难时，及时相互协作和帮助的行动方法，主要有关门配合、穿过配合、挤过配合、交换防守配合等。

（一）关门配合

"关门"是 2 名防守队员靠拢协同防守突破的配合方法。如图 11-2-4 所示，当⑤从正面突破时，❹、❺或❻、❺进行关门配合。

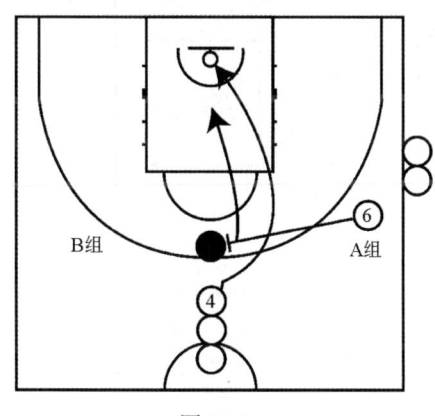

图 11-2-3

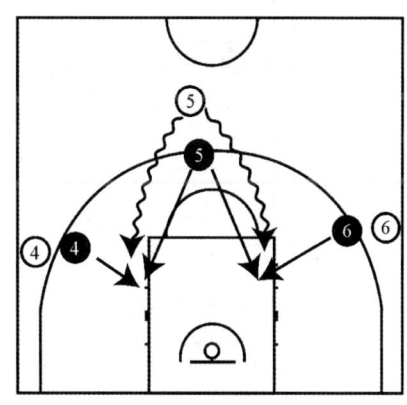

图 11-2-4

【关门配合的要求】防守队员应积极堵截进攻者的突破路线，邻近突破一侧的防守队员要及时向同伴靠拢进行"关门"，不给突破者留有通过的空隙。关门配合也常运用于区域联防。

（二）穿过配合

穿过配合是破坏掩护配合、及时防住自己对手的一种配合。当进攻队员进行掩护时，防守去做掩护的队员要及时提醒同伴并主动后撤一步，让同伴及时从自己和掩护队员之间穿过，以便继续防住各自的对手。

【穿过配合的要求】防守掩护的队员及时提醒同伴并主动让路，穿过队员要迅速穿过，并调整防守位置和距离。穿过配合一般在无投篮威胁时运用。

（三）挤过配合

对方采用掩护进攻时，防守者为了破坏对方的掩护配合，在掩护者邻近的一刹那，被掩护的防守者主动靠近自己的对手，并从两个进攻者之间侧身挤过去，继续防住自己的对手。

（四）交换防守配合

交换防守配合是指破坏对手掩护时，防守队员之间及时地互换防守队员的一种配合方法。
【穿过、挤过、交换防守配合练习方法】3 对 3 徒手练习。根据教师要求练习穿过、挤过和交换防守配合。

第三节　篮球比赛场地及规则简介

一、比赛场地

篮球比赛场地为长 28 米、宽 15 米的长方形。罚球线距端线为 5.80 米，长度为 3.60 米，中圈半径为 1.80 米，篮筐离地高度为 3.05 米，篮板宽为 1.80 米，高为 1.05 米（图 11-3-1）。

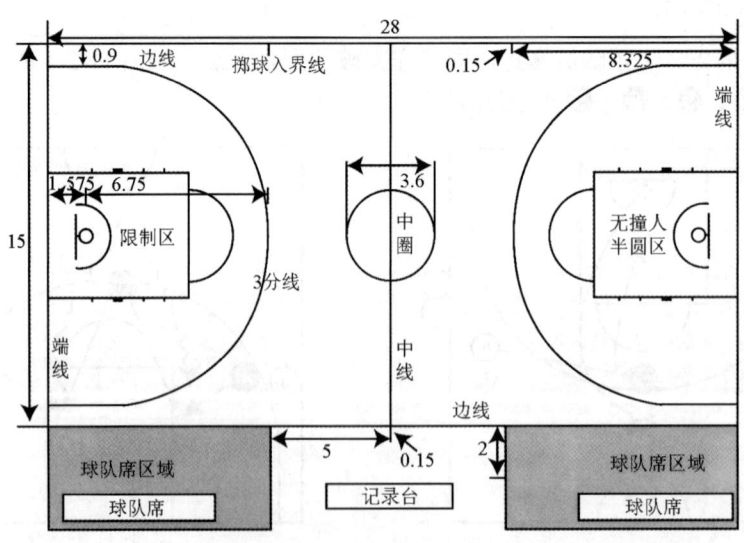

图 11-3-1（单位：米）

二、主要规则简介

（一）违例

在比赛过程中出现带球走、两次运球、队员持球出界或持球踩到边线和端线、本方触球出界、球回后场，干涉得分和对球干扰以及 3 秒、5 秒、8 秒、24 秒违例时均判对方在违例地点附近的边线或底线发界外球。

（二）犯规

1. 侵人犯规

在比赛中与对方队员发生非法接触为侵人犯规。

【判罚】①对没有做投篮动作的对方队员犯规，则由对方在靠近犯规地点掷界外球继续比赛。②对正在做投篮动作的对方队员犯规，如果对方投篮成功应计得分并判给 1 次罚球。对方在 2 分区域投篮不成功，判给 2 次罚球，在 3 分区域投篮不成功，判给 3 次罚球。

2. 双方犯规

两名互为对方队的队员大约同时相互发生犯规为双方犯规。

【判罚】给双方犯规队队员各登记 1 次"侵人犯规"。如果进攻队正在投篮，投篮成功计得分，将球判给得分队，得分队从端线发球；如果一方已控制球，应将球判给该队距犯规最近地点的界线外掷界外球；如果任何一方均未控制球，交替发球。

3. 进攻队员犯规

进攻队员为了获得利益而造成对早已抢占有利防守位置的防守队员的冲撞和侵人犯规为进攻犯规。

【判罚】记录犯规 1 次，由守方在就近边线外发界外球。

4. 违反体育道德的犯规（即故意犯规）

队员蓄意地对持球或不持球的对方队员造成侵人犯规为违反体育道德的犯规。

【判罚】①对犯规的队员登记 1 次违反体育道德的犯规，并判给对方罚球，以及随后在中场的球权。②判罚次数：如果对没有做投篮动作的队员发生犯规，判罚给 2 次罚球；如果对做投篮动作的队员发生犯规，投中计得分，再加 1 次罚球；如果投篮不中，判给 2 次或 3 次罚球（视进攻者试图投篮区域而定）。

5. 技术犯规

场上队员、场外人员和教练员违反规则不服从裁判员，影响比赛顺利进行的犯规是技术犯规。

【判罚】视情节轻重，对场上队员犯规判罚为提醒或警告；登记 1 次"技术犯规"，并判给对方 1 次罚球，再由对方从中场边线外发界外球，如果是教练员、助理教练员、场外队员或随队其他人员犯规，则提出警告，登记教练员 1 次"技术犯规"，判给对方队 1 次罚球和中场边线外发界外球。

第十二章 排球运动

本章导读

1895年,排球运动起源于美国,由美国马萨诸塞州霍利奥克市基督教男子青年会体育干事威廉·摩根首创。摩根将球网挂在篮球场中间,用篮球内胆隔网(网高1.98米)来回拍打,使其在空中飞来飞去。这项新的运动开始叫Mintonette(小网子之意),1896年春田市霍尔斯泰德教授建议把原名改为排球,这是排球运动的雏形。

排球是中国开展得较为广泛的运动项目之一,具有较强的娱乐性、健身性和观赏性。人们参加排球运动不仅能提高力量、速度、灵活、耐力、弹跳、反应等身体素质和运动能力,改善身体各器官、系统的机能状态,还能培养机智、果断、沉着、冷静的心理素质。同时,排球运动需要同伴间的协调配合,对于培养良好的团结协作和集体主义精神具有积极作用。通过排球比赛和训练,可以培养团结战斗的集体主义精神;可以培养胜不骄、败不馁,勇猛顽强,克服困难,坚持到底等良好作风。

第一节 排球基本技术

排球技术分为无球技术和有球技术两大类。其中,准备姿势、各种移动步法和起跳等技术称为无球技术;发球、传球、垫球、扣球和拦网称为有球技术。

一、准备姿势和移动

准备姿势和移动是排球基本技术之一,属于无球技术,是完成发球、传球、垫球、扣球和拦网等各项有球技术的前提和基础,并对各项有球技术的运用起串联和纽带作用。准备姿势和移动是相辅相成的,准备姿势主要是为了移动,而要快速移动,又必须做好准备姿势。

(一)准备姿势

准备姿势根据身体重心的高低可分为稍蹲准备姿势、半蹲准备姿势和低蹲准备姿势三种。在此着重介绍半蹲准备姿势。

半蹲准备姿势:两脚左右开立,稍比肩宽,一脚稍前,两脚尖稍内收,脚跟稍提起,膝关节保持一定的弯曲,其投影在脚尖前面,上体前倾,重心靠前。两臂放松,自然弯曲,双手置于腹前。全身肌肉放松,两眼注视来球,两腿始终保持微动(图12-1-1)。

图 12-1-1

（二）移动

在排球比赛中，多采用两三步短距离的移动，其包括并步、滑步、交叉步、跨步等。

1. 并步与滑步

当球距身体一步左右时采用并步移动。移动时，若向前，则前脚向来球方向跨出一步，后脚蹬地跟上（图 12-1-2）。当来球稍远，并步不能接近球时，可用快速的连续并步，即为滑步。

图 12-1-2

2. 交叉步

当来球在体侧 3 米左右时，可采用交叉步移动。当采用向右侧交叉步时，上体稍右倾，左脚从右脚前面交叉迈出一步，然后右脚向右跨出一步，同时身体转向来球方向，保持击球前的姿势（图 12-1-3）。

图 12-1-3

3. 跨步

当来球较低时，常运用跨步迎球。跨步可以向前、向侧前或侧方跨出（图 12-1-4）。

图 12-1-4

二、发球

发球是后排右边队员在发球区由自己抛球,用一只手将球从球网上空两标志杆内击入对方场区的一种击球方法,击球的瞬间即完成发球。发球时可运用正面、侧面、上手、下手、助跑或起跳发球。击球手法可用全手掌、掌根、半掌根、半握拳、虎口和腕部。

(一)下手发球

下手发球动作简单易学,失误较少,方向较准确,但球飞行速度慢,力量小,攻击性小(图 12-1-5)。

图 12-1-5

【动作方法】以右手击球为例,发球前,侧对球网,两脚前后开立,左脚在前,两膝微屈,上体稍前倾,重心偏后脚。左手持球置于腹前,右臂自然下垂,两眼注视球。发球时,左手将球轻轻抛起在体前右侧,离手高约 20 厘米;抛球前,右臂伸直,以肩为轴由后向前摆动,借右脚蹬地力量,身体重心随着右手向前摆动击球移至前脚上,在腹前以虎口、掌根或手掌击球的后下部。触球时,手指手腕紧张,随着击球动作,重心前移,迅速进场比赛。正面下手发球时,将球抛在右肩前下方,右臂伸直,以肩为轴,由后向前摆动击球。

(二)正面上手发球

正面上手发球准确性大,容易控制球的力量和落点,对对方有很强的攻击性和威胁性(图 12-1-6)。

图 12-1-6

【动作方法】正对球网,两脚自然开立,左脚在前,左手托球于身前,用抬臂和手掌的平托上送,稳稳地将球垂直向自己右肩前上方抛起,高度要适中。抛球的同时,右臂抬起,并屈肘后引,肘与肩平,上体稍右转,利用蹬地、转体、收腹带动手臂迅速而有力地向前上方挥动,在右肩前上方伸直手臂至最高点,用手掌击球的后中下部。击球时,手指自然张开吻合球。正面上手发球时,可利用不同的击球手法和击球的不同部位,使其产生不同的旋转。

(三)正面上手大力跳发球

正面上手大力跳发球攻击性强,直接得分和破坏对方一传的概率比较大,难度较高,在国际大赛上这种发球已经占领了主流,世界强队几乎都是采用此种发球方法。

【动作方法】正对球网,把球向斜上方抛高(尽量把球抛在固定的高度与位置上以利于发挥最大的攻击效果),利用已经熟练掌握的技术上步、起跳、腾空、展腹、展臂、看准球的最高点、收腹、挥臂、全手掌包满球、屈膝、缓冲落地即完成整套动作。

三、传球

传球是在额前上方用双手(或单手)借助伸臂、蹬腿的动作,通过手指、手腕的弹击力量将球传至一定目标的击球动作。

双手传球的技术动作通常分为正传、背传和侧传三类,可以在原地传或跳传。

(一)正传

【准备姿势】正对来球,两脚开立,两膝稍屈,上体挺起稍前倾,两眼注视来球,两臂屈肘抬起,两手成传球手型。

【击球】传球时利用蹬地、伸膝和伸臂的动作,通过球压在手指上的反弹力,以拇指、食指、中指和手腕的协调力量将球传出,用力一定要协调一致。当传球距离近时,用手指、手腕的弹力较多,当传球距离较远时,必须要加强蹬地展体的力量,才能控制好球(图 12-1-7)。

图 12-1-7

【手型】两手自然张开微屈,成半球形,手腕后仰,小指在前,拇指相对成"八"形置于额前(图 12-1-8)。

(二)背传

背传是传球的基本方法之一,也是难度较大的一种传球方法。传球时,上体保持正直或稍后仰,击球点比正面传球要高。迎球时,微仰头挺胸,下肢蹬地

图 12-1-8

的同时，上体向后上方伸展；击球时，手腕适当后仰，掌心向后上方击球的底部，利用抬臂、送肘的动作和手指、手腕主动将球向后上方传出（图 12-1-9）。无论是向前传还是向后传，都应该尽量保持一种姿势，从而提高传球的隐蔽性，为队友创造更好的扣球机会。

（三）侧传

侧传的准备姿势、手型与正传相同。迎球时，通过下肢蹬地使身体重心上升，但上体和手臂应向侧上方用力，触球下方，传球方向异侧手臂的动作幅度和用力的距离要大于同侧手臂。

图 12-1-9

侧传具有隐蔽性强的特点，可以传各种快球以增强进攻力量。

四、垫球

垫球是用双手前臂的前部击球，利用来球的反弹力将球击出的技术动作。垫球主要用来接发球、接扣球、接拦回球，有时也用来组织进攻。

（一）正面双手垫球

正面双手垫球技术按连贯动作的顺序一般可概括为"一插、二夹、三抬臂"。"插"，要求判断来球，快速移动到位，保持好球与人的关系，双手插入球下；"夹"，要求两臂夹紧，手腕下压，保持良好的手型，触球部位要正确（图 12-1-10），"抬"，要求抬臂时击球点要正确，根据来球的力量大小采用正确的用力方法，全身协调用力（图 12-1-11）。

图 12-1-10　　　　　　　　　　图 12-1-11

（二）侧面双手垫球

在身体两侧用双臂垫球的动作称为侧面垫球。来球飞向体侧，队员来不及移动对正球时，可用双臂在体侧垫球。

（三）背垫

从身前向背后垫球，称为背垫。

五、扣球

扣球在比赛中占有重要地位。其可利用助跑方法不同、手击球部位不同、挥臂路线和节奏不同、击球点高低不同、与二传配合时间不同等特点，扣出不同时间、空间、位置和角度的球。在此，主要介绍正面扣球。

正面扣球时，因为扣球者身体正对球网，便于观察，所以扣球准确性较高。扣球者可根据对方的防守布局，随时改变扣球路线和力量，有利于控制击球落点。

（一）准备姿势

站在离网 3 米左右处，两脚自然开立，两膝微屈，上体稍前倾，两臂自然下垂，观察二传来球，随时准备向各个方向助跑起跳。

（二）助跑

助跑的目的是获得一定的水平速度，增加弹跳高度，并且选择适当的起跳点。助跑的时机、方向、步法、速度、节奏是根据来球的方向、速度和弧线确定的。要全面熟练掌握一步、两步、三步及多步助跑的步法。

以两步助跑为例，助跑时，左脚先向前迈出一步，接着右脚迅速跨出一大步，左脚及时并上，落在右脚侧前方，两脚尖稍内收，准备起跳。

助跑的第一步要小，目的是对正上步的方向，使身体获得向前的水平速度；第二步要大，目的是接近球和提高助跑的速度，右脚落地使支撑点在身体重心之前，有利于制动。

（三）起跳

在助跑跨出最后一步的同时，两臂绕体侧向后引，左脚在落地制动的过程中，两臂自后积极向前摆动，随着双腿蹬地向上起跳，两臂配合起跳用力上摆。

（四）空中击球

起跳后，挺胸展腹，上体稍右转，右臂向后上方抬起，身体成反弓形。挥臂时，以迅速转体、收腹动作发力，带动肩、肘、腕各部位关节成鞭甩动作向前上方挥动。击球时，五指微张，并保持紧张，用全手掌包满球，以掌心为击球中心，击球的后中部，同时主动用力屈腕屈指向前推压球，使扣出的球加速上旋。击球点在起跳后手臂伸直至最高点的前上方。

（五）落地

空中完成击球动作后，身体自然下落，为了避免腿部负担过重，应采用双脚的前脚掌先着地，同时顺势屈膝，缓冲身体下落的力量（图 12-1-12）。

图 12-1-12

六、拦网

队员用腰部以上身体任何部位，在球网附近高于球网上沿，试图阻拦击过来的球，并触击球，称为拦网。拦网分为单人拦网、双人拦网和三人拦网。下面仅介绍单人拦网。

队员面对球网，两脚左右开立约与肩同宽，距网 30～40 厘米，两膝微屈，两臂在胸前自然屈肘。移动可采用并步、交叉步、跑步，向前或斜前移动。原地起跳后，重心降低，两膝弯曲，用力蹬地，使身体垂直跳起。如果是移动后起跳，制动时，双脚尖要转向网，同时利用手臂摆动帮助起跳。拦网时，两手从额前平行于球网向网上沿前上方伸出，两臂平行，两肩尽量上提，两臂尽力过网伸向对方上空，两手接近球，自然张开，手触球时两手要突然紧张，用力屈腕，主动盖帽捂住球（图 12-1-13）。

图 12-1-13

七、防守技术

防守技术包括倒地、前扑、滚翻和鱼跃等配合完成有球技术的技术动作。下面主要介绍滚翻动作和鱼跃动作。

（一）滚翻救球

当球离身体远而低时，可采取此动作。起球后的滚翻动作起到自我保护和快速衔接下一个动作的作用。

【低重心移动】准备接球时，向球的方向移动，前脚为重心，身体幅度由高到低迅速下降，伸前臂救球。

【击球】两腿用力蹬地向前用力，使身体向球的方向伸展，手臂直插球的底部，双手或者单手触球，把球向中场高高打起后，顺势侧身，背部、臀部、大腿外侧依次着地，然后顺势低头、收腹、团身，击球的手臂不动，向另一侧肩膀做后滚翻动作，利用向前的惯性使身体与地面柔和地接触，迅速起身做下一动作的准备（图12-1-14）。

图 12-1-14

（二）鱼跃救球

当球低而远时，可用控制范围大的鱼跃动作去救球。

【低姿移动】以半蹲准备姿势防守，当来球落点低而远时，上身前倾，向前做一到两步助跑，前脚掌用力蹬地，使身体向远处腾空跃出。

【击球】手臂向前伸展，以单手虎口或手背从下向上击球的后下部。击球后双手在体前着地支撑。两肘缓慢弯曲，以缓冲身体下落力量，同时抬头、挺胸、展腹，向后自然屈腿，身体成反弓形，胸、腹、大腿依次着地产生滑行（图12-1-15）。

图 12-1-15

第二节　排球基本战术

一、阵容配备

排球阵容配备是排球战术运用的基础，阵容配备应最大限度地符合本方队员的特点，使队员根据自身特点合理搭配，同时要考虑对手的情况。

（一）"四二"配备

"四二"配备是2个二传手，4个进攻队员。4个进攻队员为2个主攻队员，2个副攻队员。"四二"配备在中等水平球队采用较多，2个二传手前后排始终保持1个，便于接应传球。

（二）"五一"配备

"五一"配备是1个二传手，5个进攻队员。5个进攻队员为2个主攻队员，2个副攻队员，还有1个二传对角位置的接应二传队员。目前由于比赛中引入了自由人，"五一"配备更加灵活。这种战术配备对二传手要求较高，一般在中高水平的球队运用较多。

（三）"三三"配备

"三三"配备是由3名传球队员和3名进攻队员间隔站立，使每一轮都有传有扣。这种配备是初学者采用的战术配备。

二、排球进攻战术

（一）"中一二"进攻

"中一二"进攻是前排3个人中一人在3号位做二传，将球传给2号位、4号位的进攻形势。二传在2号位、4号位时，在球发出后可以置换到3号位，这种情况称为"边一二"换"中一二"，反"边一二"换"中一二"。这种进攻简单，便于组织。

（二）"边一二"进攻

"边一二"进攻是前排3个人中一人在2号位做二传，将球传给3号位、4号位进攻，二传在3号位、4号位时，在发球后换到2号位的进攻形势。这种方式对右手扣球比较顺手，而左手扣球比较别扭。但是一传如果传偏到4号位，则很难接应。

三、排球防守战术

（一）接发球的站位阵型

接发球的阵型，既要利于接球，也要利于本方进攻战术，同时要注意对方发球特点来布阵。

1. 5人接发球

除1名二传在网前站立或后排插上外，其余5名队员均担负起一传任务，通常为一三一或三三站位。这种方式便于队员分布,但二传插上距离较远或者进攻变化较少。

2. 4人接发球

二传和上快球队员站在网前不接发球,后场4人一字或弧线站立。这种方式便于二传传球和进攻跑动,但容易造成空当,对接发球判断和移动要求高。一般用来针对发球较差对手采用。

(二)防守阵型

1. 不拦网的防守阵型

在没有拦网必要时,二传在网前,既可接网前球,又可以组织进攻,前排队员后撤,准备防守和进攻。

2. 单人拦网防守阵型

该阵型用于对方进攻力量较弱、扣球以中线为主、吊球较多的情况。单人拦网应以中线为主,阻止球吊入中场,前排不拦网队员后撤防前区。

3. 接拦回球的保护阵型

拦回球的保护,一般应掌握在后排留一个人准备接反弹较远的球,其他队员尽量多参加前排保护。在只有一点进攻时,应采用4人保护。在有战术变化时,进攻队员跑动或跳起后,若未扣球应争取保护,但二传和后排队员应尽量组成2~3人的保护阵型。

第三节 排球比赛场地及规则简介

一、比赛场地

排球比赛场地如图12-3-1所示。

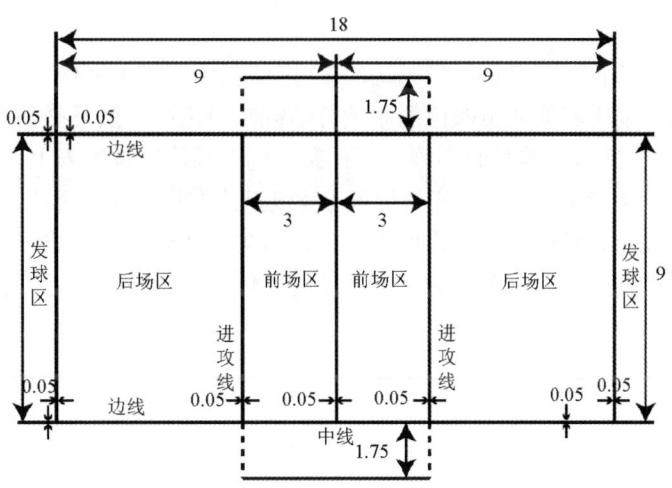

图12-3-1(单位:米)

(1)排球比赛场地呈长方形,长18米,宽9米,正中有一条中线把场地分为相等的两个场区。所有的线均宽5厘米,两侧的线称边线,两边的线称端线。场上空7米以内

（奥运会和国际重大比赛要高达 12.50 米）和四周至少 2 米（奥运会和国际重大比赛端线后要有 8 米，边线外要有 5 米）内不得有障碍物。

（2）在场地中线上空，架有球网。网宽 1 米，长 9.50 米，张挂在场外两根圆柱上。女子网高 2.24 米，男子网高 2.43 米。球网两端垂直于边线和中线的交界线各有 5 厘米宽的标志带，在其外侧各连接一根长 1.80 米的标志杆。

（3）排球外壳用柔软的熟皮或人造革制成，内装橡皮胆，圆周为 65~70 厘米，质量为 260~280 克，气压为 0.40~0.45 千克/厘米^2。

二、主要规则简介

（1）排球比赛开始，每队上场 6 人，站两排（每排 3 人）。从左到右，前排为 4 号位、3 号位、2 号位，后排为 5 号位、6 号位、1 号位。每次均由轮转到 1 号位的队员发球。在发球击球时，双方队员都必须按规定位置站好，前后排和左右侧都不能站错，否则将被判失发球权或对方得 1 分（球发出后其位置不受此限制）。由一队后排右边的队员在发球区内发球，然后每队可接触球 3 次（接网触球不计算在内）。如果球落地、触墙、触天花板、触其他任何物体或某一队员犯规，则成死球，造成死球的一方失球。

（2）新规则采用每球得分制，即任何一队只要赢球就得分。每队赢 25 分并同时超过对方 2 分时才胜一局。正式比赛采用五局三胜制。前四局打成 2∶2 平局时，第五局为决胜局。决胜局比赛是 15 分制，任一队赢 15 分并同时超过对方 2 分时才胜这局。不论是哪一队发球，胜一球即得 1 分，一队先得 8 分后，两队交换场区，按原位置顺序，继续比赛到结束。

（3）每队在一局比赛中，可要求两次暂停。除决胜局外，在其他各局中，每当领先队达到 8 分和 16 分时自动执行技术暂停。

（4）队员站在发球区里，在裁判员鸣哨后 8 秒钟内将球击出，球必须抛出并明显离手。如触及发球队场上队员、球网、标志杆、其他障碍物或从网区以外越过，或发球不过网均为发球失误。

（5）排球比赛的各队可以在最后确认的 12 名队员中选择 1 名作为自由防守队员。自由防守队员身着区别于其他队员颜色的服装。比赛前，自由防守队员必须登记在记分表上，并在旁边注明"L"字样，其号码必须登记在第一局上场阵容位置表上。自由防守队员仅作为特殊的后排队员参加比赛，在任何位置上（包括比赛场区和无障碍区）都不得将高于球网的球直接击入对方场区完成进攻性击球。自由防守队员不得发球、拦网或试图拦网。自由防守队员在前场区进行上手传球且所传球的整体高于球网上沿时，其同伴不得在高于球网处完成对该球的进攻性击球。

第十三章　乒乓球运动

本章导读

乒乓球运动起源于英国。19世纪末，两个英国网球爱好者，有一次在室外进行网球活动，但由于场地和气候的限制两名年轻人只好将网球移到室内。两人把桌子拼了起来，中间用几块砖头隔开，之后就用网球拍打了起来，从而开创了乒乓球运动。最早乒乓球叫"Table Tennis"，译成中文是"桌上网球"。1900年，出现了塑料制的球，由于拍与球撞击发出"乒"而落台时发出"乓"的声音，又称"乒乓球"。

乒乓球运动的特点是球小、速度快、变化多、设备简易。另外，它不受年龄、性别、身体条件的限制，所以能广泛地开展。在我国，乒乓球运动开展得较好。它运动量适中，且具有较强的娱乐性、竞争性，经常参加比赛还有利于促进人际间的交流与合作，可以有效地调节紧张的情绪，缓解工作、学习所带来的精神压力，是广大群众尤其是青少年喜爱的体育运动项目。经常参加乒乓球运动可以加强人的灵敏性和协调性，提高动作速度和上下肢的活动能力，改善心血管系统的机能，增强体质，还有助于培养勇敢顽强、机智果断、沉着冷静、敢于拼搏等优良品质。

第一节　乒乓球基本技术

一、握拍法

握拍法即单手持球拍的方法。世界上流行直式和横式两种握拍法，两种握拍法各有千秋，实践时应因人而异，扬长避短。下面以右手为例讲解。

（一）直式握拍法

正面拇指第一指节和食指第二指节握拍，拍柄压住虎口（两指间距离适中），背面中指、无名指和小指自然弯曲，斜形重叠，中指第一指节顶住球拍的后上部，使球拍保持平稳（图13-1-1）。

（二）横式握拍法

中指、无名指和小指自然地握住拍柄，拇指在球拍正面轻贴在中指的旁边，食指自然伸直斜放于球拍的背面，虎口轻微贴拍，击球时拇指和食指帮助手腕调节拍形和加力挥拍动作。正手攻球时食指向上移动，反手攻球时拇指向球拍中部移动，帮助手腕下压，加大击球力量（图13-1-2）。

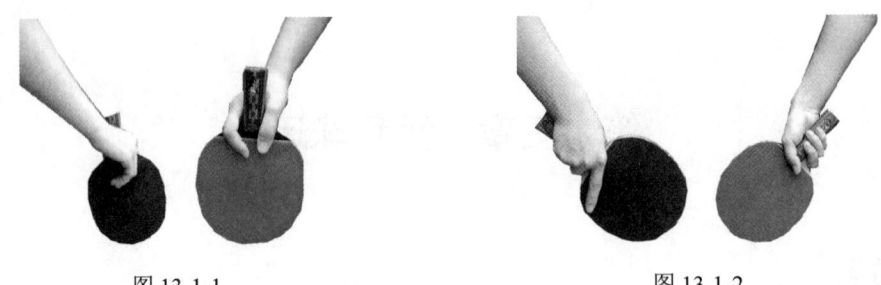

图 13-1-1　　　　　　　　　　　图 13-1-2

二、准备姿势

两脚开立，约与肩宽，两膝微屈稍内扣，以前脚掌内侧着地，身体重心在两脚中间，上体微前倾。下颌微收，两眼注视来球，持拍手臂自然弯曲，手腕放松，球拍自然后仰，置于腹前，左手自然弯曲抬起，高于台面。

准备姿势的重点、难点是两脚前脚掌内侧着地，屈膝提踵放松微动。

三、发球技术

发球是乒乓球比赛中唯一不受对方来球限制的技术，它可以让使用者最大限度地实现自己的战术意图，具有较强的主动性。因此，发球技术成了乒乓球竞赛中创造得分机会的主要技术。

（一）正手平击发球（图 13-1-3）

身体离球台约 40 厘米，两脚开立，略宽于肩，左脚稍前。左手将球向上抛起，身体稍右转，同时右臂内旋，使拍面稍前倾，向右后方引拍。当球从高点下降至稍高于球网时，击球中上部向左前下方挥动，以向前发力为主。击球后迅速还原。

图 13-1-3

（二）反手平击发球（图 13-1-4）

身体离球台约 40 厘米，两脚开立，略宽于肩，右脚稍前。左手将球向上抛起，身体稍左转，同时右臂外旋，使拍面稍前倾，向左后方引拍。当球从高点下降至稍高于球网时，击球中上部向右前下方挥动，以向前发力为主。击球后迅速还原。

图 13-1-4

(三)正手发下旋转与不转球(图 13-1-5)

身体靠近球台,左脚稍前,左手掌心托球置于身体右前方。左手将球抛起的同时,腰向右后转,右臂向后上方引拍,拍面后仰,直握拍手腕伸展,横握拍手腕略向外展。当球从高点下降至稍高于或与球网同高时,以腰带动前臂加速向左前下方挥动,同时手腕屈曲并内收,以球拍远端(拍头)触球,击球中下部向底部摩擦。不转发球与下旋加转发球的区别在于:手臂外旋幅度小,减少拍面后仰角度,以球拍中后部偏右的地方触球,击球中部或中下部,减少向下摩擦球的力量,近似将球向前推出,使击球的作用力接近球心,从而形成不转球。球发出后,挥拍动作尽可能停住,以利于还原。

图 13-1-5

(四)反手发下旋转与不转球(图 13-1-6)

身体靠近球台,右脚稍前,左手掌心托球置于身体左前方。左手将球抛起的同时,腰向左后转,右臂向左后上方引拍,拍面后仰,直握拍手腕屈曲,横握拍手腕略向外展。当球从

图 13-1-6

高点下降至稍高于或与球网同高时，以腰带动前臂加速向右前下方挥动，同时直握拍手腕作伸，横握拍手腕内收，以球拍远端（拍头）触球，击球中下部向底部摩擦。反手发下旋转与不转球的区别与正手发下旋转与不转球的动作区别类似。控制动作幅度，快速还原。

四、攻球技术

攻球技术是乒乓球技术中最重要的得分技术之一。它在击球方式上以撞击为主，因此具有击球速度快、动作小、进攻性强的特点。

（一）正手攻球技术

1. 正手快攻（图 13-1-7）

左脚稍前，身体离台约 40 厘米。手臂自然弯曲并做内旋使拍面稍前倾，重心移向右脚，前臂横摆引至身体右侧后方。右脚稍用力蹬地，髋关节略向前转动，腰向左转，上臂带动前臂快速向左前方挥动迎球，在上升期（或高点期）击球的中上部，触球瞬间前臂迅速收缩，以向前打为主，略带有摩擦，手腕辅助发力，身体重心由右脚移至左脚。注意击球后迅速还原。

图 13-1-7

2. 正手扣杀（图 13-1-8）

左脚稍前，站位远近视来球长短而定。手臂自然弯曲并内旋使拍面稍前倾，球拍呈半横状，随着腰、髋的转动，手臂向后引拍至身体右后方，适当加大引拍距离。借腰、

图 13-1-8

髋的左转及腿的蹬力，带动手臂向前迎球。当来球跳至高点期（位置合适可在上升期），上臂带动前臂同时加速向左前下方发力，拍面前倾击球中上部。以撞击为主，略带有摩擦（近网除外），击球后重心由右脚移至左脚。扣杀后，立即还原，准备连续扣杀。

（二）反手攻球技术（图 13-1-9）

离球台 40～50 厘米，右脚稍前。身体略左转，使腰部扭紧，右肩略下沉，前臂后引球拍至身体左侧，略高于来球。用腰、髋的突然转动，带动前臂向右前方用力。上臂贴近躯干，肘部内收，在球的上升期或高点期击球中上部。手腕和食指压拍，中指在拍后，选定用力方向后将球击出。击球后迅速还原。

图 13-1-9

五、推挡技术

推挡是我国直拍快攻打法的基本技术之一，特别是在左推右攻打法中占有极其重要的地位。推挡球可分为平挡、快推、加力推、减力挡、推下旋、推侧旋等。下面主要介绍平挡和快推。

（一）平挡（图 13-1-10）

上臂自然贴近身体，拍面稍前倾，将球拍引至身体前方，上升期时触球的中部或中上部。击球瞬间只以前臂和手腕轻轻用力向前上推出，主要借助来球的反弹力将球挡回（回击弧圈球时，球拍须高于来球，在球的上升后期击球）。

图 13-1-10

（二）快推（图 13-1-11）

上臂和肘内收自然靠近身体右侧，以肩为轴，将球拍引至身体前方。当来球跳至上升期时，前臂和手腕迅速向前略向上推出。拍面稍前倾击球中上部。以前臂和手腕发力为主，并适当借力。

图 13-1-11

六、搓球技术

搓球是近台还击下旋球的一种基本技术，可用它为拉弧圈球创造条件。将搓球技术与攻球技术结合起来可以形成搓攻技术。搓球在接发球时可以有效地过渡，为自己下一板创造进攻机会。

（一）慢搓

1. 反手慢搓（图 13-1-12）

右脚在前或两脚平行站立，身体离台 40~50 厘米。手臂外旋使拍面角度后仰，前臂向左上方引拍至胸前，横握拍手腕适当外展，直握拍手腕作屈，拍头指向斜上方。当来球跳至下降前期时，前臂带动手腕加速向右前下方用力摩擦球。拍面后仰击球中下偏外侧的部位。击球后，前臂顺势前送，并注意还原。

图 13-1-12

2. 正手慢搓

正手慢搓与反手慢搓动作相同，但方向相反。

（二）快搓

1. 反手快搓（图 13-1-13）

两脚平行或右脚稍前，身体靠近球台。肘部自然靠近身体，后引动作较小，拍面稍后仰。当来球跳至上升期时，利用上臂前送的力量，前臂和手腕配合，借力结合发力，触球中下部并向前下方用力摩擦。尽快还原，准备下一板球。

图 13-1-13

2. 正手快搓

正手快搓与反手快搓动作相同，但方向相反。

七、弧圈球技术

弧圈球技术是现代乒乓球中最主流的进攻技术，其优势是将球的速度和旋转有效地结合起来。

（一）正手弧圈球

判断来球情况，确定拉球时间和拉球部位。两脚开立，左脚稍前，收腹、含胸、屈膝，使身体重心降低，重心落在两脚之间。腰、髋向右转动，重心置于右脚前脚掌，右肩略下沉，左肩自然转向来球方向，右腿屈膝程度加大，前臂自然下垂，通过转腰带动上臂、前臂经腹前向右侧下方移动，将球拍引至身体右侧腰部下方稍后处。手臂自然放松，肘关节夹角保持在 150°～170°。右脚蹬地，髋关节适当前转，腰部带动上臂向左转动，前臂向左前上方挥动击球。通常击球的中部或中上部（如果增加侧旋可击球略偏右并带侧向摩擦），前臂和手腕即将触球时迅速内收，手指在触球瞬间抓紧球拍。来球下旋强烈或击球点较低时，多向上摩擦；反之，在保证必要弧线的前提下，可增加撞击的力量以增强球的前冲力。击球后，手臂继续顺势挥动，身体重心移到左脚后，迅速还原。

（二）反手弧圈球

动作原理与正手弧圈球类似。除左右方向相反外，还需注意几点：①近台反手拉球时，站位基本上以左脚在前为主；中远台拉球时，站位多以两脚平行或右脚稍前为主。②反手拉球时，在引拍阶段肘部要稍微离开身体，放在身体外侧，以确保球拍在身体前有一定的击球空间。③近台拉球时，引拍动作不宜过大。

第二节 乒乓球基本战术

一、发球抢攻战术

发球抢攻是快攻型乒乓球运动员的重要战术之一。发球抢攻的战术意识首先是尽量争取发球直接得分；其次是迫使对方回球质量不高，从而赢得有利的进攻机会；最后才是迫使对方接发球不具备杀伤力，从而利于自己进行抢攻。

运用发球抢攻时的注意事项如下。

（1）注意发球与抢攻的配合。发球时，应明确对方可能会怎样接球、接到什么位置、自己怎样抢攻等。

（2）注意提高发球的质量。将旋转、速度和落点的变化结合起来，同时要特别强调发球技术的创新，为抢攻创造更多的机会。

（3）注意发球抢攻与其他战术的配合。

（4）抢攻时要大胆果断。不论对方用何种技术接发球，自己都应做好抢攻准备。抢攻的技术好，可以增加发球的威力，因为对方在接发球时顾虑多，就容易出现失误。

（5）发球要与运动员本身的特点、特长相适应，才能达到应有的效果。

二、接发球战术

接发球战术是由某一单项攻（冲）球技术所形成的。若进攻性强，可变接发球的被动地位为主动地位，也可直接得分。接发球战术是乒乓球运动各种打法，特别是进攻型打法的主要战术。

常用的接发球战术主要有以下几种。

（1）用快拨、快推和拉球回击，争取形成对攻的相持局面。

（2）用快搓摆短回接，使对方难以发力抢攻或抢拉。

（3）对各种侧旋、上旋或不强烈的下旋短球，可用"快点"技术回接。

（4）接发球抢攻或抢拉。

以上4种接发球战术，在比赛中可视场上具体情况结合起来灵活运用。采用多种回接方法，给对方制造回球困难，使其无法适应，从而破坏其发球抢攻或抢拉的战术意图。

接发球时的注意事项如下。

（1）接发球抢攻（抢冲）一般不可过凶，否则容易失误，要判断好来球的旋转强度、高度和旋转方向，采用适当的方法进攻。例如，对方发侧上旋球，抢攻（抢冲）时应用推压手法，以免攻球下网，只有当来球稍高时，才可大力抢攻。再如，对方发加转下旋球，接发球抢攻时应采用提拉手法，以免下网，同时，攻球的力量不可过大。

（2）接发球抢攻（抢冲）动作结束后，要立即做好对攻（对冲）或连续攻（冲）的准备，以便保持主动地位。

（3）接发球抢攻、抢冲的力量越小，越应注意球的线路和落点，一般应多打在对方的薄弱面，反手弱则多打反手，反手强则多打正手。

三、搓攻战术

搓攻战术是进攻型选手的一项辅助战术,主要是利用搓球的旋转和落点变化为进攻创造机会。

常用的搓攻战术有如下几种。

(1) 注意搓球落点变化,伺机进行突击。

(2) 搓球转与不转相结合,变化落点伺机突击。

(3) 搓拉与落点变化相结合,伺机突击。

四、对攻战术

对攻是进攻型打法选手互相对垒时常采用的一项重要战术。快攻类打法主要依靠正手攻球、反手攻球、反手推挡或快拨技术,充分发挥快速多变的特点,以达到调动对方、有效攻击的目的。弧圈类打法主要依靠正反手两面弧圈球技术,充分发挥旋转的威力,以达到牵制对方、增加攻击效力的目的。常用的对攻战术有攻对方两角、对角线攻击、侧身攻、攻追身、轻与重的结合攻、攻防结合等。

第三节　乒乓球比赛器材、场地及规则简介

一、器材与场地

(1) 球台:长 2.74 米,宽 1.525 米,高 76 厘米。

(2) 球网:包括球网、悬网绳、网柱和夹钳部分,球网高 15.25 厘米。

(3) 球:直径为 40 毫米,质量为 2.7 克,颜色为白色或橙色,无光泽。

(4) 球拍:大小、形状和重量不限,但底板应由 85%的天然木料制成。球拍两面无论是否有覆盖物,必须无光泽,且一面为鲜红色,另一面为黑色。用来击球的拍面应用一层颗粒向外的普通颗粒胶覆盖,连同黏合剂,厚度不超过 2 毫米,或用颗粒向内或向外的海绵胶覆盖,连同黏合剂,厚度不超过 4 毫米。

(5) 比赛场地:由 75 厘米高的挡板围成。赛区空间应不小于 14 米长、7 米宽、5 米高。

二、主要规则简介

(一) 合法发球与合法还击

(1) 合法发球:①发球开始时,球自然地放置于不执拍手的手掌上,手掌张开,保持静止;②发球员须用手将球几乎垂直地向上抛起,不得使球旋转,并使球在离开不执拍手的手掌之后上升不小于 16 厘米的距离,球下降至被击中前不能碰到任何物体;③当球从抛起的最高点下降时,发球员方可击球,使球首先触及本方台区,然后越过或绕过球网装置,再触及接发球员的台区。在双打中,球应先后触及发球员和接发球员的右半区;④从发球开始到球被击出,球要始终在台面的水平面以上和发球员的端线以外,而且不能被发球员和其双打同伴的身体或衣服的任何部分挡住;⑤运动员发球时,应让裁判员或副裁判员看清他是否按照合法发球的规定发球;⑥运动员因身体伤病而不能严格遵守合法发球

的某些规定时，可由裁判员做出决定免于执行。

（2）合法还击：对方发球或还击后，本方运动员必须击球，使球直接越过或绕过球网装置，或触及球网装置后，再触及对方台区。

（二）胜负判定

（1）除被判重发球的回合，下列情况运动员可得 1 分：①对方运动员未能合法发球；②对方运动员未能合法还击；③运动员在合法发球或合法还击后，对方运动员在击球前，球触及了除球网装置以外的任何东西；④对方运动员击球后，该球没有触及本方台区而越过本方端线；⑤对方运动员阻挡；⑥对方运动员连击；⑦对方运动员用不符合规定的拍面击球；⑧对方运动员或其穿戴的任何东西使球台移动；⑨对方运动员或其穿戴的任何东西触及球网装置；⑩对方运动员不执拍手触及比赛台面；⑪双打时，对方运动员击球次序错误；⑫执行轮换发球法时，接发球方连续还击 13 板，将判接发球方得 1 分。

（2）一局比赛：在一局比赛中，先得 11 分的一方为胜方，10 平后，先多得 2 分的一方为胜方。

（3）一场比赛：①一场比赛应采用单数局，如三局两胜制、五局三胜制等；②一场比赛应连续进行，除非是经许可的间歇。

（三）比赛次序和方位

（1）在单打中，首先由发球员合法发球，再由接发球员合法还击，然后两者交替合法还击。双打中，首先由发球员合法发球，再由接发球员合法还击，然后由发球员的同伴合法还击，接着由接发球员的同伴合法还击，此后运动员按此次序轮流合法还击。

（2）在每获得 2 分后，接发球方变为发球方，依次类推，直到该局比赛结束，或直至双方比分为 10 平，或采用轮换发球法时，发球和接发球次序不变，但每人只轮发 1 分球。

（3）在双打中，每次换发球时，前面的接发球员应成为发球员，前面的发球员的同伴应成为接发球员。

（4）在一局比赛中首先发球的一方，在该场比赛的下一局中应首先接发球，在双打比赛的决胜局中，当一方先得 5 分后，接发球一方必须交换接发球次序。

（5）一局中，在某一方位比赛的一方，在该场比赛的下一局应换到另一方位。在决胜局中，一方先得 5 分时，双方应交换方位。

（四）重发球

（1）比赛中出现下列情况应判重发球：①如果发球员发出的球，在越过或绕过球网装置时，触及球网装置，此后成为合法发球，被接发球员或其同伴阻挡；②如果接发球员或接发球方未准备好，球已发出，而且接发球员或接发球方没有企图击球；③由于发生了运动员无法控制的干扰，而使运动员未能合法发球、合法还击或遵守规则；④裁判员或副裁判员暂停比赛。

（2）裁判员或副裁判员可以在下列情况下暂停比赛：①要纠正发球、接发球次序或方位错误；②要实行轮换发球法；③警告或处罚运动员；④比赛环境受到干扰，以致该回合结果有可能受到影响。

第十四章　羽毛球运动

本章导读

现代羽毛球运动诞生于英国，大约在 1800 年由网球派生而来。1870 年，出现了用羽毛、软木做的球和穿弦的球拍。1873 年，英国公爵鲍弗特在格拉斯哥郡伯明顿镇的庄园里进行了一次羽毛球游戏表演，从此，羽毛球运动逐渐开展起来，"伯明顿"成了羽毛球的名字，英文的写法是"Badminton"。那时的活动场地是葫芦形，两头宽中间窄，窄处挂网，直至 1901 年才改为长方形。

羽毛球是一项为广大群众喜爱的体育运动项目，它具有球小、速度快、变化多等特点。运动器材设备比较简单，在室内外都可以进行。运动量可大可小，不同年龄、性别和身体条件的人都可以参加。因此，这项运动易于开展和普及。经常参加羽毛球运动不仅可以加强人的灵敏性和协调性，提高动作的速度和上下肢活动的能力，改善心血管系统的机能，而且有助于培养人的勇敢顽强、机智果断等品质，有利于更好地学习和工作。

第一节　羽毛球基本技术

一、握拍法

（一）正手握拍

先用右手拿住球拍杆，使拍面与地面垂直，然后张开右手，使手掌下部（小鱼际）靠在球拍柄底托，虎口对着球拍柄较窄的一面，小指、无名指、中指自然并拢，食指与中指稍稍分开，自然地弯曲并贴在球拍柄上（图 14-1-1）。

（二）反手握拍

在正手握拍的基础上，拇指和食指将拍柄稍向外转，拇指顶点在拍柄内侧的宽面上或内侧棱上，中指、无名指和小指并拢握住拍柄，柄端靠近小指根部，使掌心留有空隙。球拍斜侧向身体左侧，拍面稍后仰。一般来说，击身体左侧的来球，大都先转体，然后用反手握拍法击球（图 14-1-2）。

图 14-1-1　　　　　　　　　　图 14-1-2

二、发球技术

（一）正手发球

【发球站位】单打的发球站位在中线附近，站在离前发球线 1 米左右的地方。双打发球站位可靠近前发球线。

【准备姿势】发球前，身体左肩侧对球网，左脚在前，右脚在后，重心在右脚上，右手持拍向右后侧举起，肘部放松微屈，左手拇指、食指和中指夹住球，举在胸腹间。发球时，身体重心由右脚移至左脚。

1. 高远球

发球时，左手把球举在身体的右前方并自然放下，使球下落，右手同时持拍由上臂带动前臂，从右后方沿着身体向前并向左上方挥动。当球落到右手臂向前下方伸直能触到球的一刹那，握紧球拍，并利用手腕的力量向前上方发力击球。击球之后，球拍顺势向左上方挥动缓冲（图 14-1-3）。

图 14-1-3

2. 平高球

发球前准备姿势同发高远球。发球的动作过程大致同发高远球，只是在击球的一刹那，前臂加速带动手腕向前上方挥动，拍面要向前上方倾斜，以向前用力为主。发平高球时要注意发出球的弧线以对方接球时伸拍打不着球的高度为宜，并应发到对方场区底线内（图 14-1-4）。

图 14-1-4

3. 平快球

准备姿势同发高远球。站位比发平高球稍后些（防对方时很快回到本方后场），充分利用前臂带动手腕爆发力向前方用力，球直接从对方的肩稍上高度越过，直攻对方后场。发平快球的关键是出手的动作要小而快，但前期动作应和发高远球一致。发平快球时还应注意不要过手、过腰犯规。

4. 网前球

准备姿势同发高远球。击球时，握拍要放松，上臂动作要小，主要靠前臂带动手腕向前切送，用力要轻。发网前球时应注意手腕不能有上挑动作，另外，落点要在前发球线附近，发出的球要贴网而过，可免遭对方扑杀。

（二）反手发球

发球时，站在前发球线后 10~50 厘米及发球区中线的附近，也可以站在前发球线及场地边线附近的地方。面向球网，两脚前后站立（左脚或右脚在前均可），上体稍前倾，身体重心在前脚上。右手反手握拍，左手拇指、食指和中指捏住球的两三根羽毛，球托明显朝下（避免犯规），球体与拍面平行或球托对准拍面放在拍面前方。击球时，前臂带动手腕朝前横切推送；发网前球时，用力要轻，主要靠"切"送；发平快球时，发力要突然，击球时拍面要有"反压"动作（图 14-1-5）。

图 14-1-5

三、接发球技术

（一）接发球站位

不论是单打还是双打，都应选择一个合理的接发球站位。一般情况下，单打的接发球站位在离前发球线约 1.5 米处；在右发球区应站在靠中线的位置，在左发球区则应站在中间稍偏边线的位置，主要防备对方发球攻击反手部位。双打接发球时站位可靠近前发球线，因双打的后发球线距前发球线比单打短 0.76 米，发高远球易被扣杀。所以，双打接发球主要精力应放在发网前球上。

（二）接发球的准备姿势

单打接发球应左脚在前，右脚在后，侧身对网，重心在前脚，后脚脚跟稍提起，收腹含胸，持拍于右身前，两眼注视对方。

双打接发球准备姿势基本同单打，但重心可随意放在任何一只脚上，球拍高举在肩上，注意力要高度集中。

四、后场高空击球技术

后场高空击球也称后场上手击球，即在尽可能高的击球点上，还击对方向底线附近击来的高球。它具有主动性强、击球力量大等特点。

（一）高远球

以较高的弧线将来球击到对方场区底线附近叫击高远球。击高远球是一切上手击球动作的基础。

高远球的特点是球的弧线高、滞空时间长，它的作用是逼迫对方远离中心位置退到底线去接球，一方面可减弱对方进攻的威力，为己方进攻寻找机会；另一方面在己方被动情况下，有较多的时间来调整站位，摆脱被动局面。上手击高远球分为正手击高远球、反手击高远球和头顶击高远球。

1. 正手击高远球

首先判断来球的方向和落点，侧身后退使球在自己右肩稍前上方的位置，左肩对网，左脚在前，右脚在后，重心在右脚上。左臂屈肘，左手自然高举，右手持拍，上臂、前臂自然弯曲，将球拍举在右肩上方，两眼注视来球。击球时，由准备动作开始，上臂后引，随之关节上提明显高于肩部，将球拍后引至头后，自然伸腕（拳心朝上），然后在后脚蹬地、转体和腰腹的协调用力下，以肩为轴，上臂带动前臂快速向前上方甩动手腕，在手臂伸直的最高点击球。击球后，持拍手臂顺惯性往前下方挥动并收拍至体前。与此同时，左脚后撤，右脚向前迈出，身体重心由后脚移到前脚（图14-1-6）。

图 14-1-6

2. 反手击高远球

首先判断准对方来球的方向和落点，迅速将身体转向左后方，步法到位后，右脚前交叉跨到左侧底线，背对网，身体重心在右脚上，使球在身体的右肩上方。击球前，由正手握拍迅速换为反手握拍，并持拍于胸前，拍面朝上。击球时，以上臂带动前臂，通过手腕的闪动、自上而下地甩臂将球击出。在最后用力时,要注意拇指的侧压力与甩腕的配合,同时还要利用两腿的蹬地、转体等协调全身用力(图14-1-7)。

图 14-1-7

3. 头顶击高远球

击球前的准备姿势以及击球动作与正手击高远球基本一致。不同的是头顶击高远球的击球点在左肩上方(因为球是飞向左后角的)。准备击球时,侧身(左肩对网)稍左后仰。击球时,上臂带动前臂使球绕过头顶,从左上方向前加速挥动,在用力击球时,注意发挥手腕的爆发力和充分利用蹬地以及收腹的力量;击球后,左脚在身后着地并立即回蹬,同时右脚前移,重心移至右脚。

(二)平高球

同击高远球一样,只是在击球的一刹那,用力主要是向前方,使击出的球的弧线较低。同击高远球一样,平高球也可以用正手、反手或头顶击球技术来完成。其动作要领与正手、反手或头顶击高远球一样,不同之处是最后用力主要是向前方,而不是向前上方。由于平高球弧线不高,所以如果使用不当,易被对方拦截。因此,在实战中不管用哪种方法击平高球都应注意:若打直线平高球,则弧线可低些;若打斜线平高球,则弧线要高些;当对方在网前被动挑高球后,由于回场步法调整一般较慢,可用较低弧线的平高球去袭击其后场,往往可以获得很好的效果。

(三)吊球

把对方击来的后场高球还击到对方的网前区的击球法称为吊球。它的作用是通过调动对方站位,以利步法组织进攻。下面分别介绍正手吊球、反手吊球和头顶吊球的技术动作。

1. 正手吊球

(1)劈吊(快吊):击球前期动作同正手击高远球。击球时,拍面正面向内倾斜,手腕做快速切削下压动作。若劈吊斜线球,则球拍切削球托的右侧,并向左下方发力;若劈吊直线球,则拍面正对前方,向前下方切削。

(2)轻吊(拦截吊):击球前期动作同正手击高远球。击球时,一种是轻吊时的拍面变化同劈吊基本一致，但用力要更轻些；另一种是击球时，拍面正击球托或借助于来球的反弹力用球拍轻挡，使球过网后贴网而下。后者多用于拦截对方击来的平高球和半场高球（图 14-1-8）。

图 14-1-8

2. 反手吊球

反手吊球击球前的动作同反手击高远球，不同之处在于触球时拍面的掌握和力量的运用。吊直线球时，用球拍反面切削球托的后中部，向对方右网前发力；吊斜线球时，用球拍反面切削球托的左侧，朝对方左网前发力（图 14-1-9）。

图 14-1-9

3. 头顶吊球

头顶吊球也可做劈吊和轻吊。其击球前的动作同头顶击高远球一样。不同的是球拍触球时拍面的变化和力量的运用。吊直线球的动作与正手吊直线球基本一致，只是击球点不同；吊斜线球时，球拍正面向外转，切削球托的左侧，朝右前下方发力。

（四）杀球

把对方击来的高球全力向下扣压叫杀球。杀球的特点是力量大、速度快。它是主动进攻的重要技术。杀球分为正手杀球、反手杀球和头顶杀球。

1. 正手杀球

正手杀球击球前的准备姿势和击球动作与正手击高远球基本一样。不同的是最后用力的方向朝下，而且要充分利用蹬地、转体、收腹以及手臂和手腕的爆发力全力将球向下击出，击球的一刹那要紧握球拍（图 14-1-10）。

图 14-1-10

2. 反手杀球

反手杀球击球前的准备姿势和击球动作与反手击高球一样。不同的是最后用力的方向朝下，而且要加快手臂和手腕朝下的"闪动"。击球点应尽可能向前些、高些，这样便于力量的发挥。

反手杀球虽然力量不大，但有突发性。一般在实战中，趁对方不备，偶尔用反手杀球（因反手杀球威胁不大，对方思想放松）也会收到出奇制胜的效果。

3. 头顶杀球

头顶杀球击球前的准备姿势和击球动作与头顶击高远球一样。不同的是击球时要充分利用腰腹力量，以上臂、前臂带动手腕快速下扣。头顶杀球是一种重要的进攻技术，也是我国运动员在左后场区进攻的主要手段。它弥补了反手击球力量不足的缺点。初学者若能掌握好头顶扣杀技术，便会使对方难以对付。

五、前场网上击球技术

网上击球是调动对方、寻找战机的重要手段，并可直接得分。网上击球有搓球、放网前球、勾对角球、推球和扑球等。

（一）搓球

击球时，拍面稍前倾，利用手腕和手指的力量向前"切削"球托底部或向后"提拉"，使球击出后旋转或滚动过网。搓球一般在对方来球较靠近网上时运用。正反手搓球除握拍不同外，其他要领相同。

（二）放网前球

击球时，拍面稍朝前下方倾斜，前臂带动手腕和手指向前送球。正反手搓球除握拍不同外，其他要领相同。

（三）勾对角球

在网前把来球回击到对角线网前叫勾对角球。击球时，拍面斜向对方右（左）网前。正手勾对角线时击球托的右侧，手腕和手指带动球拍向左内勾动；反手勾对角线时，击球托的左侧，同时向右内勾动。

（四）推球

在网上将来球用较平的弧线快速推到对方场区底线叫推球。击球时拍面前倾至几乎与网平行。利用前臂带动手腕和手指的快速闪动将球击出。正手推球多用食指的力量，反手推球多用拇指的力量。

（五）扑球

在网上把高于网的来球迅速扑压下去叫扑球。击球时，拍面前倾，前臂带动手腕和手指的快速"闪动"发力；击球后立即收拍，以免触网犯规。扑球时要求判断准、上步快、抢点高、动作小。正反手均可。

六、中场平击球技术

中场平击球技术主要是对付对方击来的弧线平于或稍低于网，且落点在中场附近的低平球时所采取的回击技术。在双方比赛中多采用这种技术。它的击球点在与肩同高处或在肩腰之间。因为来球的速度较快、弧线较平，所以击出的球速也较快、较平，因而中场平击球也是一种对攻的技术。它有正反手中场平抽球、半蹲式中场平击球两种。

第二节　羽毛球基本战术

一、发球

（一）根据对方接发球站位来决定发球路线

对方接发球站位偏后，注意力在后场，网前出现空当，这时应发网前球；站位靠前，接发球注意力在前场，后场出现空当，此时可以发后场球；站位靠边线，可以采用突然性很强的平射球袭击对方的底线两角的位置，使对方措手不及，回球失误。不可一味地运用一种发球战术，要与其他种类的发球和线路一起使用，才能加强发球变化。

（二）根据对手的技术特长和接球规律发球

对方后场进攻能力很强，球路刁钻，但接网前球相对较弱，此时就应以发网前球为主，有意识地限制对手发挥其后场进攻技术的优势；对方网前技术动作一致性强，对本方威胁大，发球就要避开对方这一优势，以发后场球为主。

（三）各发球区域的战术特点

通常将发球区域分为1号、2号、3号、4号位置（图14-2-1）。发3号位球，便于拉开对方位置，下一拍可将对方调动至对角网前；发4号位球，可以避免对方快速的直线平高球攻击自己的后场边线角；发2号位球，对方出球角度小，便于判断对方的出球；发1号位球，特别是左场区1号位，有利于下一拍攻击对方左后场反手球，必须注意防范对手以直线球攻击本方左后场反手区；发1号、2号位置之间中路的网前球或追身球，效果很好。

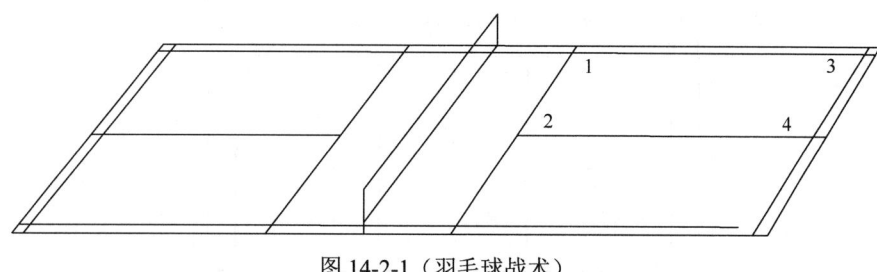

图 14-2-1（羽毛球战术）

二、接发球

（一）单打接发球

接发后场球，一般情况接发后场高远球或平高球时可用高球、吊球或杀球进行还击；接平射球可用快速抽杀球或吊拦网前小球来还击；接发网前球可采用放网前球、勾对角球、推后场球还击。

（二）双打接发球

接发后场球，多数情况采用大力杀球进攻，以快制快，也可用吊球调动对方，也可采用攻人的方法进攻；接发前场小球的方法是快速抢网前的制高点，可利用推扑球，或是搓球、拨半场球等方法进行还击。

三、后场击球

利用熟练的高球、吊球、杀球和劈球等技术，通过准确地将球击到对方场区的底线两角等点上，来调动对方，使对方前、后、左、右来回奔跑移动，寻找机会大力发起进攻。

四、前场击球

可将前场细致快速地搓球、勾对角球和推、挑后场球及扑球等击球技巧配合运用。调动对方，打对方空位和失重的空缺，使对方措手不及。

五、中场击球

中场击球，要求判断、反应、启动和出手都要快，引拍预摆动作相应小一些。由于接杀球可借助对方来球力量击球，击球力量不宜太大。重要的是"巧"字，突出手指手腕的爆发力。

第三节 羽毛球比赛场地及规则简介

一、比赛场地

羽毛球比赛场地应是一个长方形，用宽 40 毫米的线画出（图 14-3-1）。线的颜色应是白色、黄色或其他容易辨别的颜色。所有的线都是它所界定区域的组成部分。从场地地面起，网柱高 1.55 米。当网被拉紧时，网柱应与地面保持垂直。不论是单打比赛还是双打比赛，网柱都应放置在双打边线上。网柱及其支撑物不得延伸进入除边线外的场地内。

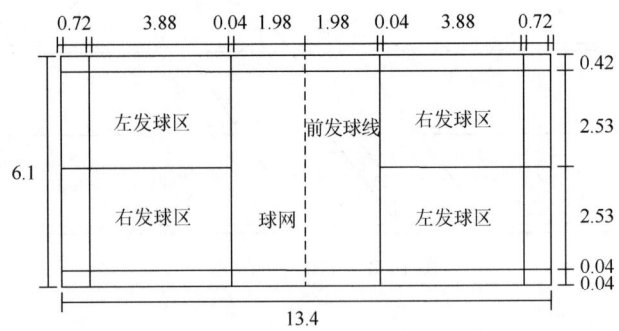

图 14-3-1（单位：米）

球网应用深色优质的细绳编织而成。网孔为均匀分布的方形，各边长为 15～20 毫米，球网上下宽为 760 毫米，全长至少 6.1 米。球网的上沿是用 75 毫米宽的白带对折而成的夹层，用绳索或钢丝从中穿过。夹层的上沿必须紧贴绳索或钢丝。绳索或钢丝应牢固地拉紧，并与网柱顶齐平。球网高度分别是：中央网高 1.524 米，双打边线处网高 1.55 米。球网两端与网柱之间不应有空隙。

二、主要规则简介

（一）挑边

赛前，采用挑边的方法（抛硬币）来决定发球方和场区。挑边赢者将优先选择发球或接发球，是在一个半场区或另一个半场区比赛。输者在余下的一项中选择。

（二）站位方式

1. 单打

（1）发球区和接发球区。当发球员得分为 0 或双数时，双方运动员均应在各自的右发球区发球或接发球；当发球员的分数为单数时，双方运动员均应在各自的左发球区发球或接发球。

（2）击球顺序和位置。一回合中，球应由发球员和接球员交替从各自所在场区一边的任何位置击出，直至成死球。

（3）得分和发球。发球员胜一回合则得 1 分。随后，发球员再从另一发球区发球；接发球员胜一回合则得 1 分。随后，接发球员成为新发球员。

2. 双打

（1）发球区和接发球区。一局中，发球方的分数为 0 或双数时，发球方均应从右发球区发球；一局中，发球方的分数为单数时，发球方均应从左发球区发球。接发球方上一回合最后一次发球的运动员应在原发球区。其同伴的站位与其相反；接发球员应是站在发球员斜对角发球区的运动员；发球方每得 1 分，原发球员则变换发球区再发球。

（2）击球顺序和位置。每一回合发球被回击后，由发球方的任何一人和接球方的任何一人，交替在各自场区一边的任何位置击球，如此往返直至死球。

(3) 得分和发球。发球方胜一回合则得1分。随后发球员继续发球；接发球方胜一回合则得1分。随后接发球方成为新发球方。

(4) 发球顺序。每局比赛的发球权必须如下传递：首先是由首先发球员从右发球区发球；其次是首先接发球员的同伴，从左发球区发球；再次是首先发球员的同伴；接着是首先接发球员；然后是首先发球员，依次传递。

(5) 运动员在比赛中不得有发球、接发球顺序错误或在一局比赛中连续两次接发球。

(6) 一局胜方的任一运动员可在下一局先发球；一局负方的任一运动员可在下一局先接发球。

（三）比赛中常见的违例

以下情况均属违例。

(1) 不合法发球。

(2) 球发出后：停在网顶；过网后挂在网上；被接发球员的同伴击中。

(3) 比赛进行中，球：落在场地界线外（即未落在界线上或界线内）；未从网上越过；触及天花板或四周墙壁；触及运动员的身体或衣服；触及场地外其他物体或人；被击时停滞在球拍上，紧接着被拖带抛出；被同一运动员两次挥拍连续两次击中，但一次击球动作中球被拍框和拍弦面击中不属违例；被同一方两名运动员连续击中；触及运动员球拍，而未飞向对方场区。

(4) 比赛进行中，运动员：球拍、身体或衣服，触及球网或球网的支撑物；球拍或身体，从网上侵入对方场区；球拍或身体，从网下侵入对方场区，导致妨碍对方或分散对方的注意力；妨碍对方，即阻挡对方紧靠球网的合法击球；故意分散对方注意力的任何举动，如喊叫、做手势等。

（四）重发球

由裁判员或运动员（未设裁判员时）宣报"重发球"，用以中断比赛。

(1) 发球员在接发球员未做好准备时发球，判重发球。

(2) 在发球过程中，发球员和接发球员都被判违例，判重发球。

(3) 发出的球被回击后，球过网后挂在网上或球停在网顶，判重发球。

(4) 比赛进行中，球托与球的其他部分完全分离，判重发球。

(5) 裁判员认为比赛被干扰或教练员干扰了对方运动员的比赛，判重发球。

(6) 司线员未能看清，裁判员也不能做出判决时，判重发球。

(7) 遇到不可预见的意外情况，判重发球。

（五）交换场区

以下情况，运动员应交换场区。

(1) 第一局结束。

(2) 第二局结束（如果有第三局）。

(3) 在第三局比赛中，一方先得11分时。

如果运动员未按规则规定交换场区，一经发现，在死球后立即交换，已得比分有效。

第十五章 网球运动

本章导读

网球运动起源于 12~13 世纪的法国。当时法国的传教士们经常用手掌击打一种类似小球的物体，因此人们把这种游戏叫"掌球戏"。开始，他们是在室内进行这种游戏，后来移到室外。在一块开阔的空地上，将一条绳子架在中间，两边各站一人，双方用手来回击打一种裹着头发的小布球。14 世纪中叶，这种游戏传入英国，英国人将这种球称为"Tennis"（网球），并流传下来。

网球运动是一项深受人们喜爱、富有乐趣的体育活动。网球运动的锻炼价值很高，它既是一种消遣和促进健康的手段，也是一种艺术追求和享受及扣人心弦的竞赛项目。打网球可以使人的动作迅速、判断准确、反应加快，并能提高速度、力量、耐力、灵敏性等素质，对调节肌肉用力的紧张度有良好的作用，对发展协调性也有积极作用。

第一节　网球基本技术

一、握拍法

现代网球运动握拍方法有四种，即东方式握拍法、大陆式握拍法、西方式握拍法和半西方式握拍法（以下均以右手握拍为例）。

（一）东方式握拍法

1. 东方式正手握拍法

左手先握住拍颈，使拍子与地面垂直，同时用右手手掌向下垂直于地面，在齐腰高的地方与拍子相握。手指朝下，大拇指放在中指旁边，食指稍展开（图 15-1-1）。

2. 东方式反手握拍法

手掌移到拍柄上部，食指关节跨在右斜面上部，拇指放在拍柄左侧面，在击球时起到稳定的作用（图 15-1-2）。

（二）大陆式握拍法

与东方式握拍法的不同之处是，大陆式握拍法正反手击球都无须换握拍，手掌大部分放在拍柄顶部的小右斜面上（图 15-1-3）。

（三）西方式握拍法

西方式握拍法俗称"大把抓"，把球拍平放在地面上，用手在拍柄顶端顺手一把抓起便是。正反拍是不换的，而且击球在同一拍面上（图 15-1-4）。

（四）半西方式握拍法

从大陆式握拍法逆时针转动手（左手请顺时针转动），将食指根放在第 4 个斜边上，手几乎都在拍柄的上方（图 15-1-5）。

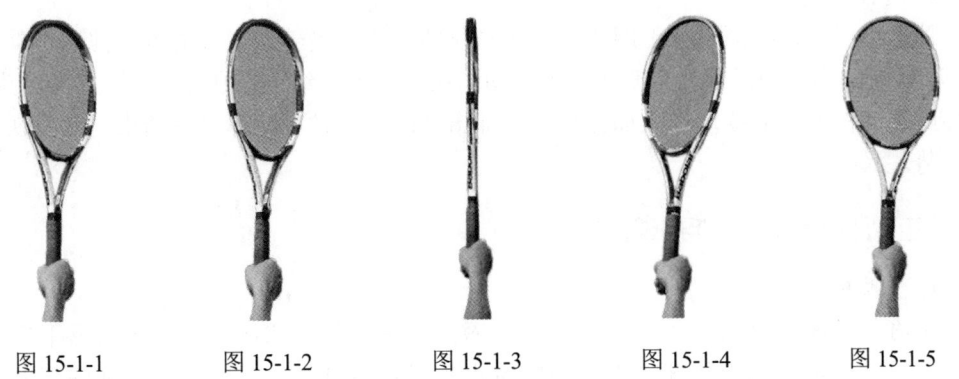

图 15-1-1　　　图 15-1-2　　　图 15-1-3　　　图 15-1-4　　　图 15-1-5

二、正手击球

（一）基本技术（图 15-1-6）

1. 准备姿势

面对球网，双脚自然分开与肩同宽，双膝微屈，身体略向前倾，重心落在双脚的前脚掌之间，右手握拍，左手轻托拍颈，双肘微屈，将球拍自然地放在身前，托面垂直于地面，拍头指向对方，两眼注视对方来球，做好击球准备。

图 15-1-6

2. 后摆引拍

当判断来球需用正拍回击时，转动双脚，左脚跟抬起并向右侧前方上步，右脚向右转 90°与底线平行，同时转肩、转髋带动右手向后摆动引拍（此为关闭式步法，适用于初学者转体；另一种为开放式步法，左脚不必上步，两脚平站但需要更多的向右转体动作），引拍时肘部弯曲、自然下垂，拍头低于膝盖，左手伸向前方，保持身体平衡，后摆引拍时身体重心移向右脚，左肩对着右侧的网柱，手腕固定，挥拍转动约 180°，拍头指向后挡网。

3. 击球动作（前挥击球）

从后摆转进而向前挥动时紧握球拍，手腕后伸、固定，用力蹬脚、转动身体和挥拍，正拍的击球点在身体的右侧前方不超过腰的高度，击球时的挥拍速度最快，球打在拍面的中心，击球挥拍时拍头是自上而下地向前挥动，使球稍带上旋。

4. 随挥跟进动作

球触拍后，使拍面平行于网的时间尽量长些，挥拍沿着球飞行的方向前送，重心前移落在左脚，身体也随着转向球网，挥拍动作在左肩上方结束，拍头指向上方高出头部。随挥跟进动作要比后摆动作大而充分，保证击球的稳定性，随挥跟进结束，立即恢复准备姿势。

（二）几种不同的正手击球方法

1. 上旋球

正拍上旋球是球拍自后下方向前上方挥动，摩擦整个球体，产生球由后下方朝前上方的转动，故称为上旋球。上旋球的特点是飞行弧度大，下降快，落地弹起的反射角度较小，前冲力较大，同时具有较强的进攻性和较低的失误率。打上旋球是在基本技术的基础上，要求拍面适当后倾，拍头要低于击球点，由后下方向前上方挥出，击球的后上方。

2. 下旋球

和上旋球相反方向的是下旋球，俗称"削球"。下旋球的特点是球的飞行时间长，球速慢，落地后弹起也很低并伴有回弹（走）现象。击球时，球拍稍向后倾斜，由后上方至前下方打球的后下部产生下旋转，球是由前上方向后下方旋转并向前飘行，过网时很低。

3. 平击球

挥拍击球的路线向上较平缓，击球时拍面几乎垂直地面。击球的正后部，用同样的力量击球，平击球的球速最快，球落地后前冲力大，球的飞行路线较平直，但其准确性和控制力较差，因此这种击法在比赛中较少使用。

4. 侧旋球

击球时球拍由后部向内侧平行挥动（也称"滑击"），使球产生侧旋转，故称侧旋球。这种球飞行路线呈水平向外侧的弧线飞行，落地后向外跳，常用于正拍直线进攻。

三、反手击球

（一）基本技术（图 15-1-7）

1. 准备姿势

面对球网，双脚自然分开与肩同宽，双膝微屈，腰部略向前，用非握拍手轻托拍颈，拍头与下巴齐平，双肘弯曲，将球拍舒适地伸在身前，身体前倾，重心落在双脚之间。当判断对方来球朝反拍方向飞来时，轻握拍颈的左手应迅速地帮助右手握拍变换为反拍握拍法。

图 15-1-7

2. 后摆引拍

向左肩转髋带动右手向左后方摆动，左脚向左转 90°与底线平行，同时右脚向左前方上步，右肩对着球网，手腕绷紧、后伸，双肩夹紧，右手拇指靠近左腿的上部。后摆时肘关节自然弯曲、下垂，重心移向后方的脚上。反拍的后摆动作应比正拍后摆更早地完成。单手反拍时，左手可轻托拍颈，伴随着向左转的协调动作；若是双手反拍挥臂，需要更充分的转体动作，右肩转向左侧的网柱。

3. 前挥击球

从后摆进入向前挥动时应紧握球拍，手腕固定，右脚与网成 45°角，转动双肩、躯干和臀部，挥拍向球。反拍的击球点应在身体的左侧前方，击球时球拍与右脚应在一条直线上。击球瞬间，拍头的挥动速度最快，对准来球把球打正，肘部应伸直，球拍与手齐平，双眼盯住球，身体重心从后脚移向前脚。

4. 随挥动作（跟进）

球击出后，拍面平行于网的时间尽量长些，挥拍沿着球飞行的方向前送，球拍随球向前的距离小于 60 厘米，重心前移，落在右脚，身体也随着转向球网，挥拍在右肩上方结束，拍头指向上方（削击球则不同），完成好随挥动作有助于控制球的落点和方向。随挥动作要比后摆动作大而充分，从而保证击球动作的完整和稳定。随挥跟进动作结束，身体转向球网，迅速恢复原来的准备姿势，准备下一次击球。

（二）几种不同的反手击球方法

1. 上旋球

球拍自左后方向前上方挥击，这时球由后下方向前上方旋转，故称为上旋球。要想产生急剧上旋，须加大向上提拉的幅度。上旋球的最大优点是便于加力控制，尤其在快速跑动中，其他打法容易失误，而上旋球则有较大的把握。因为反拍上旋球的飞行路线呈彩虹状，过网后有急剧下降的特点，可以打出短的斜线球，把对方拉出场外回击取得主动，击出上旋球也是破坏对方上网的有力武器。较低的上旋球落在对方上网人的脚下，使其难以还击。

2. 下旋球

下旋球俗称"削球"，与上旋球方向相反，它是由后上方向前下方挥拍，打在球的后下部产生旋转，球由后上方向前下方旋转，成下旋球。下旋球的飞行路线是向上的弧线，过网时很低，但可以打对方的深区（后场），落点容易控制，比较稳健和准确，常用于随击上网，可以协调连贯地把随击与上网结合起来，利用球的飞行时间和深而准的落点冲至网前截击；也可以作为变换旋转和节奏的打法，扰乱对方取得主动。

3. 平击球

挥拍击球的路线是从后向前上方较平缓地挥击，击球拍面几乎垂直地面，击球的正后部。用同样的力量击球，此击球方法的球速最快，球的飞行路线最平直，而球落地后的前冲力量也较大，但准确性较差，尤其在快速奔跑中用平击球的打法很难控制球的准确性，易造成球失误或出界。

四、发球

在现代网球运动中，发球技术是非常重要的，是唯一由自己掌握的击球法。它可以不受对方制约，能够在较大程度上发挥出个人的特点，用以控制对方，为自己进攻创造有利条件。发球基本技术包括准备姿势、抛球与后摆、挥拍动作和随挥动作（图15-1-8）。

图 15-1-8

（一）准备姿势

采用大陆式或东方式反拍握拍法，全身放松，侧身站立在端线外中场标记近旁边（单打），左肩对着左边网柱，面向右边网柱，两脚分开约同肩宽，左脚与端线约成 45°角，右脚与端线约平行，重心在左脚上。左手持球轻托球拍在腰部，拍头指向前方。呼吸均匀，精神集中。

（二）抛球与后摆

抛球与后摆拉拍动作是同步开始的，持球手拇指、食指和中指三指轻轻托住球，掌心向上。当球拍向下、向后引拍时，持球手同时下降至右腿处，紧接着当球拍从身后向头上方做大弧度摆动，身体做转体、屈膝、展肩时，持球手柔和地在身前左脚前上举，直至高及头顶。抛球动作要协调、平稳，将球送至最高点再离开手指抛向空中。此时右肘向后外展约同肩高，拍头指向天空，右侧腰、胯成弓形，身体重心随着抛球开始先移向右脚，然后开始平稳地前移。此刻，肩与球网成直角。

（三）挥拍动作

当左手抛出球时，球拍继续向上摆起，这时握拍手的肘关节放松，可以使向前转动的身体和右肩自动地使手臂产生一个完美的绕圈（注意：不是故意让拍子去做搔背动作）。当球下降至击球点时，迅速向上挥拍击球，右脚上蹬，使手臂和身体充分伸展，当身体向前上方伸展击球时，肩、手臂已经回转，双肩与球网平行。挥拍击球时，持拍手腕带动前臂有一个旋内的"鞭打"动作，这就是发球发力的关键动作，也是其他如重心前移、蹬腿、转体、挥拍等力量聚集的总和。

（四）随挥动作

球发出后，身体向场内倾斜，保持连续的、完整的向前上方伸展的随挥动作。球拍挥至身体的左侧，重心移向前方，做到完全自然地跟进，并保持身体平衡。

五、接发球

（一）握拍法

接发球握拍法应根据运动员习惯的握拍法来决定。大陆式握拍法，正反拍无须换握拍；东方式、西方式或混合式握拍法的正拍、反拍击球需换握拍。当球一离开对方的球拍，就应该决定是否要转换握拍。

（二）准备姿势及站位

接发球的准备姿势只要能以最快的速度还击球就行。对方发球前，可以膝盖弯曲，两腿叉开；当对方抛球准备击球时，可以重心升起，两脚快速交替跳动，并判断来球迎前回击。接发球站位要根据对方的发球水平和自己的接发球水平、习惯、场地、快慢和战术需要来确定，一般应站在对方能发到的角度的角平分线上，接第一发球时站位稍后些，接第二发球时站位略前。

（三）击球动作

接发球的击球动作根据对方发球好坏、速度快慢而定。动作一般介于底线正反拍击球动作和截击球动作之间。对发球差的选手，可用自己的底线正反拍动作来接对方的发球；而对发球好、速度快的选手，可用网前截击球的动作来顶接对方的发球，这样击出的球很有威胁。

六、截击球

截击球是网前进行的一种攻击性击球方法，即在球落地之前，便将来球击回对方场地。截击球分为正手截击和反手截击两种。

（一）基本技术

1. 握拍法

截击球一般是在网前，因此，在较短的时间里不可能有充足的时间让球员变换正反握拍法，较合适的就是用大陆式握拍法，此式不用变换正反手握拍，能自如地进行各种凌空截击。

2. 准备姿势

两脚自然开立，两腿微屈，身体前倾面向球网，左手扶住拍颈，右手握拍，眼睛盯住球，球拍放于体前，拍头略高。

（二）正手截击

当球飞向正手时，肩部稍做转动，球拍与肩平行，后拉拍要稳固，不得过肩。在向前挥拍的同时，用左脚朝球飞行的方向迈步，保持手腕固定并在身体前方击球。随挥动作要短，以便快速回到准备接下一个球的位置（图15-1-9）。

图 15-1-9

（三）反手截击

当球飞到反手位时，肩部稍微转动，球拍与肩平行；后拉拍要稳固，在向前挥拍时右脚朝球飞行的方向迈出；保持手腕固定，并在身体前方击球。随挥动作要短，以便快速回到准备接下一个球的位置（图15-1-10）。

图 15-1-10

七、高压球

（一）高压球的种类

高压球是一项强攻性技术，一般来说打高压球就意味着得势、得分。高压球可分为凌空高压球、落地高压球、前场高压球、后场高压球等几种，其动作与发球相似。

（二）基本技术（图 15-1-11）

1. 握拍及准备

高压球采用的是大陆式握拍法。上网或在上网途中随时都要准备，并且是心理上的准备，动作外形与一般情况无异。

2. 后摆球拍

以准备姿势为基础，在脚步开始调整、身体位置相应变化的同时转体、侧身，并以最简捷的动作将球拍摆至肩上。

3. 挥拍动作

判断准击球点并移动到位后，以双脚为支撑向击球点方向蹬地、转体、收腹（反弹背弓），继而挥拍击球。发力程序和感觉与发球相似，但击球点在能保证球过网的前提下，其位置越靠前，越利于发力和控制球出手的角度，越靠前越具有杀伤性，这与发球时力争高点是不同的。到达击球点时身体应已完全面向对方（已完成转体），收腹（反弹背弓）的强劲势头也爆发于此点。

4. 随挥动作

高压球的随挥动作仍与发球类似，击球过后顺势将球拍收于持拍手异侧的腿侧就可以。

图 15-1-11

第二节 网球基本战术

一、单打基本战术

通常的单打比赛开始时，双方都用自己最擅长的技术迎战。在摸透对方的战术后，实施改变战术策略，以达到使对方失去节奏，消耗对方体力，最终赢得比赛的目的。

（一）发球战术

发球是最不受对方制约的技术，所以一定要充分利用，争取拿下发球局，掌握主动权。然而一成不变的发球会使对方很容易适应，并找到对付己方的方法。比赛时也许可以侥幸拿下第一个发球局，但第二个、第三个发球局己方就危险了。具体来说，发球技术应是内角、外角、中路三种路线相结合，上旋、侧旋、平击多变化。

（二）接发球战术

面对快速的发球，不要急于加力回球，这样往往失误较多。如果对方反手较弱，那就打对方的反手；对方发球动作较大就打追身球，令其没有时间调整步法。

（三）发球上网战术

如果己方能准确、快速地发出外角球，那就准备上网。注意不要一次冲到近网，没有回旋的余地，应在发球线附近停顿一下，仔细观察对方回击球的情况，采取下一步行动。上网的要点是：选择适当的时机，把球发到外角时，对方接球的另一侧是空场，也就是说，对方要想把球回到场内，必须把球从靠近发球区的这一侧的球网上方回过来，否则球一定出界，所以只需防住自己发球的这个区域的来球就可以；对方的回球质量不高，可以截一个深球或者放一个小球到对方的空场区轻松得分。

二、双打基本战术

双打比赛和单打比赛有很大的差别，双打更多地依赖配对的两个球员的默契配合以及网前的截击技术。网球双打比赛通常有以下常用的战术。

（一）双上网进攻型

男职业选手、女职业选手均可采用此类型，这也是近年来职业网球双打比赛中采用最多的战术。发球方发球后上网，接发球方也采用积极的进攻型接发球上网，双方四人均来到网前，通过小斜线截击或其他方式得分。①发球者：发出刁钻的一发后上网，在发球线处截击将球打到接发球方脚下，待接发球方回球时跟进到网前，在网前打出直接得分球。②接发球者：选择进攻型的接发球，回到发球者脚下，同时迅速上网，在发球线处截击把球打到对方中间结合部，再来到网前，找机会打出得分球。③发球者搭档：根据发球落点，适时调整网前位置，盯住接球方，判断回球方向，及时上前抢网，同时注意防守双打边线和单打边线之间区域的直线穿越球。④接发球者搭档：在发球线附近，防守发球者搭档的截击球，同时要提防发球方第一次截击球，根据来球，来到网前打出小斜线或高压球得分。

（二）双上网防守型

男子职业选手采用此类型进行防守。由于在双上网进攻型中，两人太靠近球网，无法照顾到挑高球，因此双上网防守型战术的重点是接发球方接发上网后，只来到发球线附近，防守发球方的挑高球，且大部分球由此人处理，接发球者搭档则伺机打出截击或高压球得分。①发球者：发出刁钻的一发后上网，在发球线处截击将球打到接发球方脚下，待接发球方回球时跟进到网前，在网前打出直接得分球。②接发球者：选择进攻型的接发球，回到发球者脚下，同时迅速上网，在发球线处截击，并把球打到对方中间结合部，同时防守对方打出的挑高球，把得分机会让给网前搭档。③发球者搭档：根据发球落点，适时调整网前位置,盯住接球方,判断回球方向,及时上前抢网,同时注意防守双打边线和单打边线之间区域的直线穿越球。④接发球者搭档:在发球线附近,防守发球者搭档的截击球,同时要提防发球方第一次截击球,根据来球,来到网前打出小斜线或高压球得分。

第三节 网球比赛场地及规则简介

一、比赛场地

双打场地的标准尺寸是 23.77 米×10.97 米,单打场地的标准尺寸是 23.77 米×8.23 米。在端线、边线后应分别留有不小于 6.4 米、3.66 米的空余地。两个网柱间的距离是 12.80 米。网柱顶端距地平面 1.07 米,球网中心上沿距地平面 0.914 米(图 15-3-1)。

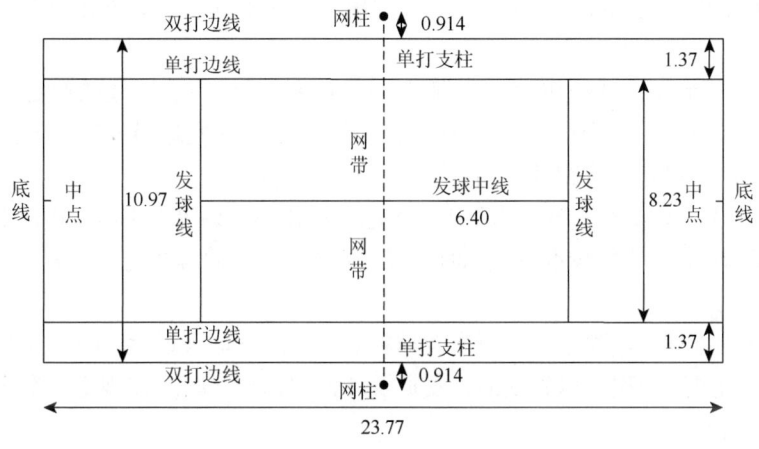

图 15-3-1(单位:米)

二、主要规则简介

(一)单打规则

比赛开始前,双方用掷钱币方法挑边,胜者有选择发球权或有选择场地权;选择发球或接发球者,应让对方选择场区;选择场地者,应让对方选择发球或接发球。

1. 发球动作

发球员在发球前,应先站在底线后中点和边线的假定延长线之间的区域里,然后用手将球向空中任何方向抛起,在球接触地面以前用球拍击球。只要球拍与球接触,就算完成了球的发送。发球时,发球员不得向上抛起两个或两个以上的球,否则判重发。如果是故意的,应判失分。

2. 发球时间

发球员应在接球员做好准备后,才能发球(接球员做还击姿势就认为已做好击球准备)。

3. 发球位置

每局比赛开始发球时,发球员应先从右区端线后发球。得或失 1 分后,应换到左区发球。如果发球位置出现错误而未被察觉，比分仍然有效。一旦发现，应立即纠正。

4. 发球次序

第一局比赛终了，接球员成为发球员，发球员成为接球员。以后每局终了，均依次互相交换直到比赛结束。如果发球顺序发生错误，发现后应立即纠正，由此轮的发球员发球，发现错误前双方所得的分数都有效。如果发现前已有一次发球失误，则不予计算。若一局终了才发现次序错误，则以后的发球顺序就以该局为始，按规定轮换。

5. 交换场地

双方应在每盘的第一局、第三局、第五局等单数局结束后及每盘结束双方局数之和为单数时，交换场地。如果发生未按正常顺序交换场地的错误，一经发现应立即纠正，按原来的顺序进行比赛。

6. 发球失误

发球时如果出现发球脚误、击球未中、发出的球在落地前触及固定物等现象时，均判失误。

【脚误】发球员在发球动作中，两脚只准站在端线后中点和边线的假定延长线之间，不能触及其他区域，不得通过行走或跑动改变原站立位置（发球员发球时若两脚轻微移动而未变更原位，不算行走或跑动），否则，就会被判为脚误。

【击球未中】发球员在发球时由于用力过猛、动作不协调等而未击中抛出的球称为击球未中。如果发球员在向上抛球准备发球时，又决定不击球而将球接住不算失误，判重发。

7. 第二发球

网球比赛规则规定，发球员有两次发球权。第一次发球失误后，应在原发球位置进行第二次发球。如果第一次发球失误后，发觉发球位置错误，则应按规定改在另区发球，但只能再发一次球。

8. 压线球

压线球是指落在比赛线上的球，算界内球。

（二）双打规则

单打规则均适用于双打，但双打也有自己的特殊规则。

1. 发球次序

应在每盘开始之前决定发球次序，即每盘第一局开始时，由发球方决定由何人首先发球，对方则同样在第二局开始时决定由何人首先发球，第三局时由第一局未发球方的球员发球，第四局由第二局未发球方的球员发球。以下各局均按此次序轮换发球。

2. 接球次序

与发球次序一样，在每盘开始之前要决定接球次序，即先接球的一方应在第一局开始时，决定何人先接发球，并在这盘单数局继续先接发球。对方同样应在第二局开始时决定何人先接发球，并在这盘双数局继续先接发球。他们的同伴应在每局中轮流接发球。

3. 发球次序错误与接球次序错误

发球次序错误应在发现时立即纠正，但已得的分数或已成的失误都有效。如果发现时全局已经终了，此后发球次序就以该局为准轮流发球。接球次序错误发现后仍按错误的次序进行，等到下一接球局再行纠正。

(三) 网球比赛计分方法

1. 局与盘

1) 局

运动员获得第 1 分时，比分计为 15；获得第 2 分时，比分计为 30；获得第 3 分时，比分计为 40；当运动员获得第 4 分时就赢得了该局，但遇双方各得 3 分时，则为"平分"。"平分"后，一方先得 1 分时，为"接球占先"或"发球占先"。"占先"后再得 1 分，才算胜一局；若一方"占先"后，对方又得 1 分，则仍为"平分"。依次类推，直到一方在"平分"后净胜 2 分才能结束该局。

2) 盘

一名运动员先取得 6 局的胜利即赢得一盘。大满贯决胜盘遇双方各得 5 局时，一方必须净胜两局才算胜一盘，称为"长盘制"。

3) 盘数

正式比赛时，男子单打和男子双打一般采取三盘两胜制，只有四大满贯男子单打为五盘三胜制。女子单打、女子双打和混合双打均采取三盘两胜制。

2. 决胜局计分制

决胜局计分制用于双方局数为 6：6 平时。

① 单打的决胜局计分制：先得 7 分者为胜该局及该盘。若分数为 6：6 平，比赛须到某方净胜 2 分时为止。决胜局应全部采用数字计分。发球员在右区发第 1 分球后，即改由对方依次在二区和一区发第 2、第 3 分球。此后双方轮流交替发球，每人连发两分球，其中第 1 分球均应在左区发球。若出现从错误的场区发球，发现后应立即纠正错误站位，但发现前已得的分数仍有效。此后，双方轮流交替发球，直到决出该局与该盘的胜负。运动员应在每 6 分及决胜局结束时交换场地。

② 双打决胜局计分制：双打决胜局计分规则与单打决胜局计分规则相同，只是双方要轮换发球。

第十六章 武术运动

本章导读

武术运动历史悠久，内容丰富，具有竞技和健身价值，同时极具东方文化内涵，深受不同文化背景的人们的喜爱，目前在世界各国发展迅速。习武不仅可以使人强筋健骨、精壮神足，也可以提升人的精神境界，培养人的意志品质。

第一节 武术概述

一、武术的起源与发展

武术起源于中国远古祖先的生产劳动。人们在狩猎的生产活动中，创制了石刀、石锤和木棍等武器，逐渐学会了躲闪、跳远、滚翻，以及运用石器和木棒的劈、砍、刺等技能。氏族公社时期，部落战争经常发生，促进了武术的萌芽，武术形成于奴隶社会时期。夏朝建立后，武术为了适应实战需要进一步向实用化、规范化发展，主要体现在军队的武术活动和以武术为主的学校教育。商周时期，出现了武术训练的重要手段——田猎，并利用"武舞"来训练士兵、鼓舞士气，周代设的"序"等学校也把射御、习舞等列为教育的内容之一。秦汉以来，盛行角力、击剑等武术活动。随着"宴乐兴舞"的习俗，手持器械的舞练时常在乐饮酒酣时出现。此外，还有"刀舞""力舞"等，虽具娱乐性，但从技术上更近似于今天的套路形式的运动。唐朝开始实行武举制，并对有一技之长的士兵授予荣誉称号，这对武术的发展起到了促进作用。宋元时期，以民间结社的武艺组织为主体的民间练武活动蓬勃兴起，有习枪弄棒的"英略社"、习射练习的"弓箭社"等。明清时期是武术的大发展时期，流派林立，拳种纷显。拳术有长拳、猴拳、少林拳和内家拳等几十家之多，同时形成了太极拳、形意拳和八卦拳等主要的拳种体系。民国时期，民间出现了许多拳社、武士会等武术组织。1927年，在南京成立了中央国术馆。

中华人民共和国成立后，武术得到了蓬勃的发展。1956年，中国武术协会建立了武术协会、武术队等，形成了空前广泛的群众性武术活动，为武术的发展开拓了广阔的道路。1985年，在西安举行了首届国际武术邀请赛，并成立了国际武术联合会筹委会，这是武术发展历史性的突破。1990年，武术首次被列入第十一届亚运会竞赛项目，标志着武术开始走进亚运会。1999年，国际武术联合会被吸收为国际奥委会的正式国际体育单项联合会成员，这意味着在不久的将来，武术即将成为奥运会比赛项目，预示着"把武术推向世界"的雄伟目标将会进一步实现。

二、武术的内容与分类

武术主要包括套路、散手两种运动形式。武术套路形式有拳术、器械、对练和集体项目。拳术包括长拳、南拳、太极拳、形意拳、八卦掌、通背拳和地躺拳等。器械包括刀、剑、棍、枪、双刀、双剑、九节鞭和三节棍等。对练项目包括徒手对练、器械对练及徒手对器械三种类型。集体项目是多人进行拳术、器械演练的形式。这些不同的套路形式，不仅体现了武术的攻防格斗内涵，同时具有优雅美观、节奏鲜明的风格特点。武术散手是徒手格斗运动的一种形式。世界武术锦标赛根据近二十年世界武术的发展情况设置了31个项目，包括最具备竞技特点、可比性较强、有利于客观评判的武术项目。

三、武术的锻炼价值

（1）健身价值：增长肌肉力量，增强关节韧带的柔韧性，提高身体协调性和灵活性以及平衡能力。

（2）修身价值：热爱祖国传统武术，培养坚忍、顽强、勇于战胜困难的意志品质和良好的武术道德及团结、协作的精神。

（3）医疗价值：矫正身体姿态，提高大脑兴奋和反应活力，治疗慢性疾病，促进患者康复。

（4）观赏、娱乐价值：提高审美观念，培养自身健美姿态，观赏表演和比赛，感受力与美的结合，提高兴趣，陶冶情操。

（5）国防价值：提高军队的擒拿格斗技术和身体力量以及快速反应战斗力，对国防和社会治安有保障作用。

（6）交流价值：促进社会交往，改善人际关系，互相交流，切磋武术技艺，通过国际比赛，加强国际人民间的友谊和团结，广泛普及武术运动。

第二节 初 级 长 拳

一、初级长拳概述

长拳是在查拳、华拳、花拳、洪拳、炮拳、少林拳等传统拳术的基础上，根据其风格特点，综合整理创编，而后逐渐发展起来的一种影响广泛的拳术，其主要特点是动作舒展大方、姿势雄壮、精神勇往、力法快长。长拳讲究动迅静定、快速灵活、刚劲勇猛、节奏鲜明；在技击上讲究放长击远，出拳要拧腰送肩，以发挥"一寸长一寸强"的优势。练习长拳可以均衡、全面地锻炼身体，此项运动既均衡又全面，能够有效地提高人体的柔韧性、力量、耐力、协调性、灵敏性、反应能力、平衡等身体素质，尤其适合大学生锻炼。

二、初级长拳（第三路）动作名称

预备动作	1. 虚步亮掌	2. 并步对拳		
第一段	1. 弓步冲拳	2. 弹腿冲拳	3. 马步冲拳	4. 弓步冲拳
	5. 弹腿冲拳	6. 大跃步前穿	7. 弓步击掌	8. 马步架掌
第二段	1. 虚步栽拳	2. 提膝穿掌	3. 仆步穿掌	4. 虚步挑掌
	5. 马步击掌	6. 插步双摆掌	7. 弓步击掌	8. 转身踢腿马步盘肘
第三段	1. 歇步抡砸拳	2. 仆步亮掌	3. 弓步劈拳	4. 换跳步弓步冲拳

	5. 马步冲拳	6. 弓步下冲拳	7. 插步亮掌侧踹腿	
	8. 虚步挑拳			
第四段	1. 弓步顶肘	2. 转身左拍脚	3. 右拍脚	4. 腾空飞脚
	5. 歇步下冲拳	6. 仆步抡劈拳	7. 提膝挑掌	8. 提膝劈掌弓步冲拳
结束动作	1. 虚步亮掌	2. 并步对拳	还原	

三、初级长拳（第三路）动作图解

预备动作
预备势
头要端正，下颌微收，挺胸、塌腰、收腹（图 16-2-1）。

1. 虚步亮掌（图 16-2-2）

三个动作必须连贯。成虚步时，重心落于右腿上，右大腿与地面平行；左腿微屈，脚尖点地。

图 16-2-1　　　　图 16-2-2

2. 并步对拳（图 16-2-3）

并步后挺胸、塌腰；对拳、并步、转头要同时完成。

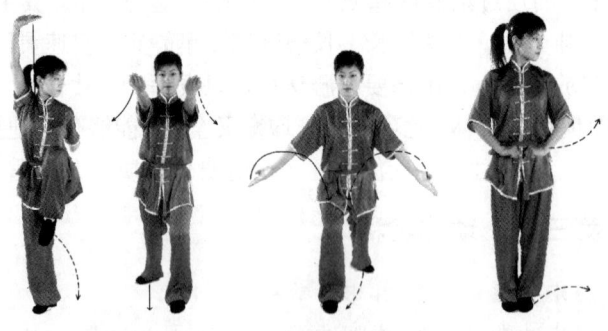

图 16-2-3

第一段

1. 弓步冲拳（图 16-2-4）

成左弓步时，右腿充分蹬直，脚跟不要离地；冲拳时，尽量转腰送肩。

2. 弹腿冲拳（图 16-2-5）

弹出的右腿要有爆发力，力点达于左脚尖；弹腿和冲拳要协调，同时完成。

3. 马步冲拳（图 16-2-6）

成马步时，大腿要成水平，两脚平行，脚跟外蹬，挺胸、塌腰。

图 16-2-4　　　　　　　　　　图 16-2-5　　　　图 16-2-6

4. 弓步冲拳（图 16-2-7）

与本段的弓步冲拳相同，只是左右相反。

5. 弹腿冲拳（图 16-2-8）

与本段的弹腿冲拳相同，只是左右相反。

图 16-2-7　　　　　　　图 16-2-8

6. 大跃步前穿（图 16-2-9）

跃步要远，落地要轻，整个动作要协调、连贯完成。

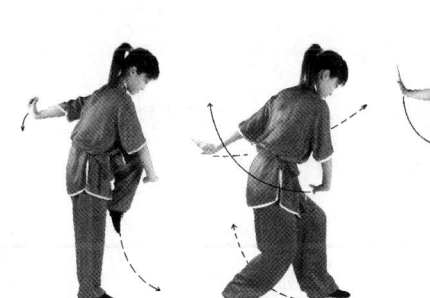  

图 16-2-9

7. 弓步击掌（图 16-2-10）

8. 马步架掌（图 16-2-11）

抖腕、甩头要同时完成。马步的要求同前。

图 16-2-10　　　　　　　图 16-2-11

第二段

1. 虚步栽拳（图 16-2-12）

落步、架拳、栽拳、转头要同时完成。

2. 提膝穿掌（图 16-2-13）

支撑腿与右臂充分伸直。

3. 仆步穿掌（图 16-2-14）

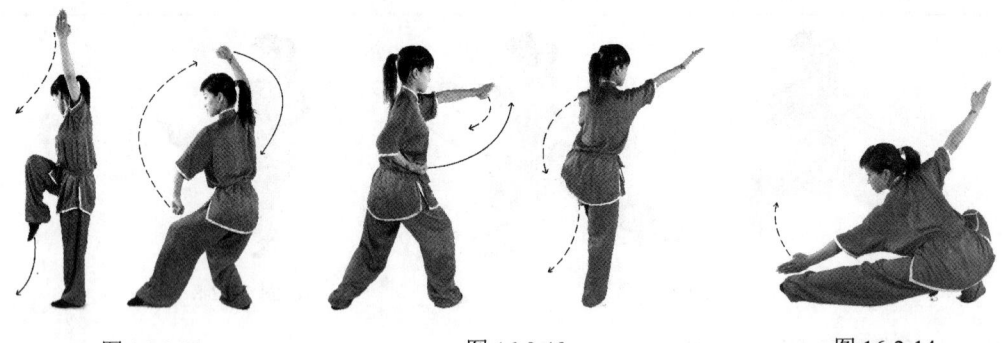

图 16-2-12　　　　　　图 16-2-13　　　　　　图 16-2-14

4. 虚步挑掌（图 16-2-15）

上步要协调，虚步要稳。

5. 马步击掌（图 16-2-16）

右掌搂手时，先使臂内旋、腕伸直，手掌向下、向外转；接着臂外旋，掌心经下向上翻转，同时抓握成拳。收拳和击掌的动作要同时进行。

图 16-2-15　　　　　　　图 16-2-16

6. 插步双摆掌（图 16-2-17）

两臂要画立圆，幅度要大，摆掌与后插步配合一致。

7. 弓步击掌（图 16-2-18）

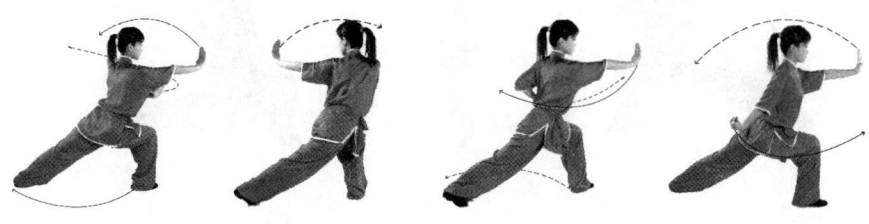

图 16-2-17　　　　　　　　　　　图 16-2-18

8. 转身踢腿马步盘肘（图 16-2-19）

两臂抡动时要画立圆，动作连贯；盘肘时要快速有力，右臂前送。

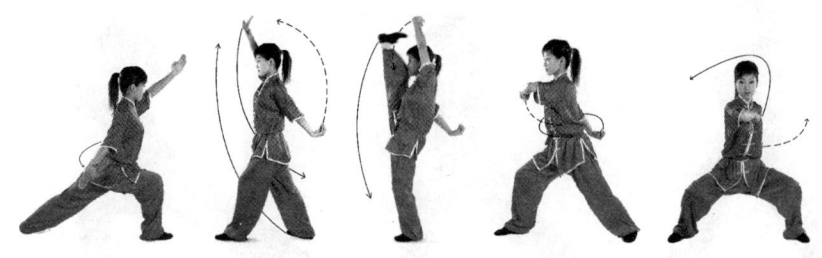

图 16-2-19

第三段

1. 歇步抡砸拳（图 16-2-20）

抡臂动作要连贯完成，画成立圆；歇步要两腿交叉前蹲，左腿的大小腿靠紧，臀部贴于左腿小腿外侧，左膝关节在右小腿外侧，左脚脚跟提起；右脚尖外撇，前脚掌着地。

图 16-2-20

2. 仆步亮掌（图 16-2-21）

落步下蹲时，先成右弓步，然后迅速过渡成左仆步；成仆步时，左腿充分伸直，脚尖内扣，右腿前蹲，两脚掌前部着地；上体挺胸塌腰，稍左转。

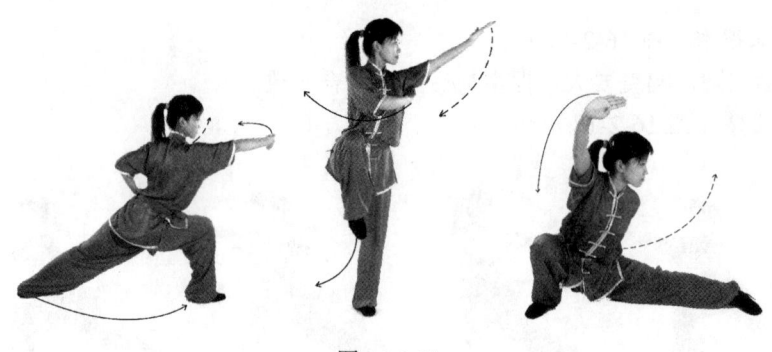

图 16-2-21

3. 弓步劈拳（图 16-2-22）

左右脚上步稍带弧形。

图 16-2-22

4. 换跳步弓步冲拳（图 16-2-23）

换跳步动作要连贯、协调；震脚时腿要弯曲，全脚掌着地；左脚离地不要过高。

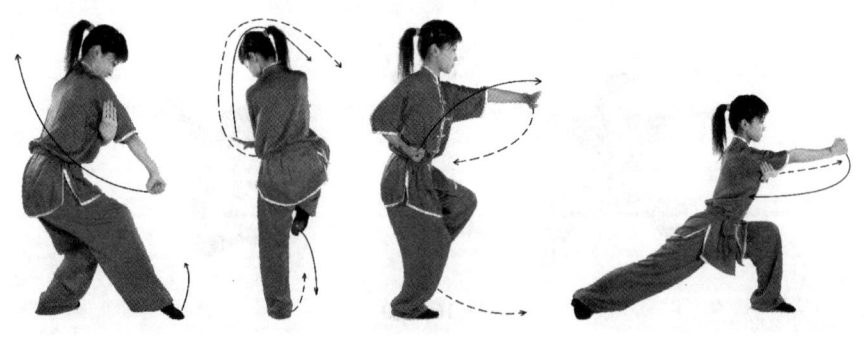

图 16-2-23

5. 马步冲拳（图 16-2-24）
6. 弓步下冲拳（图 16-2-25）
7. 插步亮掌侧踹腿（图 16-2-26）

插步时上体稍向右倾斜，腿、臂的动作要一致；侧踹高度不能低于腰，着力点在脚跟。

图 16-2-24　　　　图 16-2-25　　　　　　图 16-2-26

8. 虚步挑拳（图 16-2-27）

图 16-2-27

第四段

1. 弓步顶肘（图 16-2-28）

交换步时不要过高，但要快；两臂抡摆时要成圆弧。

图 16-2-28

2. 转身左拍脚（图 16-2-29）

右掌拍脚时手掌稍横过来，拍脚要准而响亮。

3. 右拍脚（图 16-2-30）

与本段的转身左拍脚相同，只是方向相反。

图 16-2-29　　　　　　　　　　　图 16-2-30

4. 腾空飞脚（图 16-2-31）

蹬地要向上，不要太向前冲；左膝尽量上提；击响要在腾空时完成，此时，右臂伸直成水平。

5. 歇步下冲拳（图 16-2-32）

图 16-2-31　　　　　　　　　　　图 16-2-32

6. 仆步抡劈拳（图 16-2-33）

抡臂时一定要画立圆。

图 16-2-33

7. 提膝挑掌（图 16-2-34）

抡臂时要画立圆。

8. 提膝劈掌弓步冲拳（图 16-2-35）

图 16-2-34

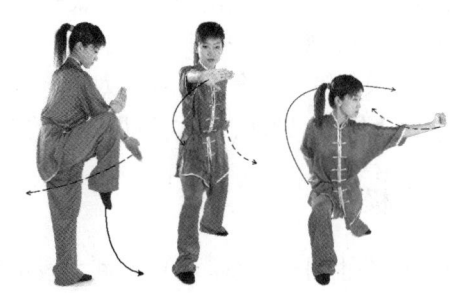
图 16-2-35

结束动作

1. 虚步亮掌（图 16-2-36）

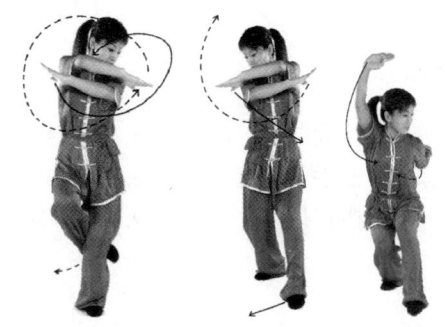
图 16-2-36

2. 并步对拳（图 16-2-37）

还原（图 16-2-38）。

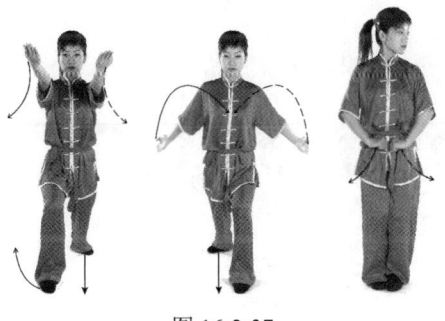
图 16-2-37

图 16-2-38

第三节 太 极 拳

　　太极拳是中国武术的一个重要流派，流行于各地，很受人们欢迎。太极拳是根据中国古代阴阳哲学的原理而命名的拳术。所有动作的开合、起落、进退、刚柔、蓄发、顺逆、虚实、曲直等，无不和谐地体现出阴阳对立与统一的辩证规律。

太极拳在长期的流行过程中形成了陈式、杨式、吴式、孙式、武式等技术流派。中华人民共和国成立以后，又编创了 24 式太极拳、48 式太极拳、32 式太极剑等。为了适应武术的国际交流与竞赛，又编创了陈式、杨式、吴式、孙式、武式太极拳和 42 式综合太极拳、42 式太极剑等竞赛套路。各式太极拳尽管在运动风格上有所不同，但体松心静、柔和缓慢、连绵不断、圆活自然、协调完整的要求是基本一致的。

一、8 式太极拳

8 式太极拳也叫一段拳，是中国武术段位制初段位技术规定教程的一段太极拳，即初段位中的一段考评套路，共有 10 式（含起势、收势），全部采用杨式大架太极拳，吸取了杨式大架太极拳中最为主要和基础的 8 个动作。内容精炼、重点突出，易学易记，练起来轻松自如，均匀缓慢，如行云流水，连绵不断，可用于修身养性。

8 式太极拳动作要领如下。

（一）8 式太极拳动作名称

1. 起势　　　　2. 倒卷肱　　　　3. 搂膝拗步
4. 野马分鬃　　5. 云手　　　　　6. 金鸡独立
7. 蹬脚　　　　8. 揽雀尾　　　　9. 十字手
10. 收势

（二）8 式太极拳动作图解

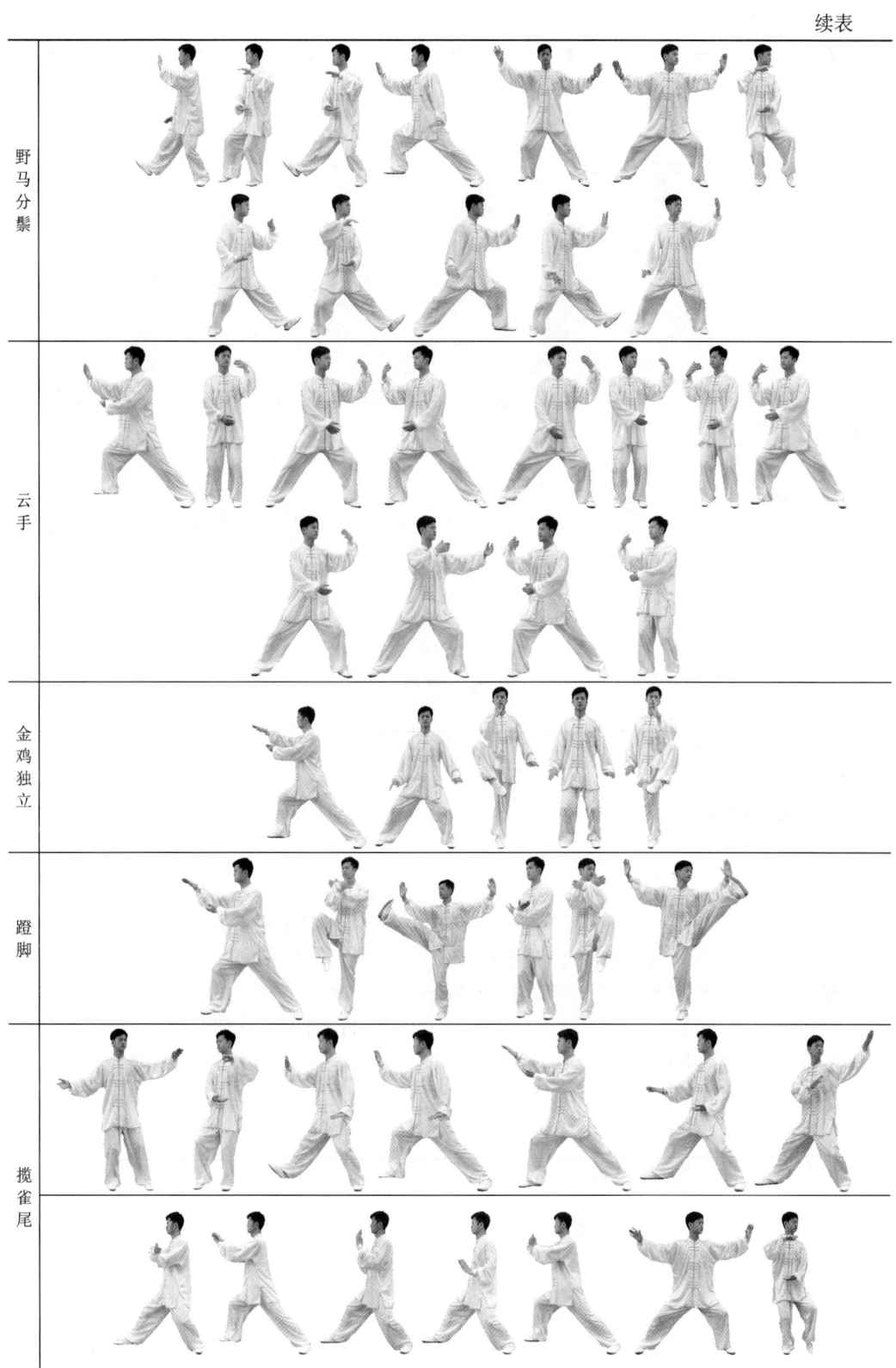

续表

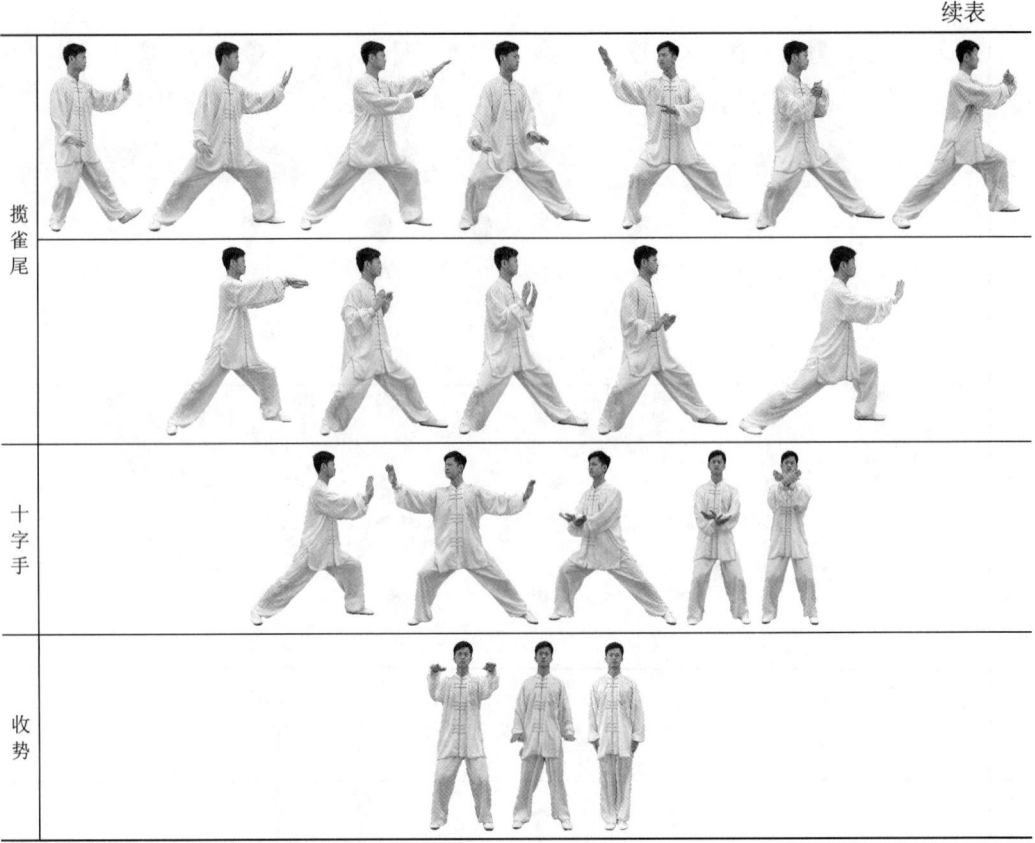

二、24 式太极拳

（一）24 式太极拳动作名称

第一组　1. 起势　　　　　2. 左右野马分鬃　　3. 白鹤亮翅
第二组　4. 左右搂膝拗步　　5. 手挥琵琶　　　　6. 左右倒卷肱
第三组　7. 左揽雀尾　　　　8. 右揽雀尾
第四组　9. 单鞭　　　　　　10. 云手　　　　　　11. 单鞭
第五组　12. 高探马　　　　　13. 右蹬脚　　　　　14. 双峰贯耳　　15. 转身左蹬脚
第六组　16. 左下势独立　　　17. 右下势独立
第七组　18. 左右穿梭　　　　19. 海底针　　　　　20. 闪通臂
第八组　21. 转身搬拦捶　　　22. 如封似闭　　　　23. 十字手　　　24. 收势

（二）24 式太极拳动作图解

第一组

1. 起势（图 16-3-1）

头颈正直，下颌微收，身体放松，收腹敛臀，气沉丹田，两臂自然垂于体侧。两臂上抬时配合吸气。两肩下沉，两肘松垂，手指自然微屈。屈膝、松腰、敛臀，身体重心落于两腿中间。两臂下落和身体下蹲的动作要协调一致。

2. 左右野马分鬃（图 16-3-2）

两臂分开时要保持弧形，弓步动作与分手的速度要均匀一致；身体转动时要以腰为轴带动上肢做动作；移动重心时上体要保持平稳，不可前俯后仰；胸部宽松舒展。

图 16-3-1

图 16-3-2

3. 白鹤亮翅（图 16-3-3）

两手抱球与左脚跟进半步要协调一致，重心后移和右手上提、左手下按要协调一致；转动动作要以腰带臂，虚步动作要收腹敛臀，臀部与脚跟在一条垂直线上。

第二组

4. 左右搂膝拗步（图 16-3-4）

腿成弓步的同时，手掌向前推出；身体不可前俯后仰，要松腰松胯；推掌时要沉肩垂肘、坐腕舒掌，同时须与松腰、弓腿上下协调一致；弓步时，两脚脚跟的横向距离保持在 30 厘米左右。

图 16-3-3

图 16-3-4

图 16-3-5

5. 手挥琵琶（图 16-3-5）

身体重心转变带动上肢动作，上下协调一致；左手上起时要由左向上、向前，微带弧形；身体姿势要平稳自然，沉肩垂肘，胸部放松。

6. 左右倒卷肱（图 16-3-6）

前推的手臂微屈，后撤的手随转体走弧线；前推时要转腰松胯，两手的速度要一致；转体时前脚以脚掌为轴扭正；退左脚略向左后斜，退右脚略向右后斜，避免两脚落在一条直线上。

图 16-3-6

第三组

7. 左揽雀尾（图 16-3-7）

掤出时，两臂肘部微屈保持弧形；分手、松腰、弓腿三者必须协调一致；揽雀尾弓步时，两脚跟横向距离不超过 10 厘米。向前挤时，上体要正直；挤的动作要与转腰、弓腿相一致。重心右移时，要松腰、坐胯，两手臂收至腹前；向前按时，两手须走曲线，按掌与弓腿协调一致，腕部高与肩平，两肘微屈。

图 16-3-7

8. 右揽雀尾（图 16-3-8）

动作方法与"左揽雀尾"相同，只是方向相反。

图 16-3-8

第四组

9. 单鞭（图 16-3-9）

完成定式时，右肘稍下垂，左肘与左膝上下相对，两肩下沉；左手向外翻掌前推时，要随转体边翻边推出，不要翻掌太快或最后突然翻掌；全部过渡动作，上下要协调一致。若面向南起势，单鞭的方向（左脚尖）应向东偏北（大约为15°）。

10. 云手（图 16-3-10）

身体转动要以腰脊为轴，松腰、松胯，不可忽高忽低；两臂随腰转动而运转，动作自然圆活，速度缓慢均匀；下肢移动时，重心要稳，两脚掌先着地再踏实，脚尖向前；视线随左右手移动；第三个"云手"的右脚最后跟步时，脚尖微内扣，以便于接"单鞭"动作。

图 16-3-9

图 16-3-10

11. 单鞭

与前"单鞭"势相同。

第五组

12. 高探马（图 16-3-11）

上体左转与推右掌、收左掌协调一致；跟步转换重心时，上体保持自然正直，不要有起伏。

13. 右蹬脚（图 16-3-12）

两手分开时，腕部与肩平齐；蹬脚时，左腿微屈，右脚尖回勾，力达脚跟；分手和蹬脚要协调一致，右臂与右腿上下相对。如面向南起势，蹬脚方向应为正东偏南（约 30°）。

图 16-3-11　　　　　　　　　　图 16-3-12

14. 双峰贯耳（图 16-3-13）

完成本式时，头颈正直，松腰、松胯，两拳松握，沉肩垂肘，两臂均保持弧形。

双峰贯耳式的弓步和身体方向与右蹬脚方向相同，弓步时两脚跟横向距离同"揽雀尾"式。

15. 转身左蹬脚（图 16-3-14）

与右蹬脚相同，只是左右方向相反。左蹬脚方向与右蹬脚成180°，即正西偏北约30°。

图 16-3-13　　　　　　　　　　　图 16-3-14

第六组

16. 左下势独立（图 16-3-15）

左手、左小腿回收协调一致；做仆步时，左脚尖与右脚跟踏在中轴线上。上体要正直，独立的腿微屈，右腿提起时右手上挑。

图 16-3-15

17. 右下势独立（图 16-3-16）

右脚尖触地后再提起向下仆腿。其他均与"左下势独立"相同，只是左右相反。

图 16-3-16

第七组

18. 左右穿梭（图 16-3-17）

左右穿梭分别向左斜前方、右斜前方约30°；架推掌与前弓腿上下要协调一致；上体保持正直。

图 16-3-17

19. 海底针（图 16-3-18）

身体要先向右转再向左转，完成姿势后向西，上体微前倾。

20. 闪通臂（图 16-3-19）

推掌、架掌与弓腿动作要协调一致；弓步时两脚跟横向距离同"揽雀尾"势，不超过 10 厘米。

图 16-3-18　　　　　　　　图 16-3-19

第八组

21. 转身搬拦捶（图 16-3-20）

向前冲拳时，右肩随拳略向前引伸，沉肩垂肘，右臂要微屈。

图 16-3-20

22. 如封似闭（图 16-3-21）

身体后坐时，应避免后仰，臀部不可凸出；两臂随身体回收时，肩部、肘部略向外松开，不要直着抽回；两手推出时，间距不超过肩宽。

23. 十字手（图 16-3-22）

两手分开和合抱时，上体不要前俯；站起后，身体自然正直，头要微向上顶，下颌稍向后收；两臂环抱时要圆满舒适，沉肩垂肘。

24. 收势（图 16-3-23）

两手左右分开下落时，要全身放松，同时气徐徐下沉（呼气略加长）。呼吸平稳后，左脚收到右脚旁再走动。

图 16-3-21

图 16-3-22　　　　　　　　　　图 16-3-23

第四节　传统养生保健功法

一、八段锦

（一）八段锦简介

"八段锦"是中国古代的导引术，健身效果明显，流传广泛，是中华传统养生文化中的瑰宝。八段锦的"八"字，不单指段、节八个动作，还表示如八卦那样，其功法有多种要素，相互制约，循环运转。正如明代高廉所著的《遵生八笺》中八段锦导引法所提："子后午前做，造化合乾坤。循环次第转，八卦是良因。""锦"字，是由"金""帛"组成，以表示其精美华贵。除此之外，"锦"字还可理解为单个导引式的汇集，如丝锦那样连绵不断，是一套完整的健身方法。八段锦之名，最早出现在宋代洪迈所著《夷坚志》一书中。据该书记载："政和七年，李似矩为起居郎……尝以夜半时起坐，嘘吸按摩，行所谓八段锦者。"这些记载说明八段锦在北宋时已流传于世。

八段锦是中国古代导引术中的一个重要组成部分，是一套针对脏腑、病症而设计的练功功法。功法中伸展、前俯、后仰、摇摆等动作，分别作用于人的三焦、心肺、脾胃、肾腰等部位和器官，可以防治心火、五劳七伤和各种疾病，并有滑利关节、发达肌肉、增长气力、强壮筋骨、帮助消化和调整神经系统的功能。

（二）八段锦动作说明

预备动作

两脚并步站立；两臂自然垂于体侧；身体中正，目视前方（图16-4-1）。松腰沉髋，身体重心移至右腿；松腰沉髋，左脚向左侧开步，脚尖朝前，约与肩同宽；目视前方（图16-4-2）。

两臂内旋，两掌分别向两侧摆起，约与髋同高，掌心向后；目视前方（图16-4-3）。腿膝关节稍屈；同时，两臂外旋，向前合抱于腹前成圆弧形，与脐同高，掌心向内，两掌指间距约10厘米；目视前方（图16-4-4）。

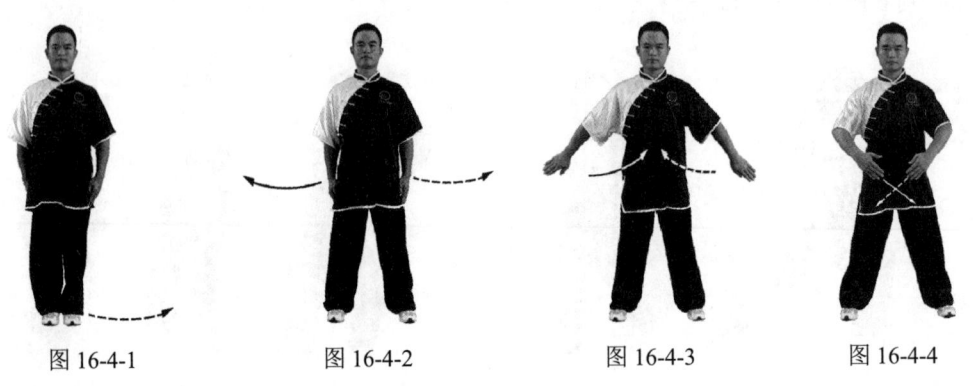

图16-4-1　　　　图16-4-2　　　　图16-4-3　　　　图16-4-4

1. 两手托天理三焦

（1）接上式。两臂外旋微下落，两手掌五指分开在腹前交叉，掌心向上；目视前方（图16-4-5）。

（2）两腿徐缓挺膝伸直；同时，两手掌上托至胸前，随之两臂内旋向上托起，掌心向上；抬头，目视两手掌（图16-4-6）。

（3）两臂继续上托，肘关节伸直；同时，下颌内收，动作略停；目视前方（图16-4-7）。

（4）身体重心缓缓下降；两腿膝关节微屈；同时，十指慢慢分开，两臂分别向身体两侧下落，两手掌捧于腹前，掌心向上；目视前方（图16-4-8）。

本式托举、下落为1遍，共做6遍。

图16-4-5　　　　图16-4-6　　　　图16-4-7　　　　图16-4-8

2. 左右开弓似射雕

（1）接上式。身体重心右移；左脚向左侧开步站立，两腿膝关节自然伸直；同时，两手掌向上交叉于胸前，左掌在外，两手掌心向内；目视前方（图16-4-9）。

（2）两腿徐缓屈膝半蹲成马步；同时，右掌屈指成"爪"，向右拉至肩前；左掌成八字掌，左臂内旋，向左侧推出，与肩同高，坐腕，掌心向左，犹如拉弓射箭之势；动作略停；目视左掌方向（图16-4-10）。

（3）身体重心右移；同时，右手五指伸开成掌，向上、向右画弧，与肩同高，指尖朝上，掌心斜向前；左手指伸开成掌，掌心斜向后；目视右掌（图16-4-11）。

（4）重心继续右移；左脚回收成并步站立；同时，两手掌分别由两侧下落，捧于腹前，指尖相对，掌心向上；目视前方（图16-4-12）。

图16-4-9　　　图16-4-10　　　图16-4-11　　　图16-4-12

（5）重复（1）～（4），只是左右相反（图16-4-13～图16-4-16）。

（6）本式一左一右为1遍，共做3遍。第3遍最后一个动作时，身体重心继续左移；右脚回收成开步站立，与肩同宽，膝关节微屈；同时，两手掌分别由两侧下落，捧于腹前，指尖相对，掌心向上；目视前方（图16-4-17）。

图16-4-13　　图16-4-14　　图16-4-15　　图16-4-16　　图16-4-17

3. 调理脾胃须单举

（1）接上式。两腿徐缓挺膝伸直；同时左掌上托，左臂外旋上穿经面前，随之臂内旋上举至头左上方，肘关节微屈，力达掌根，掌心向上，掌指向右；同时，右掌微上托，随之臂内旋下按至右髋旁，肘关节微屈，力达掌根，掌心向下，掌指向前，动作略停；目视前方（图16-4-18）。

（2）松腰沉髋，身体重心缓缓下降；两腿膝关节微屈；同时，左臂屈肘外旋，左掌经面前落于腹前，掌心向上；右臂外旋，右掌向上捧于腹前，两手掌指尖相对，相距约10厘米，掌心向上；目视前方（图16-4-19）。

（3）重复（1）（2），只是左右相反（图16-4-20、图16-4-21）。

（4）本式一左一右为1遍，共做3遍。第3遍最后一个动作时，两腿膝关节微屈；同时，右臂屈肘，右掌下按于右髋旁，掌心向下，掌指向前；目视前方（图16-4-22）。

图16-4-18　　　图16-4-19　　　图16-4-20　　　图16-4-21　　　图16-4-22

4. 五劳七伤往后瞧

（1）接上式。两腿徐缓挺膝伸直；同时，两臂伸直，掌心向后，指尖向下，目视前方（图16-4-23）。两臂充分外旋，掌心向外；头向左后转。动作略停；目视左斜后方（图16-4-24）。

（2）松腰沉髋，身体重心缓缓下降；两腿膝关节微屈；同时，两臂内旋按于髋旁，掌心向下，指尖向前；目视前方（图16-4-25）。

图16-4-23　　　　　　图16-4-24　　　　　　图16-4-25

（3）重复（1），只是左右相反（图16-4-26、图16-4-27）。

（4）重复（2）（图16-4-28）。

（5）本式一左一右为1遍，共做3遍。第3遍最后一个动作时，两膝关节微屈，同时，两手掌捧于腹前，指尖相对，掌心向上，目视前方（图16-4-29）。

图 16-4-26　　　　图 16-4-27　　　　图 16-4-28　　　　图 16-4-29

5. 摇头摆尾去心火

（1）接上式。身体重心左移；右脚向右开步站立，两腿膝关节自然伸直；同时，两手掌上托与胸同高时，两臂内旋，两手掌继续上托至头上方，肘关节微屈，掌心向上，指尖相对；目视前方（图 16-4-30）。

（2）两腿徐缓屈膝半蹲成马步；同时，两臂向两侧下落，两手掌扶于膝关节上方，肘关节微屈，小指侧向前；目视前方（图 16-4-31）。

（3）身体重心向上稍升起，而后右移；上体先向右倾，随之俯身；目视右脚（图 16-4-32）。

（4）身体重心左移；同时，上体由右向前、向左旋转；目视右脚（图 16-4-33）。

（5）身体重心右移，成马步，同时，头向后摇，上体起立，随之下颌微收；目视前方（图 16-4-34）。

图 16-4-30　　　图 16-4-31　　　图 16-4-32　　　图 16-4-33　　　图 16-4-34

（6）重复（3）～（5），只是左右相反（图 16-4-35～图 16-4-37）。

（7）本式一左一右为1遍，共做3遍。做完3遍后，身体重心左移，右脚回收成开步站立，与肩同宽；同时，两手掌向外经两侧上举，掌心相对；目视前方（图 16-4-38）。随后松腰沉髋，身体重心缓缓下降。两腿膝关节微屈；同时屈肘，两手掌经面前下按于腹前，掌心向下，指尖相对；目视前方（图 16-4-39）。

6. 两手攀足固肾腰

（1）接上式。两腿挺膝伸直站立；同时，两手掌指尖向前，两臂向前、向上举起，肘关节伸直，掌心向前；目视前方（图 16-4-40）。

（2）两臂外旋至掌心相对，屈肘，两手掌下按于胸前，掌心向下，指尖相对；目视前方（图 16-4-41）。

图 16-4-35　　　图 16-4-36　　　图 16-4-37　　　图 16-4-38　　　图 16-4-39

（3）两臂外旋，两手掌心向上，随之两掌掌指顺腋下向后插；目视前方（图 16-4-42）。

（4）两手掌心向内沿脊柱两侧向下摩运至臀部；随之上体前俯，两手掌继续沿腿后向下摩运，经脚两侧置于脚面；抬头，动作略停；目视前下方（图 16-4-43）。

（5）两手掌沿地面前伸，随之用手臂举动上体起立，两臂伸直上举，掌心向前；目视前方（图 16-4-44）。

（6）本式一上一下为 1 遍，共做 6 遍。做完 6 遍后，松腰沉髋，重心缓缓下降；两腿膝关节微屈；同时，两手掌向前下按至腹前，掌心向下，指尖向前；目视前方（图 16-4-45）。

图 16-4-40　　图 16-4-41　　图 16-4-42　　图 16-4-43　　图 16-4-44　　图 16-4-45

7. 攒拳怒目增气力

（1）接上式。身体重心右移，左脚向左开步；两腿徐缓屈膝半蹲，成马步；同时，两掌握固，抱于腰侧，拳眼朝上；目视前方（图 16-4-46）。

（2）左拳缓慢用力向前冲出，与肩同高，拳眼朝上；瞪目，视左拳冲出方向（图 16-4-47）。

（3）左臂内旋，左拳变掌，虎口朝下；目视左掌（图 16-4-48）。左臂外旋，肘关节微屈；同时，左掌向左缠绕，变掌心向上后握固；目视左拳（图 16-4-49）。

（4）屈肘，回收左拳至腰侧，拳眼朝上；目视前方（图 16-4-50）。

图 16-4-46　　　图 16-4-47　　　图 16-4-48　　　图 16-4-49　　　图 16-4-50

(5) 重复（1）～（3），只是左右相反（图 16-4-50～图 16-4-54）。

（6）本式一左一右为 1 遍，共做 3 遍。做完 3 遍后，身体重心右移，左脚回收成并步站立；同时，两拳变掌，自然垂于体侧；目视前方（图 16-4-55）。

图 16-4-51　　　图 16-4-52　　　图 16-4-53　　　图 16-4-54　　　图 16-4-55

8. 背后七颠百病消

（1）接上式。两脚跟提起；头上顶，动作略停；目视前方（图 16-4-56）。

（2）两脚跟下落，轻震地面；目视前方（图 16-4-57）。

（3）本式一起一落为 1 遍，共做 7 遍。

收势

接上式。两臂内旋，向两侧摆起，与髋同高，掌心向后；目视前方（图 16-4-58）。两臂屈肘，两手掌相叠置于丹田处（男性左手在内，女性右手在内）；目视前方（图 16-4-59）。

两臂自然下落，两手掌轻贴于两腿外侧；目视前方（图 16-4-60）。

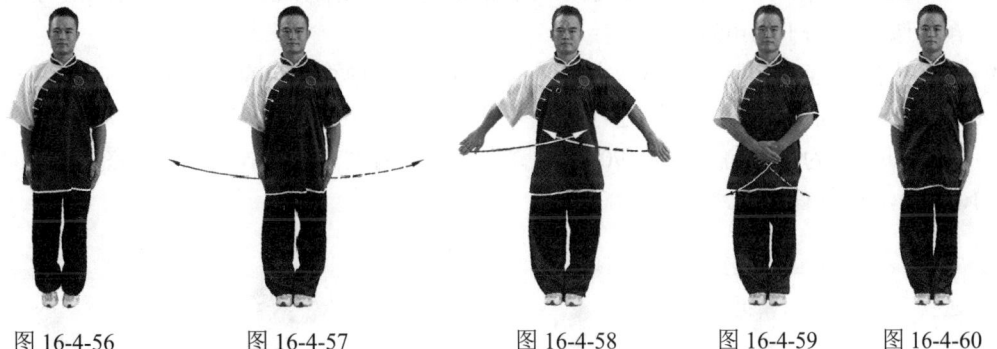

图 16-4-56　　　图 16-4-57　　　图 16-4-58　　　图 16-4-59　　　图 16-4-60

二、五禽戏

（一）五禽戏简介

五禽戏是通过模仿虎、鹿、熊、猿、鸟（鹤）五种动物的动作，以保健强身的一种气功功法，由中国古代医学家华佗在前人的基础上创造，故又称"华佗五禽戏"。五禽戏是一种外动内静、动中求静、动静兼备、有刚有柔、刚柔相济、内外兼练的仿生功法。锻炼时要注意全身放松，意守丹田，呼吸均匀，做到外形和神气都要像五禽，达到外动内静、动中求静、刚柔并济、内外兼备的效果。

（二）五禽戏动作说明

1. 虎戏

练习虎戏最重要的是要有虎威：神发于目、威生于爪、神威并重、啸声惊人；要有动如雷霆无阻挡、静如泰山不可摇的气势；既要做到刚劲有力，又要做到刚中有柔，从而体现动静相兼、刚柔并济的特点。

1）虎窥

（1）两脚并拢直立，两手垂于体侧；眼平视前方；呼吸自然（图16-4-61）。

（2）身体重心移向右腿，左腿向上抬起，左大腿与地面平行；同时两手成虎爪状沿体侧上举至胸前，掌心向下；配合吸气。

（3）左脚向前跨出一大步，成左弓步；同时两手由上到下落至左膝两侧，稍比肩宽，掌心向下；两眼向前方平视，眼神威猛；配合呼气（图16-4-62）。

（4）身体向右后转动，以腰带臂；同时两手随转体向右后画弧摆动；配合吸气（图16-4-63）。再向左转体，以腰带臂，两手向体前画弧，身体转正；眼随手动，配合呼气。

（5）右脚向右前方迈步，做右式，动作同图16-4-62、图16-4-63，唯左右相反。

【要点】要表现出虎的威猛。提膝要高、落步轻灵，两掌下按时意贯虎爪，力达指尖。上体竖直、颈随体转，目光炯炯、虎视眈眈，似猛虎出洞寻食。

2）虎扑

（1）接上述动作。以右脚为轴，向左转体90°，左脚收至右脚内侧，成左丁步；两腿屈曲，两手随转体摆至两脚前，稍比肩宽，掌心向下（图16-4-64）。

（2）上体抬起后仰，两腿由屈变伸，两膝微屈；两手沿体侧向上收至胸前侧，掌心向下；配合吸气（图16-4-65）。

（3）左脚快速向左前方跨出一大步，成左弓步；同时两手向前下猛扑至左膝下两侧，掌心向下；眼视前下方，配合快速呼气，并发出"嗨"声（图16-4-66）。

（4）以左脚为轴，向右转体90°，右脚收到左脚内侧，做右式，动作同图16-4-64～图16-4-66，唯左右相反。

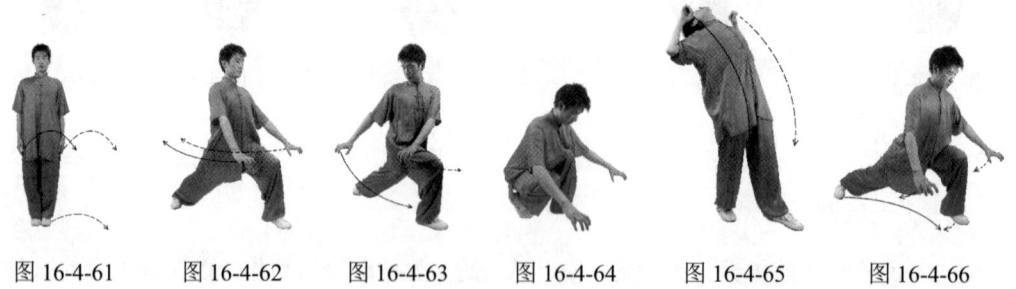

图16-4-61　　图16-4-62　　图16-4-63　　图16-4-64　　图16-4-65　　图16-4-66

【要点】练习虎扑时，动作应轻灵敏捷、先柔后刚。前扑时发声吐气，以声催力，力达指尖。

【作用】练习虎扑时，配以"嗨"发声，"气自丹田发"，能开张肺气、强腰固肾，并能使周身肌肉、筋腱、骨骼强壮。虎戏的各种步法变换，可增强关节的灵活性，对防治老年性慢性支气管炎、神经衰弱、腰背痛、骨关节酸痛、颈椎综合征等有一定疗效。

2. 鹿戏

练习鹿戏时要舒松自然，动作轻捷奔放，不能有丝毫的勉强和拘束；精神要安详雅静，臆想在山坡、草原群鹿行游，自己身为其中一员随群进行各种活动。

1）鹿兴

（1）右腿直立，左腿屈膝提起，小腿自然下垂，成右独立式；同时两掌变鹿指，由体侧上举过头，两臂伸直，掌心朝前。配合吸气（图16-4-67）。

（2）左腿向前迈出，挺膝踏实，右脚尖点地；两臂屈肘，两掌架于头顶两侧，呈鹿角状；配合呼气（图16-4-68）。

（3）右腿屈膝上提，成左独立式，做右式，动作同图16-4-67、图16-4-68，唯左右相反。

【要点】独立要稳，脚趾屈勾抓地。两臂上举，神态舒展昂扬。落步回头眺望，躯干和后面腿成一条斜线，颈部尽量后拧。

2）鹿盘

（1）接上述动作。上体直立，转体向左，同时左脚由后向前上步至右脚前，前脚掌着地，成左高虚步；两臂由头侧下落，左臂屈肘，上臂靠近身体左侧，前臂约与地面平行，掌心向上，右手举至头顶右上方，两掌心斜相对；眼视左手（图16-4-69）。

（2）左脚稍回收，再向前迈一步，脚尖稍外展踏实，屈膝，右脚向前经左脚内侧，摩擦地面而过，脚尖略内扣，如此连续沿一圆圈走八步（即八卦步）；眼始终注视圆心（图16-4-70）。

（3）走完八卦步，以两脚为轴，身体左转约270°后屈膝下蹲，成左歇步；两手中指和眼神始终对圆心（图16-4-71）。

（4）身体直立，同时向右转体约270°，成右高虚步，做右式，动作同图16-4-69～图16-4-71，唯左右相反。

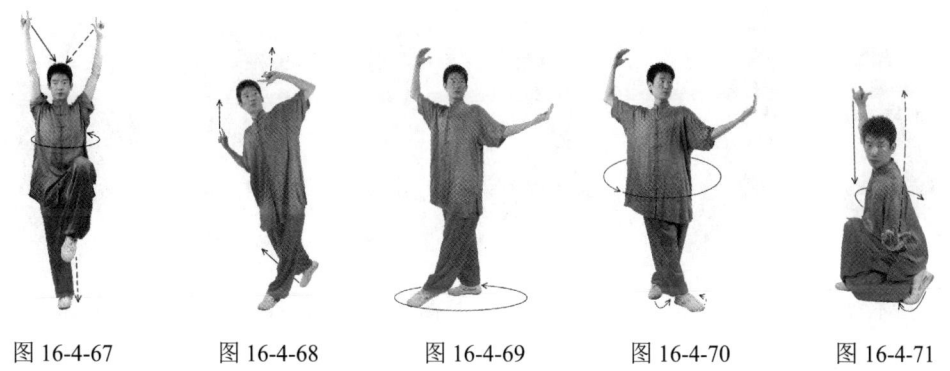

图16-4-67　　图16-4-68　　图16-4-69　　图16-4-70　　图16-4-71

【要点】八卦步要匀速走在圆弧上，走转时两膝适度弯曲，身体下坐，使力量贯注于两腿。脚尖扣摆转换，前进如蹚泥状，全脚掌平落地面，五趾抓地。眼视圆心，心舒体松，神情怡然，呼吸自然。

【作用】鹿戏善运尾闾，有助于打通任督二脉，有强筋骨、固腰肾的作用，对腰背痛、腰肌劳损、阳痿、月经不调、痛经等病症有疗效。鹿兴使身体各关节活利，肌肉得到充分锻炼和牵拉，使肌肉力量增强。鹿盘使脊柱充分拧转，可增进脊柱的灵活性和稳定性，有延缓衰老和防治脊柱畸形的作用。

3. 熊戏

练习熊戏要表现出熊的浑厚、沉稳、性情刚直、勇敢和不怕困难的意志。熊戏外观上虽笨重拖沓，实际内含无穷气力，且在沉稳中又有轻灵敏捷；同时，练习熊戏时要松静自然、气沉丹田。

1）熊行

（1）左脚向前迈一步，成左弓步；上体稍向前倾，含胸拔背，同时拧腰向右，左肩前靠内旋，松肩、松肘、松髋，由腰带动向前下摆动至左膝前，右臂稍向前摆动，之后再后摆至右髋后侧，两手呈熊掌状。配合呼气（图16-4-72）。

（2）身体转正，重心后移，拧腰晃膀，带动两臂前后摆动；配合吸气（图16-4-73）。

（3）身体重心前移，成左弓步；左臂摆至体前，右臂摆至右后侧；配合呼气（图16-4-74）。

（4）右脚经左脚内侧向右前方迈一大步，成右弓步，做右式，动作同图16-4-72～图16-4-74，唯左右相反。

【要点】上步轻灵，落步沉稳。重心前后移动，连贯均匀；两臂顺势前后摆动，如风吹杨柳；前靠时须用内劲。

2）熊攀

（1）接上述动作。左脚向前上步，与肩同宽，成开立步；同时两掌收至体侧，再经体前上举至头上方，掌心向前，成握物状；抬头，眼向上看；配合缓缓吸气（图16-4-75）。

（2）两臂屈肘，两手慢慢下拉至肩前；同时，身体上引，脚跟慢慢提起（图16-4-76）。

（3）脚跟慢慢落地，上体前屈同时俯身；两手变掌落至两脚前；配合缓缓呼气（图16-4-77）。

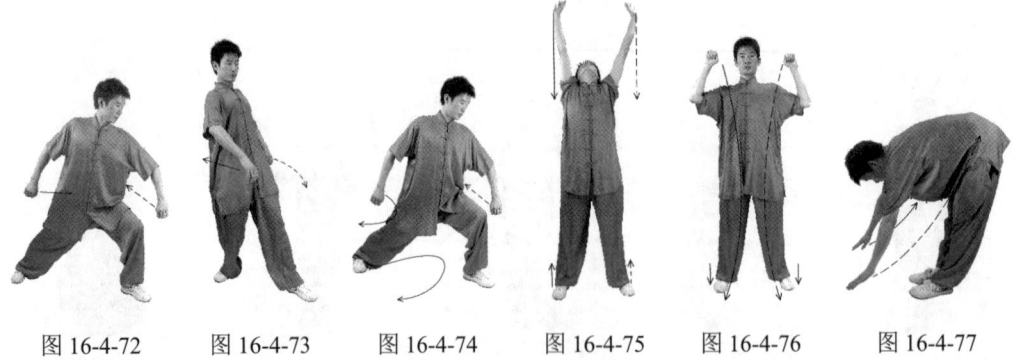

图 16-4-72　　图 16-4-73　　图 16-4-74　　图 16-4-75　　图 16-4-76　　图 16-4-77

（4）上体徐徐抬起，同时两手呈熊掌状经两腿前再上提至腹前，配合吸气。之后两拳变掌下落至体侧，配合呼气。

【要点】两手上攀时，身体尽量伸展；两手下落时，身体尽量前屈，两腿不能弯曲。

【作用】练习熊戏有改善脾胃的运化功能、营养脏腑和增强肌力的作用。熊戏中用腰带动身体的晃动，使全身都得到运动，促进血液循环，活跃全身生理机能，有滑利脊柱和髋关节、增强腰腹肌力量、调理脾胃的功效。熊戏中，下肢动作在各种步法变换之时，可以对髋、膝、踝三个主要关节起活利的作用，有利于疏通经络，改善腿部血液循环，强壮筋骨。

4. 猿戏

猿生性好动，机智灵敏，善于纵跳，攀枝爬树，躲躲闪闪，永不疲倦，这是由猿性极静而动的特点所致。练习猿戏，外练肢体运动的轻灵敏捷，内练其精神的宁静，方能收到"动静兼修"和"不是神仙体自轻，似闪似电令人惊"的境界。

1）猿采

（1）左脚向左前方跳一小步，右脚快速跟至左脚内侧，成右丁步；同时左手成猿勾状收至左腰侧，勾尖向后，右手经体前弧形上举至额前，掌心向下，指尖向右；眼注视右前方，眼神机敏（图16-4-78）。

（2）左脚向左前方跨一步，踏实，上体前倾，右腿向后平举过腰，脚掌心向上；同时，左勾手向右前方平伸屈腕，摆至头前，呈摘采式，右手由额前向下画弧摆至身体右后侧，掌变勾手，勾尖向上（图16-4-79）。

（3）左脚蹬地，右脚下落向左后方跳回，右脚收至左脚内侧，成右丁步；同时左臂屈肘，手收至左耳旁，掌心向上，呈托桃状，右臂屈肘，手掌捧托在左肘下（图16-4-80）。

（4）右脚蹬地，左脚向右前方跨一步，左脚快速跟至右脚内侧，成左丁步，做右式，动作同图16-4-78～图16-4-80，唯左右相反。

【要点】摘采之前，眼睛先要注视前上方，好似发现树上有桃，摘采收回要快速敏捷。身体前倾摘采，要保持平衡。呼吸自然。

2）猿摩

（1）接上述动作。左脚向左前方跳一步，右脚跟至左脚内侧成右丁步，上体稍前倾；同时两手向两侧画弧，收至背后，掌心向外，之后沿腰背部做上下按摩数次（图16-4-81）；同时做左右转颈、眨眼、叩齿动作。

（2）右脚向右前方跳一步，左脚跟至右脚内侧，成左丁步；同时两手由背后向前画弧再收至背后，同时做左右转颈、眨眼、叩齿动作。动作同图16-4-81，唯左右相反。

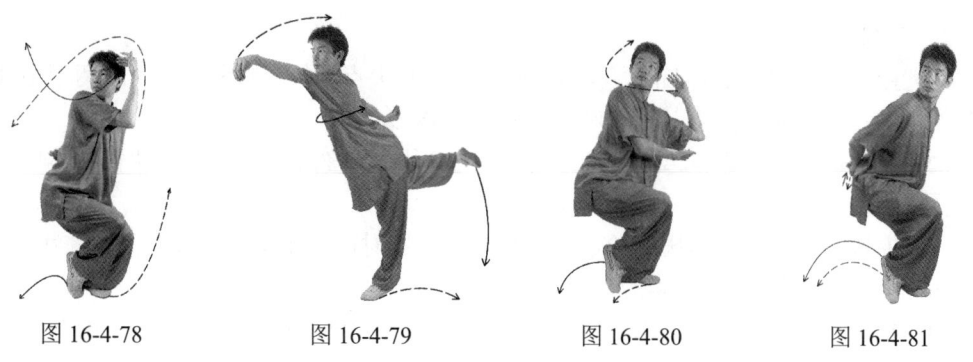

图16-4-78　　　　图16-4-79　　　　图16-4-80　　　　图16-4-81

（3）身体直立，两脚并拢，两臂自然下垂，成站立姿势。

【要点】两手上下摩擦腰脊两侧，以肾俞穴为主，摩擦幅度要大，摩背、叩齿、眨眼要同时进行，呼吸自然。

【作用】久练猿戏能健神、增强肢体的灵活性，进而起到体健身轻和延缓衰老的作用。猿戏的攀登、跳跃可增强腿部的肌肉力量及各关节的灵活性和柔韧性。猿戏中的平衡动作能增强人的平衡能力。

5. 鸟戏

鹤是鸟类的代表。鸟戏要表现出鹤的昂然挺拔、亭亭玉立、轻盈安详、悠然自得的神韵。"熊经鸟伸，为寿而已矣"。"鸟伸"指的是练鸟戏时要舒缓伸展，用鹤的形象练功，取其轻灵敏捷。

1）鸟伸

（1）左脚向前一步，身体重心前移，左脚跟抬起，脚尖点地；同时右手由体前向上撑起，左手下按，两手呈鸟翅状；眼平视前方；配以吸气（图16-4-82）。

（2）两臂同时向前立抡一周，上体前俯，两腿屈膝，右手下落摸左脚尖，左手后抬；眼视右手；配以呼气（图16-4-83）。

（3）左腿挺膝蹬直，右腿伸直向后抬起，脚掌向上，抬头、挺胸、塌腰；两臂伸直后摆，掌心向上，成燕式平衡；眼视正前方；呼吸自然（图16-4-84）。

（4）右脚落下，上步踏实，左脚跟抬起，左手上撑，右手下按，做右式，动作同图16-4-82～图16-4-84，唯左右相反。

图 16-4-82

图 16-4-83

图 16-4-84

2）鸟翔

（1）接上述动作。左腿下落，收至右脚内侧，脚尖点地，两腿稍屈；同时两手由体侧下落，左手在外；眼视两手；配合呼气（图16-4-85）。

（2）右腿伸直，左腿提起，大腿与地面平行，小腿自然下垂；同时，两臂在体侧向上平举；眼视前方；配合吸气（图16-4-86）。

（3）左脚下落踏实，右脚跟抬起，脚尖点地；同时两手下落至体前交叉，左手在外；眼视两手；配合呼气（图16-4-87）。

（4）左腿伸直，右腿向上提起；两臂在体侧向上平举；眼视前方；配合吸气（图16-4-88）。

（5）右脚下落踏实，左脚跟抬起，脚尖点地；同时两手下落回收至体前交叉，左手在外；眼视两手；配合呼气（图16-4-89）。

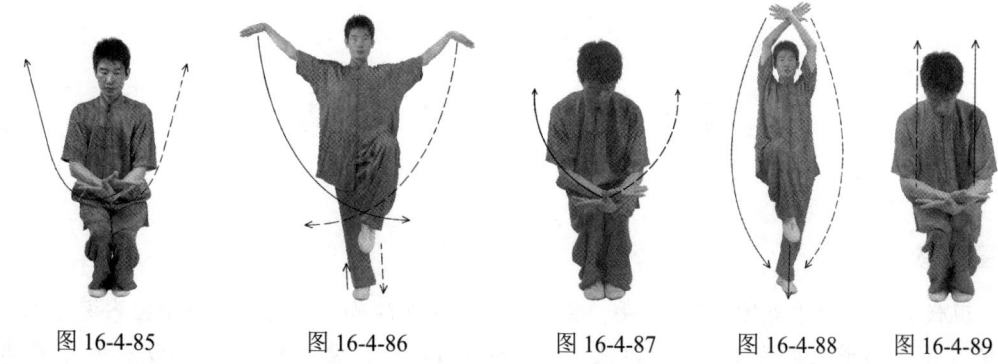

图 16-4-85　　　图 16-4-86　　　图 16-4-87　　　图 16-4-88　　　图 16-4-89

（6）右腿伸直，左腿向上提起；同时两手交叉，由体前举至头的前上方，右手在外；配合吸气（图 16-4-90）。

（7）左脚下落踏实，右脚跟抬起，脚尖点地；同时两手由上向体侧弧形下落，至体前交叉，左手在外；眼视两手；配合呼气（图 16-4-91）。

（8）左腿伸直，右腿向上提起；同时两手交叉由体前举至头的前上方，左手在外；配合深长吸气（图 16-4-92）。

（9）右脚落于左脚内侧踏实，屈膝深蹲，上体前俯；同时两手弧形下落触摸脚外；配合深长呼气（图 16-4-93）。

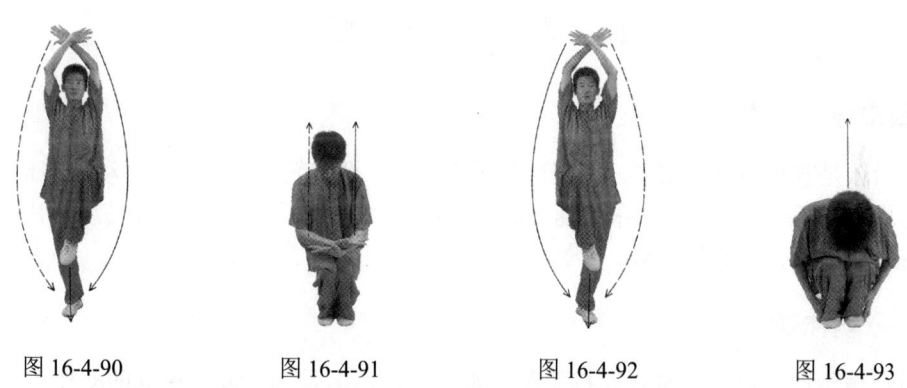

图 16-4-90　　　图 16-4-91　　　图 16-4-92　　　图 16-4-93

（10）身体直立，两臂自然下垂，成站立姿势；眼平视前方；呼吸自然。

【要点】两臂摆动，幅度要大，轻松自如，开合升降与呼吸紧密配合。手脚变化协调一致，同起同落。

【作用】鸟戏要求伸展。伸展运动可以加强呼吸的深度，使肺的功能得到充分发挥，也可以使胃肠、心脏等内脏器官功能加强，从而改善人体全身的生理机能。鸟戏中的步法变换较多，能起到活利关节、增强肌力的作用。

第十七章 游泳运动

本章导读

现代游泳起源于英国。1828 年，英国在利物浦乔治码头修造了第一个室内游泳池。1896 年第 1 届现代奥运会时，游泳被列为竞赛项目之一，设有 100 米、500 米和 1200 米自由式 3 个游泳项目。1900 年第 2 届奥运会时，仰泳被分列出来。1904 年第 3 届奥运会又将蛙泳分列出来。1912 年第 5 届奥运会时，女子游泳被列入比赛项目。1956 年第 16 届奥运会又增加了蝶泳，从此游泳种类定为四种。

游泳运动能改善心血管系统、呼吸系统、神经系统和消化系统的功能，促进人体正常生长发育和新陈代谢，提高全身的协调性、肌肉力量和耐久力，增强耐寒能力。游泳对于身体瘦弱和许多慢性病患者还是一种有效的体育医疗手段，已成为许多慢性病患者有效的锻炼方法。游泳在生产、科研和国防建设上有很高的实用价值。游泳还能磨炼意志，培养勇敢顽强的精神。

第一节 自由泳和蛙泳

一、自由泳

自由泳是身体俯卧在水中，两腿交替上下打水，两臂轮流向后划水，动作结构简单，推进力均匀，既省力又能产生最大速度的一种泳姿。四种泳姿中，自由泳速度最快，在游泳项目比赛中多采用此种姿势。

（一）身体姿势

游自由泳时，身体要尽量保持俯卧的水平姿势。但是为了取得更好的动作效果，头部应自然稍抬，两眼注视前下方，头的 1/3 露出水面，水平面接近发际，双腿处于最低点，身体纵轴与水平面成 3°～5°的仰角。自由泳游进中，身体可以围绕身体纵轴做有节奏的转动，转动的角度一般为 35°～45°。如果速度加快，角度就会相对减少（图 17-1-1、图 17-1-2）。

图 17-1-1

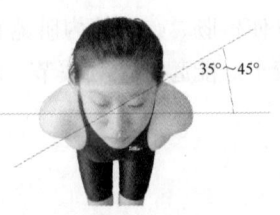

图 17-1-2

（二）腿部动作

两腿上下连续打水，两脚尖上下交替幅度以垂直距离计算为30～40厘米。脚稍向内转，脚尖自然绷直，踝关节放松，由大腿发力，带动小腿和脚以鞭打动作打水。向上提时直腿，向下时大腿先下打，膝部随之下打，然后小腿和脚依次下打，整个下打过程犹如甩鞭。

（三）手臂动作

1. 入水

肘略高于手，手掌自然伸直并拢，与水面约成45°角，拇指领先斜插入水中。入水的范围在肩的延长线上或在肩的延长线与人体中线之间。入水点约是臂前伸的2/3位置上。臂入水后积极向前方伸肘伸肩，掌心朝下。

2. 划水

在臂向前伸展的基础上，开始下滑并屈腕屈肘，使前臂转成向后推水。在肘约屈成150°角时开始用力划水。当臂划至肩下时，手在身体中线下方，肘成90°～120°。接着上臂与前臂同时向后划去，直至划到大腿旁，这过程中肩向后移，肘靠向体侧，以加长划水路线并使前臂和手掌能以最大面积向后推水。臂入水后下滑屈肘，划至肩下时腕与前臂成180°角，然后逐渐伸腕使手掌展开，至划到大腿旁，手掌与前臂成200°～220°角。整个划水动作由慢到快，划水结束时达到最快（图17-1-3）。

图 17-1-3

3. 出水和移臂

划水结束后，前臂和手腕放松，提肩提肘使整个手臂出水，动作迅速而不停顿。接着，在肩的转动下，带动整个手臂向前移动，移臂时仍保持高肘屈臂的姿势。出水和移臂动作要放松，使用力划水后的肌肉得到短暂的休息。

在自由泳划臂的整个周期中，动作是不停顿的，划水动作的内部循环是有节奏进行的，随着阶段的不同，各部分所用力量也不同，动作速度也不一样。整个水下划臂的路线从仰视图来看为"S"形。

4. 两臂配合

两臂配合是前进速度均匀的最重要条件之一，一般有前交叉、中交叉、后交叉三种配合形式。前交叉是指一臂入水时，另一臂已前摆至肩前方与水平面约成30°角。前交叉有利于初学者掌握自由泳动作和呼吸。中交叉是指一臂入水时，另一臂处于肩下部位，与水平面约成 90°角。后交叉是指一臂入水时，另一臂处于腹下，手与前方水平面约成 150°角。后两种配合有利于发挥两臂力量和提高动作频率，加快速度，保持均匀的推进力。

（四）呼吸与臂的配合

一般是两臂各划一次做一次呼吸。以向左侧转头吸气为例，左臂入水后，口鼻开始呼气，左臂划至肩下并继续后划，同时头随身体绕纵轴向左侧转动，并加速呼气，在臂出水时嘴把气呼完，立即张口吸气，当左臂前移至肩侧时吸气结束，并随着左臂的入水，闭气将头转正。待臂入水后又开始第二个循环动作。做好吸气动作，应使头与身体成一线一同转动，口在低于水面的波谷中吸气。

（五）完整配合动作

自由泳的完整配合技术，是匀速地不断向前游进的保证。在完整配合技术中，一般手臂各划一次水，呼吸一次，双腿打水有 2 次、4 次、6 次等，也有不规则打水或交叉打水等多种配合形式。这往往是因个人的特点、习惯、比赛项目或距离长短不一而异。

初学者以学习 6 次打腿、2 次划手、1 次呼吸的配合技术为好。这有利于学习过程中保持臂、腿动作的协调，以及身体平衡的掌握（图 17-1-4）。

图 17-1-4

（六）练习方法

1. 腿部动作练习方法

（1）陆上模仿练习：坐在池边或岸边，两手后撑，两腿向前伸直并拢内旋，直腿做模仿打水的练习。练习时眼要看着两腿的动作。

（2）水中练习：①手抓水槽打水练习。练习时要求髋关节展开，两腿内旋，大腿带动小腿，踝关节放松。先直腿，后屈腿。②蹬壁滑行打水练习。练习时要求闭气，两臂伸直并拢，头夹于两臂之间，打水时腿要放松。

2. 手臂动作和手臂与呼吸配合动作练习方法

（1）陆上模仿练习：①原地两脚开立，上体前倾做直臂划水模仿练习。重点体会推水结束后的空中移臂动作和手臂入水动作。先单臂练习，再两臂交替练习。②同上练习，要求划水时做出屈臂的动作，着重体会划水路线。除划水阶段用力外，其他动作放松，移臂时肘高于手。③两脚开立，上体前倾，两手扶膝，做向侧转头吸气练习。④同侧臂开始划水时呼气，推水时转头吸气，吸气后头迅速转回，手再入水。

（2）水中练习：①站立浅水中，做陆上模仿练习①～④的内容。②在水中一边走动，一边做陆上模仿练习①～④的内容。要求划水时适当用力，注意手掌对水，推水时掌心向后，体会划水路线及水感。③两臂配合：蹬边滑行后腿轻轻打水或大腿夹助浮器帮助下肢浮起，身体平衡，做单臂划水，如左臂划两次后右臂划两次。而后做两臂分解配合到左臂划水，空中移臂，入水后右臂再做。最好过渡到两臂前交叉配合划水。④臂与呼吸配合：扶板打水，单臂划水，向同侧转头呼吸。转头时下颌向同侧肩靠近，不要抬头。滑行轻轻打腿，划单臂向同侧转头呼吸，要求划水路线长。两臂配合，由分解过渡到前交叉加转头呼吸。

3. 完整配合动作练习方法

水中练习：①由蹬壁滑行打腿开始，加各种配合练习，要不停地打腿。首先抓好臂腿配合，再加呼吸配合，但不宜过早强调呼吸，以免影响臂腿配合的质量。②完整动作配合游时，不一定非要6次打腿，只要臂腿配合协调，划水和呼吸时腿不停顿地打水即可，再逐渐加长游距，在练习中改进动作。

（七）易犯错误及其原因和纠正方法（表17-1-1）

表17-1-1 自由泳易犯错误及其原因和纠正方法

部位	易犯错误	原因	纠正方法
腿部	小腿打水	（1）动作要领不清； （2）下打时屈膝过度	（1）明确动作要领； （2）先用直腿打水，然后体会用大腿带动小腿打水
	屈髋打水	躯干没有充分展开或收腰	（1）多做陆上模仿练习，注意大腿上抬或用直腿打水； （2）水中练习要展髋，打水大腿上摆
	勾脚打水	踝关节灵活性差	（1）要求绷直脚尖打水； （2）多做踝关节灵活性练习
臂部	臂入水后向下压水	（1）直臂入水； （2）过早用力划水	（1）入水时手指先入水，此时肘高于手； （2）入水后臂向前下方伸，抓到水后再划水
	手在肩外侧划水和划水路线短	（1）手入水点偏外侧，并向外侧划水； （2）没有抓水动作	（1）屈臂，手沿身体中线做"S"形划水，可要求在肩前入水，划水时向腹下抱向同侧大腿处推水； （2）用矫枉过正法，要求在身体中线处入水，超过中线向后划水，划水结束时手触同侧大腿
完整配合	抬头吸气	（1）动作概念不清； （2）怕呛水，不敢侧转呼吸	（1）明确转头吸气； （2）吸气时，绕纵轴转动，转头时做"咬肩"动作
	吸不进气	不会呼吸或不会在水中吐气	（1）在水中做呼吸的基本动作； （2）强调水中吐气； （3）掌握转头吸气的时机，嘴将出水时猛吐、深吸气

二、蛙泳

蛙泳是身体俯卧于水中，两肩与水面平行，依靠两臂对称向后划水，两腿向后对称蹬夹水而向前游进的姿势。整个动作与青蛙游水十分相似，所以取名为蛙泳。蛙泳的特点是游时省力，容易学，游动时动作全部在水下，头部可以出水面呼吸，视野开阔，容易对准目标。

（一）身体姿势

蛙泳在游进之中，身体不是固定在一个位置上，而是随着手、腿的动作而不断地变化。当一个动作周期结束后，身体应展胸、稍收腹、微塌腰，两腿并拢，两臂尽量伸直，颈部稍紧张，头部置于两臂之间，眼睛注视前下方。整个身体应以身体的横轴为轴做上下起伏动作。

（二）腿部动作（图 17-1-5）

1. 收腿

两膝自然向下，逐渐分开，小腿在大腿后面向上折叠，脚跟沿水面向臀部靠拢。收腿时力量要小，放松。收腿结束时，大腿与躯干的夹角为 120°～140°，两膝距离略宽于髋，小腿尽量与水面垂直，为翻脚和蹬腿做好准备。

2. 翻脚

收腿即将结束时，脚仍向臀部靠近，这时两膝关节向内扣，同时两脚向外侧翻开，使脚和小腿内侧对好蹬水方向。脚外翻时，应积极用力勾脚，这是做好翻脚动作的关键，而膝关节和踝关节的灵活性则是完成动作质量的保证。

3. 蹬夹腿

蹬夹腿是在翻脚的连贯动作下开始的，即翻脚后不停顿地向后做弧形蹬夹水，直至两腿并拢。蹬腿时应以大腿发力，先伸髋，再伸膝，到最后还有约 1/4 的路程时快速伸踝关节并拢两腿，使蹬水获得更大的效果。伸踝关节时伴有下压的动作，可使身体升起，有利于向前滑行。

4. 滑行

蹬腿结束后，腿略低于身体，随着蹬水产生的推进力向前滑行，腿应快速稍上抬，以减少滑行的阻力。

图 17-1-5

（三）手臂动作（图 17-1-6）

1. 抓水

抓水是在两臂已前伸并拢且掌心转向外时，前臂、上臂内旋，掌心向外斜并稍屈腕，两手分开向斜下方抓水。当手掌前臂有压力时，抓水动作即完成。

2. 划水

抓水后，两臂开始提肘屈臂，并继续向后方划水。当两手掌外划，宽度约近两倍肩宽，上臂和前臂夹角约为115°时，即转入内划。

3. 内划

内划是划水的继续，它是划水动作中的一个重要组成部分，能产生较大的升力和推进力。内划时掌心由外转向内，完成此转腕动作，只要小指由向上转为向下即可。同时必须与前臂、上臂同时用力向内夹，两肘自上而下直线内夹。内划动作完成时，两掌心向上，两肘正处于肩前下。

4. 前伸

臂内划结束，此时要借助臂向前的惯性，立即伸肩、伸肘。两掌心由向上逐渐转为向下，两臂呈并拢伸直状。

蛙泳整个划水路线，近似"桃形"的轨迹。划水方向是向侧、下、后、内、前方；划水力量由小到大；划水速度由慢到快。特别强调：内划至前伸段中间不能有停顿，动作必须连贯，一气呵成。

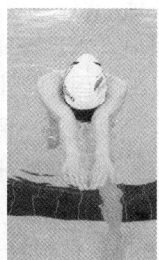

图 17-1-6

（四）完整配合技术

由于蛙泳是通过臂腿相互交替运动产生向前的推进力，因此臂腿配合时机是十分重要的。配合得好，游速均匀效果好；配合得不好，出现减速，效果差。臂划水时腿伸直放松，收手时收腿，臂将伸直时开始蹬腿，接着臂腿伸直滑行（图17-1-7）。

图 17-1-7

臂与呼吸及臂、腿、呼吸完整配合。蛙泳中臂与呼吸配合有早吸气和晚吸气两种形式：

早吸气是两臂划水开始时抬头吸气，收手时低头屏气，两臂前伸时逐渐呼气；晚吸气是两臂内划时吸气，内划结束吸气也完成了。两臂前伸时屏气，向外划水时呼气。早吸气的吸气时间长，对初学者来说较容易掌握；晚吸气的吸气时间短，但完整配合连贯、紧凑，有利于力量的发挥，对提高成绩有明显的优势，为运动员所采用。

蛙泳臂、腿、呼吸的完整配合，一般为一次划臂、一次蹬腿、一次呼吸，但也可以2~3次臂腿动作呼吸一次。

（五）练习方法

1. 腿部动作练习方法

（1）陆上模仿蛙泳腿部动作练习：坐在池边或凳上，上体稍后仰，两手体后撑，两腿伸直并拢，髋关节展开，做蛙泳的收腿（大腿带动小腿，边收边分）、翻脚（向外翻脚，脚的蹬水面对准水，膝稍内压）、蹬夹水（向后弧形蹬夹水）、停（两腿并拢伸直放松停一会儿）的动作，先分解练习再过渡到完整连贯动作。

（2）水中做蛙泳腿部练习：手扶支撑物，身体平卧浮于水中，髋关节展开，两腿放松伸直并拢，做收、翻、蹬夹、停的动作，先分解再连贯起来做。要求：肩浸入水中，腰腹部肌肉稍紧张，臀靠近水面，防止塌腰、挺腹、臀下沉；收腿时要放松慢收，小腿和脚在大腿投影之内；向外翻脚要充分，脚掌和小腿内侧对准水，脚心朝上；蹬夹水动作要连贯，速度相对要快些；蹬夹水结束后，两腿并拢伸直漂一会儿。

（3）滑行做蛙泳腿部练习：蹬壁或蹬池底滑行后做蛙泳腿，要求两腿蹬水后漂浮的时间长一些，注意蹬腿效果和动作节奏。

（4）游动支撑做蛙泳腿部练习：扶住浮板的近端，两臂伸直，面部浸入水中，做蛙泳蹬腿动作。

（5）蛙泳腿和呼吸配合练习：当蹬夹动作结束、两腿并拢伸直时，抬头吸气，随后低头没入水中闭气再收腿。

2. 手臂动作练习方法

（1）陆上站立，上体前倾，两臂前伸，掌心向下。按口令做以下动作：两手同时向侧后下方划水；屈臂收手至颌下，掌心斜相对；两手向前伸直并拢稍停。要求划水时掌心向外侧下方，内收时，用力压水。先分解练习再过渡到完整连贯动作。基本掌握臂的动作后，即可配合早呼吸，开始划水时抬头吸气，伸臂时，低头闭气及呼气。

（2）站立在齐胸深的水中，俯卧，两臂按陆上练习的要求做划水动作，先做原地，后做走动的小划臂练习。划水时不要用力，体会水对掌的压力（水感）。手每划一次水，两臂在体前伸直并拢稍停一会儿，主要是体会划水路线。

（3）臂和呼吸配合练习，臂的动作同上，由走动到俯卧滑行做臂与呼吸配合动作。要求划臂开始抬头吸气（早吸气）或划水结束时抬头吸气（晚吸气）。

（4）双人配合练习，由同伴抱住练习者双腿，做蛙泳臂与呼吸配合动作的练习。

3. 完整配合动作练习方法

1）陆上模仿练习

站立，两臂向上伸直并拢。一腿支撑另一腿做模仿练习。按口令做："1"——两臂向两侧划水。"2"——收手同时收腿，收腿即将结束时开始翻脚。"3"——臂将伸直时蹬腿。"4"——臂、腿伸直稍停。然后逐渐连贯做，加呼吸动作。

2）水中练习

（1）滑行后闭气做臂、腿配合的分解练习。即先完成一次划臂动作后，再做一次蹬腿动作，臂和腿依次交替进行，以建立臂先腿后的概念。

（2）闭气滑行，做划臂腿伸直、收手又收腿，臂将伸直再蹬腿，臂腿伸直后滑行的配合练习。

（3）同上练习加呼吸配合。由多次蹬腿一次划臂逐渐过渡到一次臂、一次腿和一次呼吸的完整配合。

（4）逐渐远距离游，在远距离游中改进技术。

（六）易犯错误及其原因和纠正方法（表17-1-2）

表17-1-2　蛙泳易犯错误及其原因和纠正方法

部位	易犯错误	原因	纠正方法
腿部	蹬水时没有翻脚或一脚翻、一脚绷直剪水	（1）小腿肌肉对翻脚的动作未建立感觉和体会；（2）绷脚尖形成动作定型	（1）多在水上做翻脚的强制性练习；（2）强调蹬水时保持脚翻、勾（勾脚尖）状态
腿部	平收腿、蹬得过宽，先蹬后夹或只蹬不夹	（1）收腿时两膝外张；（2）旧的动作定型影响	（1）陆上模仿练习加深体会；（2）用矫枉过正方法，要求收蹬，用绳固定两膝距离，限制其外张
腿部	收腿时游速突减，蹬水时不走	（1）收腿过快，收大腿过多；（2）蹬腿时脚内侧与小腿内侧未对水	（1）强调慢收腿，控制大腿与躯干的夹角约为130°；（2）强调慢收到位，小腿约与水垂直。注意翻脚后蹬腿，并相对快些
臂部	划水时手摸水（划不到水）	（1）划水时拖肘；（2）手臂力量差	（1）划水时，高抬肘，屈臂划水幅度小些；（2）加强手臂力量训练
臂部	划水路线太靠后，超过肩的延长线	（1）急于用力划水，推动身体前进，收手过晚；（2）抬头吸气时间过长或吸气抬头过晚	（1）伸肩划下抓水，保持高肘提前划水；（2）屈臂小划水，或用水线限制划水过肩
完整配合	蹬腿的同时划臂	配合节奏紊乱，急于划臂	强调先伸臂后蹬腿，臂腿伸直再滑行。或两臂前伸，蹬两次腿、划一次臂，然后做一次腿一次臂配合
完整配合	蹬腿的同时伸臂	臂划水结束后没有及时转入收手和伸臂，而是停留胸前	（1）强调收手时收腿，适当地慢些；（2）划、收、伸衔接应紧密连贯，强调臂先伸直再蹬腿
完整配合	吸不到气	（1）吸气前未呼气或呼气过早过猛，使呼与吸之间有停顿；（2）抬头太慢，吸气时间太短；（3）用鼻吸气，呛水	（1）臂前伸时开始呼气，注意呼气节奏。呼与吸衔接，嘴将出水加速呼气，嘴一出水顺势吸气；（2）滑水时开始抬头并吸气；（3）用嘴、鼻呼气，用嘴吸气

第二节　游泳安全防护

一、游泳的安全卫生常识

游泳是一项深受人们喜爱的体育活动，游泳具有调节人体机能和增强抵抗力等作用，是男女老幼都适宜的健身运动。在游泳时，要自觉遵守游泳安全和卫生守则，防止发生意外事故和传染疾病。

（1）选择安全卫生的人工游泳场所，池水经常消毒、排污和过滤，清晰度较高。

（2）游泳前严格体检，患有心脏病、高血压、癫痫、活动性肺结核、传染性肝炎、红眼病、精神病、中耳炎、发烧、开放性创伤者，都不宜游泳。妇女在月经期游泳要采用卫生措施，未采取措施不宜下水。

（3）饮酒、饱食后和饥饿、过度疲劳时不能游泳。

（4）游泳前要做准备活动，它能使身体更好地适应温差的刺激和游泳活动的需要，防止抽筋、拉伤。

（5）游泳时最好戴上泳镜，以免双眼被氯气侵入或被细菌感染。

（6）游泳时应掌握正确的呼吸方法，用嘴吸气，避免呛水。

（7）游泳时耳朵进水，应将头偏向进水一侧，并用同侧的脚连续震跳，使水流出，或者将头偏向进水一侧，用手掌紧压耳郭，屏住呼吸，然后迅速拿开手掌，反复几次后，可将水吸出。

（8）游泳时发生肌肉抽筋，要保持镇静，不要紧张。在浅水或离岸较近时，应立即上岸进行处理；在深水或离岸较远时，应大声呼救，同时进行自救。

二、游泳救护

（一）接近溺水者

接近溺水者是指救护者在发现溺水情况后，由岸（船）边跳入水中准备赴救的过程。

（1）入水方法分两种：在熟悉的水域或游泳池，可用鱼跃式（头先入水）的出发动作，其优点是速度快（图17-2-1）。在不熟悉的水域，可用"八一"式（跨步式）动作（图17-2-2）。

图 17-2-1　　　　　　　　　　图 17-2-2

（2）游近溺水者：救护者在入水后迅速靠拢和控制溺水者并做好拖带准备。一般采用速度较快的抬头自由泳，亦可采用头不入水的蛙泳，以便观看溺水者。

（3）游到离溺水者2~3米处时，深吸一口气采用潜深技术接近溺水者，以保证自身体力。如溺水者面向自己，则潜入水中，游到溺水者身旁两手扶住他的髋部，将他转至背向自己，然后进行拖带。另一种方法是正面游近溺水者后，用右手握住他的任一只手，用力拉向一边，借助惯性使溺水者身体转180°背向自己，然后进行拖带（图17-2-3）。如溺水者背向自己，可直接游近溺水者急停后，一手托腋，使其口鼻露出水面，一手夹胸做好拖带准备，并有效地控制对方。

图 17-2-3

（二）水中解脱法

水中解脱法是救护者在接近或寻找溺水者时被溺水者抱住后施行解脱，并有效控制溺水者的一项专门技术。

（1）虎口反抓解脱法：虎口是指拇指与食指之间的部位。救护者的臂部（单臂或双臂）被溺水者抓住时，可握紧双拳向溺水者的虎口方向外旋，肘内收并紧接着反抓溺水者的右肘和右前臂，同时将溺水者右臂拧向背后，使其背向自己，随即拖运（图 17-2-4）。

（2）托肘解脱法：当溺水者从前或后面抱住救护者的颈部，救护者用一手托住溺水者一肘部，另一手握住溺水者同一手腕，同时将托肘部的手用力向上推，抓腕的手用力向下拉，即可解脱，进行拖带（图 17-2-5）。

图 17-2-4　　　　　　　　　　　图 17-2-5

（3）推扭解脱法：当被溺水者从前上方拦腰抱住时，救护者一手按住溺水者的后脑勺，另一手托住溺水者的下颌，向外扭转他的头，并顺势把溺水者转至背向自己，然后进行拖带（图 17-2-6）。

（4）扳指解脱法：救护者扳动溺水者右手一指，用左手抓住溺水者左手的一指分别向左右用力拉开（图 17-2-7），然后放开溺水者的一只手，乘势转至溺水者背后进行拖带。

（5）外撑解脱法：当被溺水者从背后连同两臂拦腰抱住时，救护者两腿用力下蹬夹水，连同溺水者一起在水中升高身体位置。当头出水后深吸口气，然后突然下沉，同时用两臂向外撑的方法进行解脱（图 17-2-8），随后转到溺水者背后进行拖带。

（三）拖带法

拖带法是指救护者采用侧泳或反蛙泳进行水上运送溺水者的一项专门技术。

图 17-2-6　　　　　图 17-2-7　　　　　图 17-2-8

（1）侧泳拖带法：救护者侧卧水中，一手扶住溺水者，另一手在体侧划水，两腿做侧泳、蹬剪水的动作前进（图17-2-9）。另一种是一手抄腋下，同侧髋部紧贴溺水者的背部，另一手在体侧划水，两腿做侧泳蹬剪水动作（图17-2-10）。

（2）反蛙泳拖带法：一手或两手扶住溺水者，以反蛙泳腿的动作使身体前进。拖带时，一种是仰卧水面，两臂伸直扶住溺水者的两颊，腿做反蛙泳动作使身体前进（图17-2-11）。另一种是仰卧水面，两臂伸直，两手的四指放在溺水者的两腋下，拇指放在肩胛骨上，腿做反蛙泳动作使身体前进（图17-2-12）。

   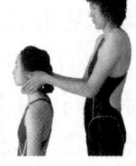  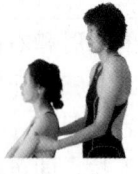

图 17-2-9　　　　图 17-2-10　　　　　图 17-2-11　　　　　图 17-2-12

三、肌肉痉挛自救

肌肉痉挛是游泳运动中经常遇到的一种突发状况。解决肌肉痉挛的有效方法是将痉挛部位的肌肉拉长伸展，然后进行按摩使痉挛缓解。下面介绍几种肌肉痉挛的解救方法。

（一）手指肌肉痉挛解救法

先将手握拳握紧，然后用力伸开，伸直。反复几次痉挛就能缓解（图17-2-13）。

（二）小腿肌肉痉挛解救法

先伸直患腿，一手按住膝盖或小腿部位，踝关节屈，另一手抓住脚趾用力后扳并蹬直患腿（大腿后面肌肉痉挛解救法与此相同），反复几次痉挛就能缓解（图17-2-14）。

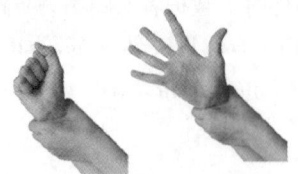 

图 17-2-13　　　　　　　　　　　图 17-2-14

第十八章　形体健美

本章导读

　　形体健美运动是一类以增进健康、发展肌肉、增强体力、美化形体和陶冶情操为目的的运动项目。通过徒手和各种器械，采用专门的动作和方法进行肌肉负荷锻炼，塑造出健、力、美的身材，并提高心血管系统、呼吸系统和消化系统等各内脏器官的功能。

第一节　健　美　操

　　健美操的英文名为"aerobics"，意为"有氧运动""有氧健美操"，最早是美国太空总署为宇航员设计的室内体能训练内容。20世纪80年代初，当世界性的健美操热刚刚踏进国门时，最先接受它的是高校，得到普及的是高校，开始向社会推广的也是高校。一时间，各种类型健美操中的流行旋律、时尚动作占据了校园文化阵地，开创了高等院校健美操蓬勃发展的新局面。无数大学生开始认识、参与健美操，并受益于健美操。高校健美操热促进了学校体育教学的改革，健美操已被列入学校体育教学大纲，这为健美操在学校的普及奠定了良好的基础。高校的健美操热也促进了全民健身热潮的兴起，其新颖的锻炼方式、良好的锻炼效果很快被向往健美的人群所接受，越来越多的以健美操为主要健身方式的健身中心、健身俱乐部应运而生，成为健身市场一道靓丽的风景线。

　　健美操作为一项很有特色的运动，从增强人体健康的角度来说，具有良好的作用，尤其是对于改善心肺功能、控制体重、减肥和塑造形体，提高协调性和韵律感有较好的效果。

一、健美操基本动作及其变化规律

　　健美操动作看起来变化多端，其实都是在基本动作的基础上演变而来的。基本动作看似简单，其实变化无穷。掌握了这一规律，不但学得快、记得快，更重要的是，还能按照规律随意编排，终身受益。

　　（1）改变身体的方向（如转体90°或180°的开合跳，不同方向的连续踏步或带转体的踏步等）。

　　（2）改变出脚的方向（如前后弓步跳和左右弓步跳，"V"字步和"A"字步等）。

　　（3）改变动作速度或强度（如节奏的改变：快快慢；不同高度的踢腿跳等）。

　　（4）上下肢动作相互组合（如相同的步法，不同的上肢动作，或者相反）。

　　（5）不同步法相互组合（如吸腿跳与踢腿跳，开合跳与弓步跳等）。

（6）复合变化（如在改变身体方向的同时改变出脚的方向，改变速度的同时改变方向等）。

以踏步为例，让我们一起实践。

原地踏步—踏点步—"V"字步—"A"字步—漫步—变方向的三步一点（前、后、左、右）—转体360°三步一点（左、右）—小马跳。

二、健美操大众锻炼标准测试套路

（一）大众健美操一级套路

大众健美操一级套路图解和说明如下。

组合一

节拍		下肢步法	上肢动作
预备姿势		站立	
一	1～8	右脚开始"一"字步2次	1～2拍双臂胸前屈，3～4拍双臂后摆，5拍双臂胸前屈，6拍双臂上举，7拍双臂胸前屈，8拍双臂放于体侧

节拍		下肢步法	上肢动作
二	1～4	右脚开始向前走3步吸腿	1～3拍双臂经前举后摆至肩侧屈，4拍击掌
	5～8	左脚开始向后退3步吸腿	手臂同1～4拍

第十八章 形体健美

续表

	动作		
		5 6 7 8	

	节拍	下肢步法	上肢动作
三	1～4	右脚开始侧并步2次	1拍右臂肩侧屈，2拍还原，3拍左臂肩侧屈，4拍还原
	5～8	右脚向侧连续并步2次	5拍双臂胸前平屈，6拍还原，7～8拍同5～6拍动作

	动作		
		1 2 3 4 5 6 7 8	

	节拍	下肢步法	上肢动作
四	1～4	左脚"十"字步	自然摆动
	5～8	左脚开始踏步4次	5拍击掌，6拍还原，7～8拍同5～6拍动作

第五至第八个八拍，动作同第一至第四个八拍，但方向相反

组合二

	动作		
		1 2 3 4 5 6 7 8	

	节拍	下肢步法	上肢动作
一	1～8	右脚开始前点地4次	1拍屈臂右摆，2拍还原，3拍屈臂左摆，4拍还原，5拍右臂摆至侧上举、左臂胸前平屈，6拍还原，7～8拍同5～6拍动作，但方向相反

	动作		
		1 2 3 4 5 6 7 8	

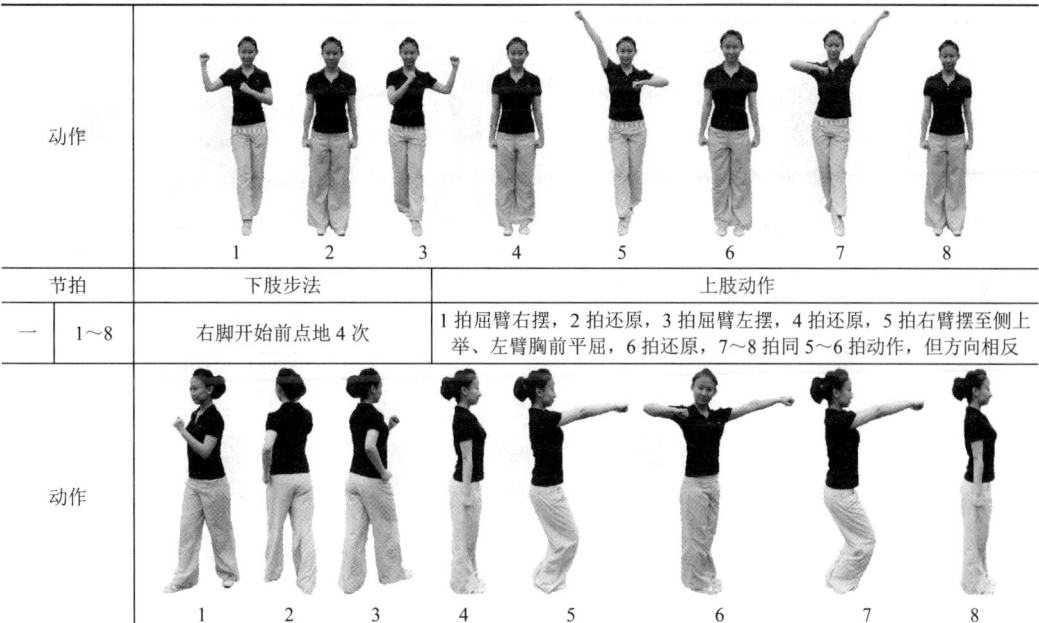

节拍		下肢步法	上肢动作
二	1～4	右脚开始向右弧形走270°	自然摆动
	5～8	并腿半蹲2次	5拍双臂前举，6拍右臂胸前平屈（上体右转），7拍双臂前举，8拍放于体侧
动作			

节拍		下肢步法	上肢动作
三	1～8	1～4拍左脚上步吸腿右转转体90°，5～8拍右脚上步吸腿	1拍双臂前举，2拍屈臂后拉，3拍双臂前举，4拍还原，5～8拍同1～4拍动作
动作			

节拍		下肢步法	上肢动作
四	1～8	左脚开始向侧迈步后屈腿4次	屈肘前后摆动

第五至第八个八拍，动作同第一至第四个八拍，但方向相反

组合三

节拍		下肢步法	上肢动作
一	1～4	右脚向右交叉步	1～3拍双臂经侧至上举，4拍双臂胸前平屈
	5～8	左脚向侧迈步成分腿半蹲	5～6拍双臂前举，7～8拍放于体侧
动作			

续表

	动作			
		5	6	7	8

	节拍	下肢步法	上肢动作
二	1~4	右脚开始侧点地 2 次	1 拍右臂左前举、左臂屈肘于腰间，2 拍双臂屈肘于腰间，3~4 拍同 1~2 拍动作，但方向相反
	5~8	右脚连续 2 次侧点地	5~6 拍同 1~2 拍动作，7 拍同 3 拍动作但方向相反，8 拍还原

	动作							
	1	2	3	4	5	6	7	8

	节拍	下肢步法	上肢动作
三	1~8	左腿开始向前走 3 步接吸腿 3 次	1 拍双臂肩侧屈外展，2 拍双臂胸前交叉，3 拍同 1 拍动作，4 拍击掌，5 拍双臂肩侧屈外展，6 拍腿下击掌，7~8 拍同 3~4 拍动作
四	1~8	右腿开始向后走 3 步接吸腿 3 次	同上

第五至第八个八拍，动作同第一至第四个八拍，但方向相反

组合四

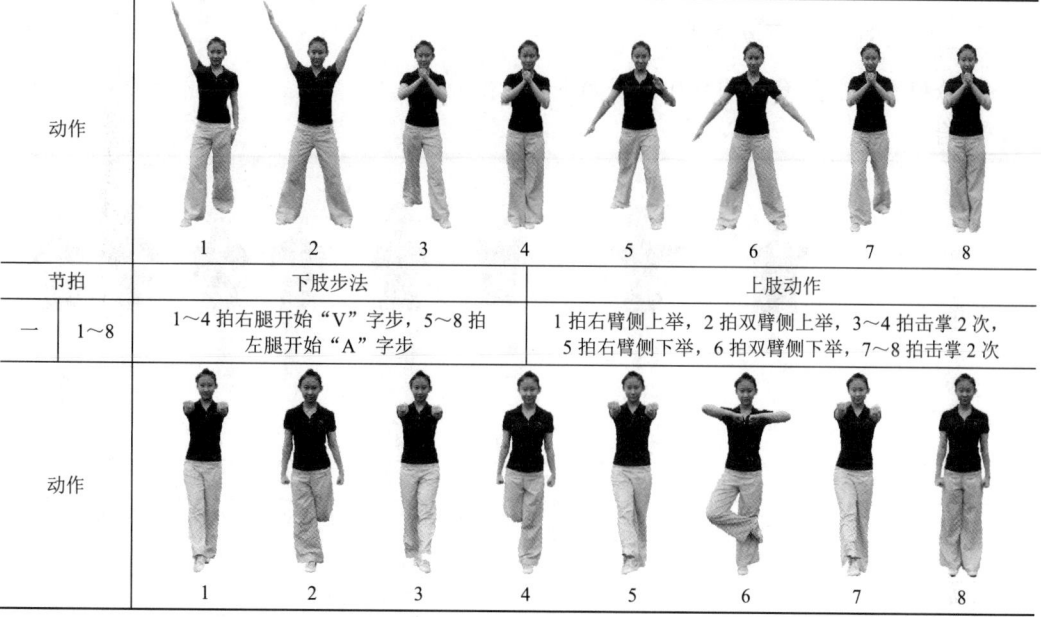

	节拍	下肢步法	上肢动作
一	1~8	1~4 拍右腿开始"V"字步，5~8 拍左腿开始"A"字步	1 拍右臂侧上举，2 拍双臂侧上举，3~4 拍击掌 2 次，5 拍右臂侧下举，6 拍双臂侧下举，7~8 拍击掌 2 次

	动作							
	1	2	3	4	5	6	7	8

续表

节拍		下肢步法	上肢动作
二	1~4	右脚开始弹踢腿跳2次	1拍双臂前举，2拍双臂下摆，3~4拍同1~2拍动作
	5~8	右脚连续弹踢2次	5拍双臂前举，6拍双臂胸前平屈，7拍同5拍动作，8拍还原体侧
动作			

节拍		下肢步法	上肢动作
三	1~8	左腿漫步2次	双臂自然摆动
动作			

节拍		下肢步法	上肢动作
四	1~8	左脚开始迈步后点地4次	1~2拍右臂经肩侧屈至左下举，3~4拍同1~2拍动作，但方向相反，5~6拍右臂经侧上举至左下举，7~8拍同5~6拍动作，但方向相反

第五至第八个八拍，动作同第一至第四个八拍，但方向相反

（二）大众健美操二级套路

大众健美操二级套路图解和说明如下。

组合一

节拍		下肢步法	上肢动作
一	1~4	右脚"十"字步	1拍右臂侧举，2拍左臂侧举，3拍双臂上举，4拍双臂下举
	5~8	向后走4步	屈臂自然摆动，7~8拍同5~6拍动作
二	1~8		动作同第一个八拍，但向前走4步

第十八章 形 体 健 美

续表

动作			
	 1～2　　3　　4～5　　6　　7～8		
节拍		下肢步法	上肢动作
三	1～6	右脚开始6拍漫步	1～2拍右手前举，3拍双手叉腰，4～5拍左手前举，6拍双手胸前交叉
	7～8	右脚向后1/2后漫步	双臂侧后下举

动作			
	 1　　2　　3　　4 		
	5　　6　　7　　8		
节拍		下肢步法	上肢动作
四	1～2	右脚向右并步跳	屈左臂自然摆动
	3～8	右脚向右前方做前、侧、后6拍漫步	3、4拍前平举弹动2次，5～6拍侧平举，7～8拍斜下举

第五至第八个八拍，动作同第一至第四个八拍，但方向相反

组合二

动作			
	 1～2　　3～4　　5　　6　　7　　8		
节拍		下肢步法	上肢动作
一	1～2	右脚向右侧滑步	右臂侧上举，左臂侧平举
	3～4	1/2后漫步	双臂屈臂后摆
	5～6	左脚向左前方做并步	击掌3次
	7～8	右脚向右后方做并步	双手叉腰

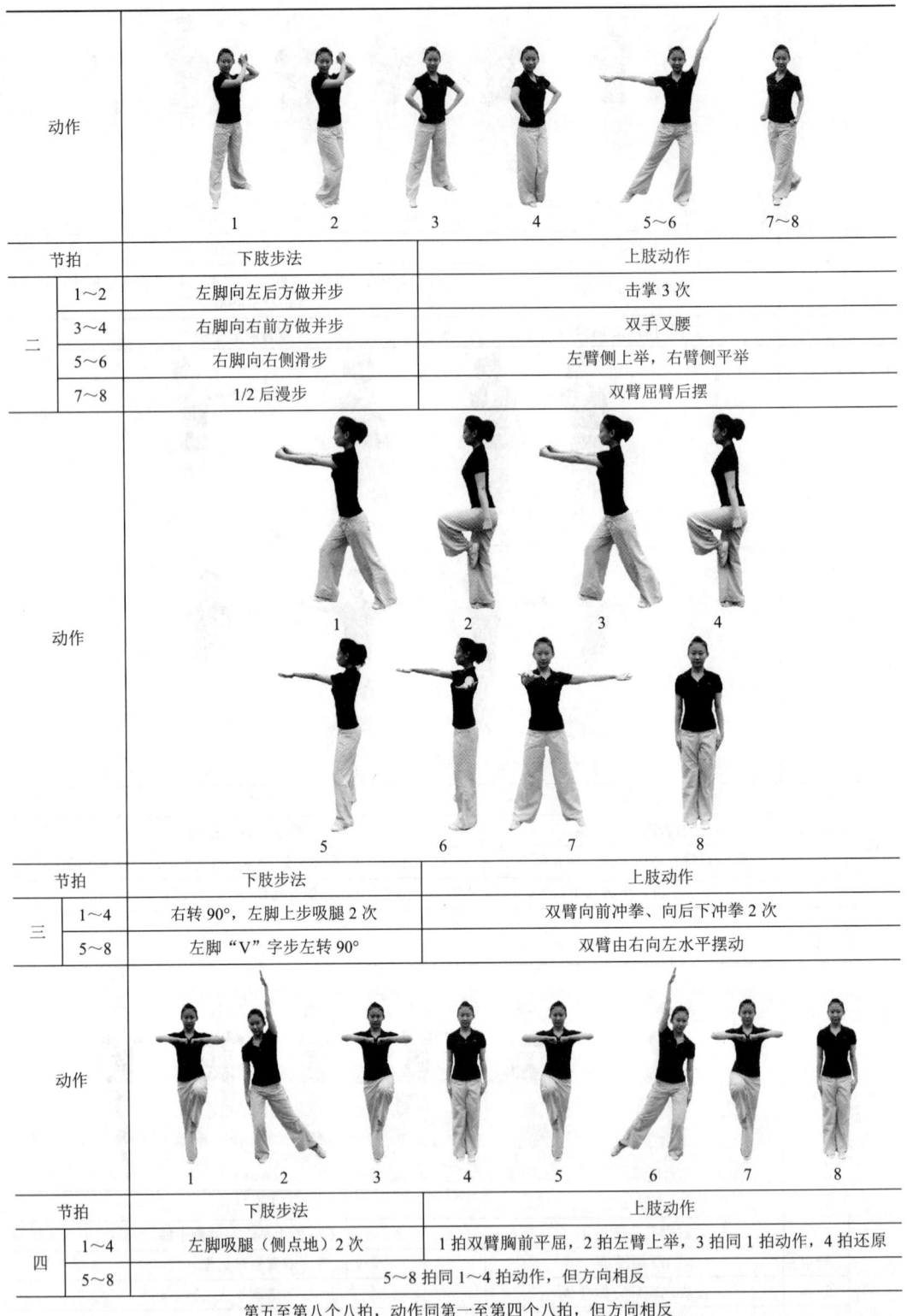

节拍		下肢步法	上肢动作
二	1~2	左脚向左后方做并步	击掌 3 次
	3~4	右脚向右前方做并步	双手叉腰
	5~6	右脚向右侧滑步	左臂侧上举,右臂侧平举
	7~8	1/2 后漫步	双臂屈臂后摆

节拍		下肢步法	上肢动作
三	1~4	右转 90°,左脚上步吸腿 2 次	双臂向前冲拳、向后下冲拳 2 次
	5~8	左脚"V"字步左转 90°	双臂由右向左水平摆动

节拍		下肢步法	上肢动作
四	1~4	左脚吸腿(侧点地)2 次	1 拍双臂胸前平屈,2 拍左臂上举,3 拍同 1 拍动作,4 拍还原
	5~8	5~8 拍同 1~4 拍动作,但方向相反	
		第五至第八个八拍,动作同第一至第四个八拍,但方向相反	

组合三

节拍		下肢步法	上肢动作
一	1~4	右脚侧并步跳，4拍时右转90°	双臂上举、下拉
	5~8	左脚侧交叉步	双臂屈臂前后摆动，8拍时，上体向左扭转90°，朝正前方，双臂侧下举

节拍		下肢步法	上肢动作
二	1~4	左脚侧并步跳，4拍时左转90°（动作同第一拍中的1~4拍，方向相反）	双臂上举、下拉（动作同第一拍中的1~4拍，方向相反）
	5~8	左脚开始侧并步2次	5~6拍右臂前下举，7~8拍左臂前下举

节拍		下肢步法	上肢动作
三	1~4	左脚向前"一"字步	1拍双臂肩上屈，2拍双臂下举，3~4拍双臂肩前屈
	5~8	左、右依次分并腿	5~6拍双臂上举掌心朝前，7~8拍双手放膝上

节拍		下肢步法	上肢动作
四	1~4	左脚向后"一"字步	1~2拍双臂侧上举，3~4双臂拍胸前交叉
	5~8	左、右依次分并腿2次	双臂经胸前交叉侧上举1次，侧下举1次

第五至第八个八拍，动作同第一至第四个八拍，但方向相反

组合四

动作						
	1	2	3~4	5	6	7~8

节拍		下肢步法	上肢动作
一	1~8	1~8拍右脚开始小马跳4次，向侧向前成梯形	1~2拍右臂体侧向内绕环，3~4拍换左臂，5~8拍同1~4拍动作

动作							
	1	2	3	4	5~6	7	8

节拍		下肢步法	上肢动作
二	1~4	左右脚开始弧形跑4步，右转180°	屈臂自然摆动
	5~8	开合跳1次	5~6拍双手放腿上，7拍击掌，8拍放于体侧

动作							
	1	2	3	4	5	6	7	8

节拍		下肢步法	上肢动作
三	1~4	右脚向右前上步后屈左腿	1拍双臂胸前交叉，2拍右臂侧举、左臂上举，3拍同1拍动作，4拍双手叉腰
	5~8	右转90°，左脚向前上步后屈右腿	动作同1~4拍，但方向相反

动作				
	1	2	3	4

续表

动作			5 6 7 8	
节拍		下肢步法	上肢动作	
四	1~4	右、左侧点地各1次	1拍右臂左前下举，2拍双手叉腰，3~4拍动作与1~2拍相同，但方向相反	
	5~8	右脚上步向前转脚跟，还原	5拍双臂胸前平屈，6拍双臂前推，7拍同5拍动作，8拍放于体侧	
第五至第八个八拍，动作同第一至第四个八拍，但方向相反				

三、健美操比赛规则简介

（一）弃权

运动员在开赛叫到后 20 秒不出场，将由裁判长扣除 0.5 分。

运动员在开赛叫到后 60 秒不出场，将被视为弃权。宣布弃权后运动员将失去本项比赛的资格。

（二）竞赛地板和竞赛区

竞赛地板必须是 12 米×12 米，并清楚地标出 10 米×10 米的成年组各项目比赛场地（在年龄组某些项目比赛中使用 7 米×7 米）。

（三）参赛人数和性别

各项目运动员人数和性别：

女子单人	1 名女运动员
男子单人	1 名男运动员
混合双人	1 名男运动员和 1 名女运动员
三人	3 名运动员（男子/女子/混合）
集体五人	5 名运动员（男子/女子/混合）
有氧舞蹈	8 名运动员（男子/女子/混合）
有氧踏板	8 名运动员（男子/女子/混合）

（四）成套内容

所有成套动作的完成时间都为 1 分 20 秒，有加减 5 秒的宽容度（不包括提示音）。

音乐伴奏下的成套健美操动作由以下内容构成：
操化动作；
难度动作；
过渡与连接动作；
托举动作（混双/三人/五人）；
动力性配合/团队协作（混双/三人/五人）。
成套动作中各要素的使用必须均衡。所有动作必须要展示出清晰的、准确的身体形态。

（五）评分

1. 得分
艺术分（10）+完成分（10）+难度分（除以2或1.8）+裁判长分（最多1分）。

2. 减分
难度裁判减分；视线裁判减分；裁判长减分。

（六）十分钟法则

为了保障运动员的健康和安全，国际体联规定运动员参加多个项目决赛时，两项比赛间需有10分钟的恢复时间，时间相当于4个比赛套路的时间。

抽签的出场顺序将会依据这个原则调整。若某参赛运动员或参赛队在前一轮比赛中第七个出场，且在下一轮比赛抽签中抽到前三名，那么新的出场顺序将调整为第四名；若在前一轮比赛是最后一位出场，且在下一轮比赛中抽到前四名，那么出场顺序将调整为第五名。

若需调整出场顺序，将由高级裁判组主席执行，一旦符合条件的运动员调整了出场顺序，将由赛场评分系统生成新的出场名单。这个法则适用于所有的预赛与决赛，以及其他世界赛事（资格赛）。

第二节　健　美　运　动

2000多年前，在古代奥运会上，希腊人全身涂上橄榄油，进行裸体角逐，以显示其身体的健美。近代健美运动是19世纪末在欧洲兴起的，是由德国的体育学家尤金·山道首创，并于1901年在英国举办了世界第一次健美比赛。山道对健美运动起了很大的推动作用，被人称为"健美运动的鼻祖"。1946年成立了国际健美联合会。女子健美运动始于20世纪40年代，初期只是身材、体姿、容貌的"选美"比赛，只在男子健美比赛后安排女子健美表演。在20世纪60年代后才有了正式的女子健美比赛。

经常参加健美锻炼，不仅能够促使练习者血液循环加速，提高人体心脏的功能，使呼吸肌增强，肺活量增大，肺的功能得到提高，还能改善大脑的供血状况，消除疲劳，让人头脑清醒，思维更加敏捷，有效地增强人的体质，同时促进人体全面协调地发展；经常参加锻炼，能使人体的力量、柔韧、速度和耐力等素质得到提高，为参加其他体育活动打下良好的基础；长期坚持锻炼，能使人的体能、体形和体态都得到较大改善。

一、健美主要肌肉群训练

人体各部位的肌肉分布如图 18-2-1 所示。

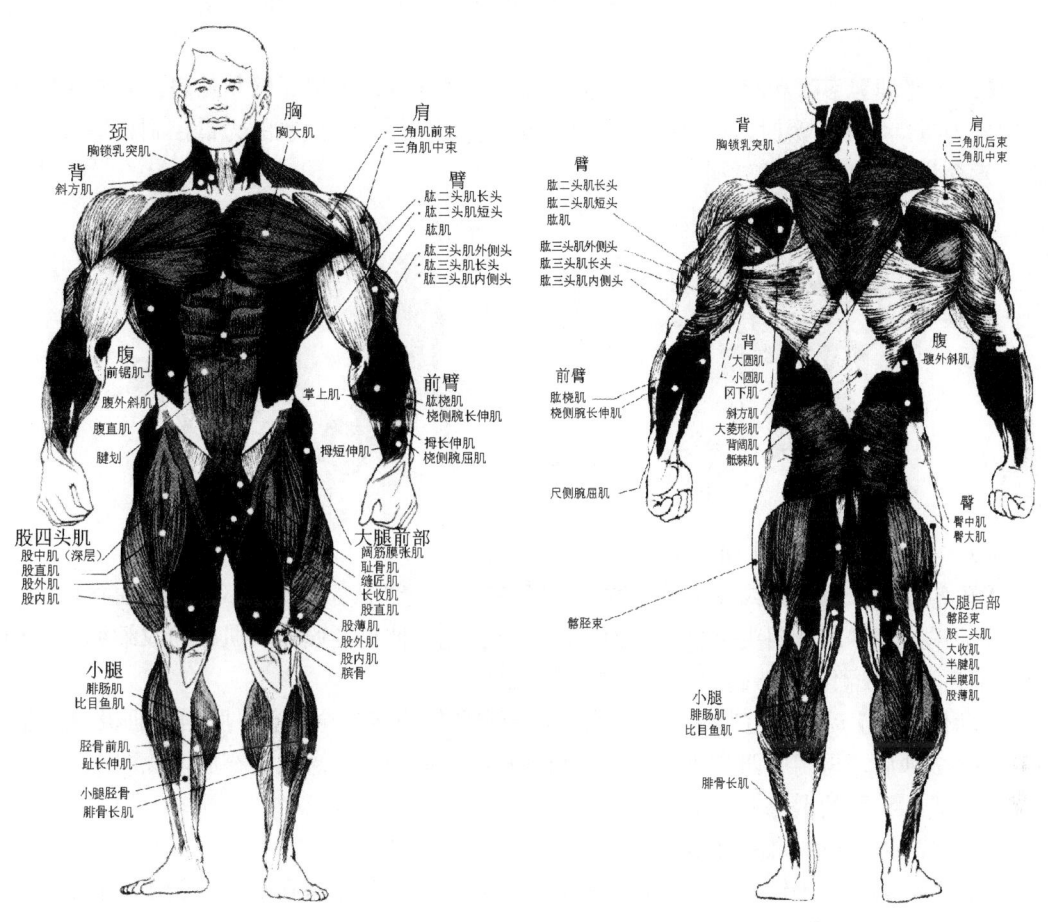

图 18-2-1

1. 腿部肌肉锻炼法

双腿是人体的基座,承担着整个身体的重量,若两腿无力,将会给日常生活和工作带来不便,更谈不上健美。人的衰老从腿开始,因为两腿无力,行走活动减少,会导致心肺功能下降,所以应重视腿部肌肉的锻炼。

1) 股四头肌、臀大肌的锻炼方法

(1) 负重深蹲 (图 18-2-2)。

【预备姿势】杠铃置于颈后肩上,两手松握横杠、抬头、挺胸、紧腰。

【动作过程】屈膝缓慢下蹲至膝关节角度略小于 90°,稍停,再伸膝起立至预备姿势。

【动作要领】在动作过程中,始终抬头、挺胸、紧腰,使杠铃垂直上升,将意念集中在股四头肌、臀大肌上。

(2)跨举(图 18-2-3)。

【预备姿势】杠铃置于两腿间,两脚平行而立,与肩同宽。屈膝下蹲,一手在身前握杠,另一手在身后握杠。

【动作过程】上体正直,目视前方,保持挺胸、紧腰姿势,股四头肌、臀大肌用力使两腿伸直。

【动作要领】下蹲和起立时,腰背要挺直,两臂伸直,不得屈臂和耸肩。起立时完全靠腿部力量,屈膝下蹲时,不可突然下蹲,应以股四头肌、臀大肌的力量控制杠铃缓缓下降。意念集中在股四头肌、臀大肌上。

图 18-2-2

图 18-2-3

(3)坐姿腿屈伸(图 18-2-4)。

【预备姿势】将哑铃或沙袋等重物系在踝关节处,坐于高凳上,小腿与地面垂直。

【动作过程】用股四头肌收缩的力量,将小腿完全伸直至股四头肌极力收缩绷紧,稍停,而后还原成预备姿势。也可在专用器械上做。

【动作要领】动作要有节奏,不可太快,一定要等小腿完全伸直,股四头肌极力收缩,稍停 1~2 秒后,再用股四头肌力量,控制小腿缓缓放下。意念集中在股四头肌上。

2)股二头肌的锻炼方法

(1)俯卧腿弯举(图 18-2-5)。

【预备姿势】穿上锻炼专用铁鞋或将哑铃、沙袋等重物牢系在脚上。俯卧在长凳上,上身和大腿紧贴凳面,两手扶住凳子。

【动作过程】以股二头肌收缩的力量将小腿弯起,至股二头肌极力收缩绷紧,稍停,小腿缓缓下落至完全伸直。也可在专用器械上做。

【动作要领】做俯卧腿弯举时,腹部要始终紧贴凳面,臀部不能撅起。意念集中在股二头肌上。

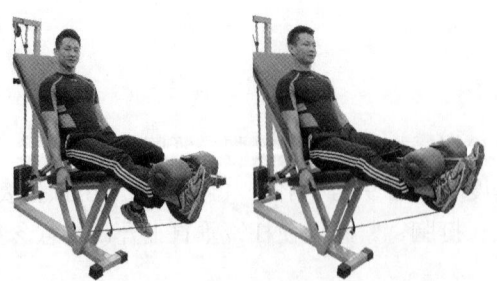
图 18-2-4

图 18-2-5

（2）立姿腿弯举（图18-2-6）。

【预备姿势】站立，上体略前倾，穿上锻炼专用铁鞋或将哑铃、沙袋等重物系在脚上。

【动作过程】将小腿弯起、尽量靠近臀部。

【动作要领】动作不可太快，待股二头肌极力收缩后，稍停，再缓缓放下。意念始终集中在股二头肌上。

3）小腿肌群的锻炼方法

（1）立姿提踵（图18-2-7）。

【预备姿势】杠铃置于颈后肩上，腰背腿伸直，两手扶住杠面。两脚分开约20厘米，脚掌站立于木块上。

图18-2-6

【动作过程】收缩小腿肌群，使脚跟尽量提起直至不能再提。稍停，脚跟下降至最低点。

【动作要领】做动作时要保持重心稳定，下降时，脚跟要低于垫木面。意念集中在小腿肌群上。

（2）坐姿提踵（图18-2-8）。

【预备姿势】坐在凳上，脚掌踏在厚木板上，脚跟需在垫木外，杠铃置于腿上。

【动作过程】尽量向上提踵至脚跟不能再高，小腿肌群极力收缩绷紧，稍停，脚跟下降至最低点。

【动作要领】在动作过程中，杠铃横杠的位置要正对脚跟，脚跟下降时，要低于垫木面。意念集中在小腿肌群上。

2. 胸部肌肉锻炼法

胸部肌肉包括位于胸前皮下的胸大肌、位于胸廓上部前外侧胸大肌深层的胸小肌和位于胸廓外侧面的前锯肌。在锻炼胸肌时，需要不同的动作从不同的角度来对胸肌进行不同的刺激，才能使胸部肌肉练得既发达又有线条。

图18-2-7

图18-2-8

发达胸部肌群的锻炼方法如下。

（1）杠铃平卧推举（图18-2-9）。

【预备姿势】仰卧于卧推凳上，两手握距稍宽于肩，杠铃横杠置于胸部乳头上方部位，两脚平踏地面。

【动作过程】将杠铃垂直上举至两臂完全伸直,稍停,缓缓将杠铃还原至预备姿势。也可用哑铃做。

【动作要领】上推路线要垂直。意念集中在胸大肌上。

图 18-2-9

【提示】

平卧:长凳与地面平行,主要锻炼整个胸部。

上斜:长凳与地面的夹角为25°～30°,主要锻炼上胸部。

下斜:长凳与地面的夹角为15°～20°,主要锻炼胸部下缘和外侧缘的下部。

(2)仰卧飞鸟(图 18-2-10)。

【预备姿势】仰卧在长凳上,两脚踏实地面,躯干呈桥形,上背部和臀部触及凳面,胸部和躯干用力向上挺起。两臂自然伸直,两手对握哑铃于肩关节的正上方,两手间握距小于肩宽。

【动作过程】两手持铃向体侧缓缓屈肘落下,伴随着哑铃下降,肘间角度逐渐变小。下降到极限时,肘关节成100°～120°。以胸大肌主动收缩将哑铃沿原路线升起,上升路线呈弧形,肘间角度逐渐加大,最后还原成预备姿势,肘间角度为170°左右。

【动作要领】肩、肘、腕始终在同一垂面内。将意念集中在胸大肌和三角肌前束上。

图 18-2-10

(3)仰卧臂上拉(图 18-2-11)。

【预备姿势】上背部仰卧在凳面上,头部稍露出凳端,两腿弯曲,两脚分开比肩稍宽,腰部放松，臀部尽量下沉，挺胸收腹。两臂屈，肘间为100°～120°的夹角，并与地面成水平位。两手于头下方用虎口托住哑铃一端，哑铃自然下垂。

【动作过程】以胸大肌的收缩力量将两臂向前夹拢，肘间角度逐渐加大，至垂直于地面时，两臂基本伸直，停1～2秒，沿原路线返回成预备姿势。

【动作要领】始终保持挺胸收腹，沉臂松腰，动作过程中注意"夹胸"。意念集中在胸大肌上。

图 18-2-11

3. 背部肌群锻炼法

背部肌群主要由上背部斜方肌、中背部背阔肌和下背部骶棘肌三部分组成。强壮发达的背部肌肉，使上体成"V"形，并能使腰背挺直，塑造良好的体型。

发达背部肌群的锻炼方法如下。

（1）直立耸肩（图18-2-12）。

【预备姿势】直立，两脚自然分开，两手与肩同宽握杠，掌心向后，两臂自然下垂于体前。

【动作过程】肩部尽量前倾下垂，两臂伸直不动，然后以斜方肌的收缩力量，使两肩耸起尽量接近两耳。稍停，缓缓还原成预备姿势。

【动作要领】在做动作的过程中，两臂不得上提杠铃，臂部和两手仅起固定杠铃的作用，耸肩时，不得弯腰、弯背。意念集中在斜方肌上。

（2）单杠引体向上（图18-2-13）。

【预备姿势】两手正握单杠，握距比肩稍宽，身体自然下垂。

图 18-2-12　　　　　　　　　　图 18-2-13

【动作过程】用背阔肌收缩的力量,将身体拉起,直至下颏超过杠面。稍停,而后身体缓缓下降至两臂完全伸直。

【动作要领】在做动作的过程中,身体不能摆动,向上拉时不能用蹬腿力量,拉得越高越好。意念始终集中在背阔肌上。

(3)重锤下拉(图18-2-14)。

【预备姿势】正坐凳上,横杠位于头部正上方。两腿自然分开着地支撑,两手握住横杠,两臂完全伸直。

【动作过程】以背阔肌的收缩力量将拉杆垂直拉下,可分为向前拉和向后拉。向前拉至胸前第3~4肋骨处,同时上体稍后仰,尽量抬头挺胸,两肩胛骨向脊柱靠拢,停1~2秒,而后沿原路线返回成预备姿势;向后拉至极限,尽量低头,停1~2秒。而后沿原路线返回成预备姿势。

图18-2-14

【动作要领】臀部始终不能离开凳面,防止利用体重降低练习难度;还原时速度要慢,并注意背部肌群的退让做功,控制还原动作。意念集中在背阔肌上。

(4)俯身划船(图18-2-15)。

【预备姿势】俯立,两脚开立与肩同宽,两腿微屈,上背部与地面平行,挺胸、收腹、紧腰、稍抬头,两手持杠铃自然下垂于肩关节下方。

【动作过程】以背阔肌收缩的力量,将杠铃沿腿前提起至小腹前,同时抬头挺胸,背阔肌尽量收缩绷紧,停1~2秒,而后沿原路线返回成预备姿势。

【动作要领】杠铃拉至小腹,抬头挺胸,上体上抬15°~20°。意念集中在背阔肌上。

图18-2-15

4. 肩部三角肌锻炼法

肩部是否健美,主要看三角肌发达与否。三角肌位于肩部皮下,呈三角形,底向上,尖向下,从前后外侧包裹着肩关节,它的最前部和最后部的肌纤维呈梭形,而中部肌纤维呈多羽状,这种结构使三角肌具有较大力量。

三角肌的锻炼方法如下。

(1)颈前推举(图18-2-16)。

【预备姿势】直立或正坐凳上,两手采用自然握杠,握距略宽于肩,两手握住杠铃,停于胸前锁骨处。

【动作过程】以三角肌的收缩力量，垂直向上推起杠铃，直至手臂完全伸直，停1～2秒，而后沿原路线返回成预备姿势。

【动作要领】上体保持正直，不得借助腰腿力量。意念集中在三角肌前束上。

（2）颈后推举（图18-2-17）。

【预备姿势】直立或坐在凳上，两手握住杠铃，置于颈后肩上，握距宽于肩。

【动作过程】以三角肌的力量，将杠铃垂直向上推到两臂完全伸直，停1～2秒，而后沿原路线返回。

【动作要领】两肘始终保持外展，杠铃垂直向上推。意念集中在三角肌后束上。

图18-2-16　　　　　　　　　　　　图18-2-17

（3）侧平举（图18-2-18）。

【预备姿势】直立，两手持铃，虎口向前，双臂自然下垂于体前。

【动作过程】以三角肌收缩的力量，将哑铃由身体两侧向上提起，保持时间100°～120°的夹角。当提至肘高于肩时，停1～2秒，而后沿原路线返回。

【动作要领】身体保持正直，不得借助腰臀摆动的力量。意念集中于三角肌中束。

5. 臂部肌群锻炼法

臂部肌群分上臂肌群和前臂肌群。上臂肌群主要是肱肌、肱二头肌和肱三头肌。前臂肌群主要是旋前圆肌、屈手肌、伸手肌和手肌。

1）上臂肌群锻炼法

（1）杠铃弯举（图18-2-19）。

【预备姿势】两脚自然而立，两臂反握铃下垂于体前，握距与肩同宽。

图18-2-18　　　　　　　　　　　　图18-2-19

【动作过程】上臂保持固定不动，以肘关节为轴弯起前臂，至杠铃几乎触及胸部，停1～2秒，再还原成预备姿势。

【动作要领】弯臂时，上体切忌前后摆动，意念集中在肱肌、肱二头肌上。

（2）反握引体向上（图18-2-20）。

【预备姿势】两手大拇指向外反握单杠，握距与肩同宽，两脚呈交叉状，身体呈悬垂状。

【动作过程】以肱二头肌收缩的力量，拉引身体至横杠与胸部靠近，停1～2秒，再循原路线下落至预备姿势。

【动作要领】在上拉过程中，不得借助腰腹的振摆来做动作。意念集中在肱二头肌上。

（3）俯立臂屈伸（图18-2-21）。

【预备姿势】俯立，上体与地面尽量平行，一手拳眼向前屈肘持铃，上臂紧贴于体侧，前臂与上臂成90°角，另一手抚膝或抚凳。

图18-2-20

【动作过程】以肱三头肌收缩的力量，将前臂向后上方抬起，直至前臂与上臂成一直线，停1～2秒，再循原路线缓缓收下成预备姿势。

【动作要领】上体始终平行于地面，上臂紧贴于体侧。意念集中在肱三头肌上。

（4）重垂下压（图18-2-22）。

【预备姿势】略含胸收腹，两腿微屈，两臂完全弯曲反握，重垂握把位于胸前乳头上方，上臂紧贴于体侧。

【动作过程】以肱三头肌伸展的力量，以肘关节为轴向下伸前臂，直至两臂完全伸直，停留一两秒，再循原路线返回成预备姿势。

【动作要领】上臂始终紧贴于体侧，意念集中在肱三头肌上。

图18-2-21

图18-2-22

2）前臂肌群锻炼法

（1）反握腕弯举（图18-2-23）。

【预备姿势】坐在凳上，大腿与小腿约成90°角，两手掌心向上反握杠铃，前臂放于大腿上，腕部下垂于膝外。

【动作过程】以前臂肌收缩的力量，使手腕向上弯曲，直至不能再弯曲，停1～2秒，再循原路线返回成预备姿势。

【动作要领】手腕向上弯曲时，要尽量收缩前臂肌。意念集中在前臂肌群上。

（2）正握腕屈伸（图 18-2-24）。

【预备姿势】坐在凳上，大腿与小腿约成 90°角，两手掌心向下正握杠铃，前臂放于大腿上，腕部下垂于膝外。

【动作过程】以前臂肌伸展的力量，使手腕向上弯曲，直至不能再屈，停留一两秒，再循原路线返回成预备姿势。

【动作要领】手腕向上伸时，尽力收缩前臂肌。意念集中在前臂伸手肌群上。

图 18-2-23　　　　　　　　　　图 18-2-24

6. 腹部肌群锻炼法

腹部肌群由腹直肌、腹外斜肌和腹内斜肌构成。腹部肌群的锻炼方法如下。

（1）单杠悬垂举腿（图 18-2-25）。

【预备姿势】两手与肩同宽正握单杠，身体下垂与地面垂直。

【动作过程】以腹直肌收缩的力量，屈膝或直腿上举，超过水平面，停 1～2 秒，再慢慢还原成预备姿势。

【动作要领】不得借助身体摆动的助力，意念集中在下腹部。

图 18-2-25

（2）仰卧起坐（图 18-2-26）。

【预备姿势】屈膝仰卧在练习垫上，两手扶于两耳侧。

【动作过程】以腹直肌收缩的力量，使上体前屈，直至两肘尖触及膝部。停 1～2 秒，再循原路线返回成预备姿势。

【动作要领】上体前屈时动作要慢，不得后仰助力，意念集中在腹直肌上。

图 18-2-26

(3) 哑铃体侧屈（图 18-2-27）。

【预备姿势】两脚直立分开，稍宽于肩，右手掌扶后脑勺，左手拳眼向前持哑铃下垂于体侧。

【动作过程】上体尽量向左侧屈体至不能屈，而后再用力向右侧屈体至不能屈。做 15～20 次为一组，休息 40～50 秒后换另一侧做。

【动作要领】向左右侧屈体时，主要以腹外斜肌的收缩力将上体拉向一侧。不论向哪一侧屈体，均应屈至极限，不得有转体动作。意念集中在腹外斜肌上。

图 18-2-27

二、健美运动中常见的运动损伤及其预防

（一）常见损伤

在诸多竞技体育运动中，健美运动受伤的概率是相对较低的，但是体育运动的损伤也是健美锻炼获得成功的最大障碍。而受伤又往往是在训练（锻炼）者不注意或不了解时突然发生的。因此，重视、预防运动损伤，是每个健美锻炼者应注意的。健美运动中常见的运动损伤如下：

（1）皮肤擦伤；

（2）软组织损伤，包括轻度撞伤、扭伤等；

（3）外伤出血，包括体表的切伤、刺伤和撕裂伤；

（4）骨折、脱臼；

（5）意外事故造成的损伤，主要是器械脱落所致。

（二）损伤的原因

（1）对预防运动损伤的危害性和预防运动损伤的重要性认识不足，未能积极地采取有效的预防措施。

（2）未做准备活动或准备活动不充分。在肌肉关节、韧带没有活动充分，各器官、系统机能未动员起来的情况下就进行较大强度的训练，由于肌肉关节、韧带没有活动充分，身体协调性和肌腱的拉力差，很容易发生软组织拉伤和关节扭伤。

（3）准备活动与训练内容脱节。准备活动分一般准备活动与专项准备活动。有的人虽然做了准备活动，但针对性不强，没有针对运动的部位进行准备活动，导致主要的部位没有活动充分，从而造成拉伤或扭伤。

（4）技术不正确。对健美锻炼的技术动作不了解，在肌肉练习中，违反肌肉收缩的线路运动。

（5）器械方面的原因。器械过重，锻炼中不遵循循序渐进原则，不量力而行；锻炼前未仔细检查器械，如果活动哑铃螺丝松动，做飞鸟练习时会脱落；器械不稳会倾倒，造成伤害。

（6）锻炼过于频繁。在健美锻炼中，同一块肌肉的练习必须间隔48小时。

（7）注意力不集中，健美锻炼要求"想"与"练"结合，练哪块肌肉时脑子应"想"着哪块肌肉。边练边说笑易造成运动损伤。

（8）带伤、带病训练。伤、病时身体生理功能和运动能力下降，此时训练很容易因肌力较弱、反应迟钝、身体协调性差而受伤。

（三）常见运动损伤的预防

（1）提高认识，预防为主：在平时锻炼中认真贯彻"预防为主"的方针，加强对伤害的预防。

（2）认真做好准备活动：根据当天的锻炼部位，有针对性地做好准备活动，使各器官、系统适应运动需要。

（3）合理安排运动量：根据自己当时的身体状况，合理地选择运动负荷。

（4）掌握正确的技术：认识正确姿势在锻炼中的重要性，了解并掌握正确姿势要领，姿势正确可以避免损伤，并能取得良好的锻炼效果。

（5）做好放松整理活动：锻炼后做一些伸展性的放松练习，可以加速运动部位恢复，促进肌肉的增长。

（6）加强医务监督，提高自我保健意识：定期进行体格检查，以便及早发现隐患，采取措施。

三、健美比赛场地及规则简介

（一）比赛场地

（1）健美比赛要求在舞台上举行。如果在体育馆或四面看台的场地内举行，必须挂有背幕和相应的舞台装置。

（2）"比赛台"是健美比赛时主要的舞台装置。台的一般要求是长8～9米，宽1.5米，高30厘米。

（二）主要规则简介

1. 分组

1）按性别分组

健美比赛按性别可分为男子个人、女子个人、男女混合双人，还可增设男子集体造型和女子双人的表演赛。

全国健美冠军赛，可组织全场冠军比赛，并增设下列特别奖的比赛："最佳胸肌奖""最佳臂肌奖""最佳三角肌奖""最佳腹肌奖""最佳背阔肌奖""最佳小腿三头肌奖""进步最快奖""最佳配乐表演奖"。

2）按年龄分组

健美比赛按年龄可分为：少年组，18 岁至 19 周岁（以生日为准）；青年组，21 周岁以下；成年组，21 周岁以上；元老组，男子 40 周岁以上，女子 35 周岁以上。

2. 分级

1）男子体重分级

男子按体重分为 8 个等级。

（1）羽量级：体重在 60 千克以下。

（2）雏量级：体重为 60.01～65 千克。

（3）轻量级：体重为 65.01～70 千克。

（4）轻中量级：体重为 70.01～75 千克。

（5）次中量级：体重为 75.01～80 千克。

（6）中量级：体重为 80.01～85 千克。

（7）轻重量级：体重为 85.01～90 千克。

（8）重量级：体重在 90 千克以上。

2）女子体重分级

女子按体重分为 3 个等级。

（1）轻量级：体重不超过 52 千克。

（2）中量级：体重为 52.01～57 千克。

（3）重量级：体重在 57 千克以上。

男女混合双人和元老组不分体重级别。

3. 比赛服装

（1）男运动员必须穿规定式样的比赛三角裤。

（2）女运动员必须穿单色、不耀眼的、能完全显露出腹部和背部肌肉的"比基尼"赛服。不能带有花纹图案、商标和任何附加的装饰品，也不能带有金、银闪光色。

（3）运动员的号码牌须牢固地挂在或缝在比赛裤的左前侧。

（4）运动员在比赛中不准穿鞋、袜，不准戴手表、戒指、手镯、脚镯、项链、耳环、假发和其他装饰品；不准吃糖和吸烟；身上不准贴胶布或裹绷带；身上不准有文身。女运动员的头发披下不能超过肩部。

4. 称重

称量体重是在预赛前一天进行。称重时，运动员必须穿比赛服，女运动员须有性别证明，以接受裁判组检查。称重后，须交自选动作录音带。

5. 比赛时间

比赛时间：男子个人为 60 秒；女子个人为 90 秒；男女混合双人为 120 秒；集体造型为 60 秒；女子双人为 90 秒。

6. 比赛方法

1）预赛的评选方法

预赛采取不评分方法，只根据规定人数挑选。每一级别参加的复赛运动员不得超过 15 人。若参加该级别运动员不足 15 人，其复赛入选数量最多不超过参赛人数的 2/3。若不足 6 人，可不经预赛，直接进入复赛，打两次分，从中选出 3 人参加决赛。

2）复赛（半决赛）的评分方法

复赛分第一轮和第二轮。经两轮复赛，并通过"比较"评分评出每个参赛运动员的名次分。把他（她）们中间最好的排为第 1（即"1"分），次于第 1 的列为第 2（即"2"分），一直排到最后一位。须把 9 位裁判员评分中两个最高分和两个最低分去掉，将其余 5 位裁判员的分相加，即为每一位运动员的复赛得分。

3）决赛的评分方法

裁判员根据预赛和复赛两个赛程的综合观察，对参加决赛的 6 名运动员，分别评出第 1~6 名的名次分。计算方法同复赛。

4）决赛的总分计算方法

把参赛运动员的复赛得分和决赛得分相加即为该运动员的决赛总分。分值小者名次列前。若决赛总分相等，应以复赛和决赛评分中小分值多者名次列前。全场冠军的计分方法与其他级别决赛计分方法相同。

第三节 瑜 伽

"瑜伽"这个词，是由印度梵语"Yoga"音译而来，其含意为"一致"、"结合"或"和谐"。瑜伽起源于印度，距今已有 5000 多年的历史，其发源于印度北部的喜马拉雅山麓地带。古印度修行者在大自然中修炼身心时，无意中发现各种动物与植物天生具有治疗、放松、睡眠或保持清醒的功效，患病时能不经任何治疗而痊愈，于是古印度修行者对动物的姿势进行观察、模仿并亲自体验，创立出一系列有益身心的锻炼姿势，也就是体位法。这些姿势历经了 5000 多年的演变，逐步衍化出一套理论完整、确切实用的养生健身体系，这就是瑜伽。

经常练习瑜伽，可以修身养性，调理身心；可以提升意识，发挥潜能。瑜伽的呼吸法，通过有意识的呼吸，得以排出体内的废气、虚火，消除紧张和疲劳，舒缓压力。瑜伽的呼吸法，扭、挤、伸、拉的姿势，能畅通全身经络气血，活化脏腑机能，使细胞延迟衰老，使面色红润，还能促进血液循环，修复受损组织，使身体组织得到充足的营养。借助瑜伽呼吸法配合的各种体位法的姿势，按摩身体内部器官，可促进血液循环，伸展僵硬的肌肉，使关节灵活，达到减肥的效果。

一、瑜伽基本技术

（一）瑜伽呼吸法

1. 腹式呼吸

【方法】取仰卧或瑜伽坐姿，将一只手臂放在肚脐下方，去感受呼吸时带给腹部不同的起伏。吸气时，腹部向外鼓起，吸气越深，鼓起的力度就会越大，随着腹部扩张，横膈膜就向下降；接下来呼气，腹部向内朝脊柱方向回收；尽量深长呼气，收缩腹部，将肺内的空气完全呼出，横膈膜就自然而然地升起。

【益处】深层地滋养和净化完整的肺部，按摩腹部内脏，促进消化和吸收。

2. 胸式呼吸

【方法】取仰卧或瑜伽坐姿，深长吸气，但不要让腹部扩张。代替腹部扩张的是把空气直接吸入胸部区域。在胸式呼吸中，胸部扩张，腹部保持平坦。当吸气较深时，腹部向内朝脊柱方向回收。用这种方法吸气时，肋骨是向外和向上扩张的，呼气时，肋骨向下并向内收。

【益处】加强腹肌肌力，镇静心脏，净化血液，改善血液循环。

3. 完全呼吸

【方法】完全呼吸是把腹式呼吸和胸式呼吸结合起来的呼吸方式。缓缓吸气，先吸入肺部；在肺部鼓起时，气就开始充满胸部区域的下半部分，紧接着充满胸部的上半部分；用力吸满气，尽量将胸部扩张到最大限度，此时吸气已达到双肺的最大容量，最好能够保持3秒的悬吸；再缓缓呼气，先放松胸部，然后放松腹部。用收缩腹部肌肉的方法结束呼吸。

【益处】由于血氧含量增加，血液被净化，肺部组织更为强壮，从而增强身体抵抗力；神经系统会镇静下来，心律平稳。

（二）瑜伽冥想

控制大脑最有效的工具是让大脑脱离自己的情绪、思想和行为，像旁观者般观察自己。不断地进行冥想练习，就会发现无论是在办公室工作的工作日，还是野外踏青的快乐周末，都能以同样的心态处之，这说明了内在的强大，任凭生活的变幻练习者都泰然处之。

1. 瑜伽冥想姿势

1）简易坐

【方法】坐下，双腿前伸。左脚压在右腿下方或右脚压在左腿下方。挺直脊柱，紧收下颌（图18-3-1）。

【益处】柔软灵活两髋、两膝、两踝，补养和加强神经系统，减轻和治疗风湿性关节炎。

2）金刚坐

【方法】两膝跪地靠拢，两脚紧靠，使两脚跟向外指，臀部坐在两脚跟之间。挺直脊柱，紧收下颌（图18-3-2）。

【益处】金刚坐是一个极好的冥想姿势，有助于心灵和平宁静，特别是饭后练习5～10分钟，它是促进整个消化系统功能的极好姿势。

3）莲花坐

【方法】坐下，双腿前伸。屈右腿，放在左腿腹股沟处，再扳过左小腿，把脚放在右腿腹股沟上方，两脚掌朝天。挺直脊柱，紧收下颌（图18-3-3）。

【益处】增加脑、胸部和骨盆区域的血液循环，保护心脏从而使心率平稳，对患呼吸系统疾病的人有益处，使两髋、两腿变柔软，有助于预防及治疗风湿病。

4）半莲花坐

【方法】坐下，双腿前伸。屈左腿，让左脚跟顶紧右大腿内侧，再屈右腿，把右脚放在左大腿腹股沟处。挺直脊柱，紧收下颌（图18-3-4）。

【益处】具有和莲花坐相同的效果，但程度稍逊色。

图 18-3-1　　　　　图 18-3-2　　　　　图 18-3-3　　　　　图 18-3-4

2. 几种不同的冥想方式

1）音乐冥想

【方法】选择自己对其有特殊感受的音乐，能很快地将人带入平静的音乐，双目合上，让身体随旋律随意舞动。此法可使人从懈怠的滞动，被神奇般慢慢推向轻盈的旋转，灰色的心情演变成优美的自得。

【益处】这个冥想可以有效地改善抑郁情绪，帮助摆脱自闭。

2）充电冥想

【方法】采用坐或卧姿，以舒服为主，开始观察自己呼吸。吸气、呼气，脑中没有任何思绪，不断地观察自己的呼吸。

【益处】此冥想让练习者更接近自己身体的能量源，更有效地发掘和激活自身的潜层能量。

3）睡眠冥想

【方法】身体平躺在地面，让全身各部位保持放松状态，闭上双眼，从脚趾到头顶扫描全身，越慢越好，然后扫描整个背部。

【益处】此冥想能帮助练习者在短时间让身体和大脑进入极度放松状态。有效的练习能够保障人自如地进入深度的睡眠。尝试在工作之余，用 30 分钟的冥想补充 3 小时的睡眠。

4）烛光冥想

【方法】取一支蜡烛，将其放置于距离一臂远的正面，高度与目光水平线一致，凝视黑色烛心 1～3 分钟，眼泪会慢慢渗出，然后，闭上双眼，试着在眉心继续凝视烛心。

【益处】能消除眼部疲劳，纯净双目，提高视力，并能使大脑得到平静。

（三）瑜伽体位法

1. 下犬式

【方法】要使身体成为倒 "V" 形，双臂前伸，头颈向腿部延伸看齐，能看到双腿中间的天空，脚后跟贴住地面不要抬起（图 18-3-5）。

【益处】消除疲劳，恢复精力，缓解脚后跟的僵硬和疼痛，帮助软化脚后跟的跟骨刺；增强脚踝力量，使腿部更匀称；有助于消除肩胛骨区域的僵硬，缓解肩周炎，使腹部肌肉得到增强。由于横膈膜被提升到胸腔，因此心跳速度减缓。

2. 上犬式

【方法】身体要伸直，臀部与肩部、腰部形成舒缓的 "S" 形，头颈向前伸，肩部向前用力（图 18-3-6）。

【提醒】在练上犬式与下犬式的时候，往往会因为力度不够而做不到位。要记住，瑜伽是在舒展筋骨，应该把自己的筋骨舒展到最大限度。

【益处】使脊柱恢复活力，对于腰部疼痛、坐骨神经痛以及腰椎间盘突出的人有很好的效果，增强脊柱弹性，治疗背部疼痛。由于胸部得到完全扩张，因此增加肺部弹性，骨盆区域的血液也得到完全循环，使其保持健康。

图 18-3-5　　　　　　　　　　　图 18-3-6

3. 骆驼式

【方法】身体应呈"O"形，头部仰到最大限度，双肩胛向后伸展，双手扶住脚跟，大腿与臀部垂直绷紧（图 18-3-7）。

【益处】伸展强壮脊柱，促进血液循环，使脊柱神经得到额外的血液滋养而受益，对于矫正驼背和两肩下垂等不良体态有极佳的效果。

4. 战士第二式

【方法】上身保持竖直，右腿弓步，左腿向后伸直，右脚回勾，弓步不能弓得太靠下，臀部要绷住劲，双臂伸平，头颈摆正，此式注重平衡感（图 18-3-8）。

【益处】使腿部肌肉更为匀称、强健，同时能缓解小腿和大腿肌肉痉挛，增强腿部和背部肌肉弹性，强化腹部器官。

图 18-3-7　　　　　　　　　　　图 18-3-8

5. 树式

【方法】头颈挺直，胳膊伸直向上，想象身体将要冲上云霄，胯部同时向上提，此式应有无限的延伸感觉（图 18-3-9）。

【益处】补养和加强腿部、背部和胸部的肌肉；加强两踝肌肉力量，改善人体态的稳定与平衡，增强集中注意的能力；放松两髋部位，并对胸腔区域有益。

6. 三角式

【方法】上身与下身的弧线要顺畅，胯部不能为省力挺起，双臂伸展呈"一"字形（图 18-3-10）。

【益处】增强腿部肌肉，消除腿部和臀部的僵硬，矫正腿部畸形；缓解背部疼痛及颈部扭伤，强健脚踝、胸部；治疗多种皮肤病，消除腰围区域的脂肪。

7. 后仰式

【方法】臀部、胯部、腰部向前挺，可以用手臂支撑出力使臀部、胯部、腰部向前，注意逐步做后仰练习，千万不要用力过度，使身体后仰过度（图 18-3-11）。

【益处】有助于消除疲劳，使胸部得到完全伸展，伸展两腿、腹部和喉咙，加强两腕、两踝和骨盆肌肉力量，改善肩关节的活动，使神经系统得到增强，血液循环得到改善。

图 18-3-9　　　　　　图 18-3-10　　　　　　图 18-3-11

8. 蝴蝶式

【方法】此式的双腿就好像是蝴蝶的双翅，要向两边伸展到最大，挺胸抬头（图 18-3-12）。

【益处】对骨盆区域有益，使骨盆、腹部和背部得到足够的血液供应，有助于消除泌尿功能失调和坐骨神经痛，预防疝气，调理月经期不规律现象，孕期经常练习会使分娩更容易、顺利。

9. 犁式

【方法】仰卧，手臂放在身体的两边。吸气，抬起双腿上举越过身体，呼气，将两腿向后放在头的上方，脚趾触地（图 18-3-13）。

图 18-3-12　　　　　　　　　图 18-3-13

【益处】对整个脊柱神经极为有益；伸展背部，减轻各种背痛、腰部风湿痛和背部关节痛；减轻肩部和两肘的僵硬；补养增强腘绳肌；有助于消耗腰围线、髋部、腿部脂肪，治疗手部痉挛；刺激血液循环，使血液流入头部，滋养面部和头皮；调整甲状腺，身体新陈代谢得到改善；收缩腹部器官，促进消化功能，治疗便秘和胃胀气；调理月经失调等不良症状；对头痛、痔疮和糖尿病等疾病有较好的疗效。

10. 轮式

【方法】仰卧，双手放在身体两侧。屈腿，脚后跟紧贴大腿后侧。双手移到头的两侧，掌心贴地。吸气，拱起背部，髋部与腹部向上升起（图18-3-14）。

【益处】这一后弯的体式有助于增强背部肌群的力量，放松肩关节和颈部肌肉，使脊柱得到完全的伸展，使身体更加柔软，头部供血加强，有效释放压力并使感觉敏锐。

11. 脊柱伸展式

【方法】双手抓住脚踝，身体尽量接近腿，最终双手手掌可平放在脚边的地面上（图18-3-15）。

【益处】增强人体的弹性，伸展脊柱，脊柱神经得到补养、加强；身体前屈有助于强壮双肾、肝脏和脾脏；有助于缓解月经期间下腹与骨盆部位的疼痛，是倒立练习必不可少的姿势；使头脑逐渐适应增加的血流和压力，可以克服所有的精神和情绪波动，情绪化严重的人可以在这个姿势上得到改善，神经系统得到滋养，心率减缓。

12. 脊柱扭转式

【方法】挺直身子坐着，两腿前伸，右边小腿内收，将左脚移过右膝，将右臂穿过左腿下方，双手在背后相握（图18-3-16）。

【益处】挤压、按摩脊柱周围的肌肉，刺激脊柱神经；使背部肌肉更富有弹性，预防背痛和腰部风湿痛的发生；强壮肝脏、脾脏，对双肾起到按摩作用；促进胃肠蠕动，有助于增强消化和排泄功能；调整肾上腺素的分泌，胰脏活动增强，有助于治疗糖尿病；治疗轻微脊椎盘错位。

图 18-3-14

图 18-3-15

图 18-3-16

（四）瑜伽休息术

1. 休息术

瑜伽休息术，是一种简单而有效的放松身心的良方，任何人都可以做。

休息术包括瑜伽语音冥想、放松身体各部位、瑜伽场景冥想和精力充沛后起身。

我们在日间进行休息术时，最好保持清醒状态，将注意力集中到放松身体和场景冥想上，以达到放松的最佳效果。瑜伽休息术在夜间进行时，目的在于帮助人身心尽快放松，消除失眠的痛苦。临睡前躺在床上，进行全套的瑜伽休息术，不必从头至尾保持警醒状态，自然而然地做休息术直到睡着。如果能做到放松全身各部位后再睡着就更好了，这样次日早晨醒来会感觉轻松、舒畅、神采奕奕。

准备好瑜伽垫，开始瑜伽休息术。仰躺于垫子上，端正全身，使脊柱伸直、放平。伸直双臂，置于体侧 15° 的位置，双手手心向上，两脚分开约 33 厘米的距离，全身以最舒适的状态保持不动，闭上眼睛。

1）语音冥想休息术

静心关注自己的一呼一吸，开始瑜伽语音冥想。

选择好任意一个自己喜爱的语音，如 Madana-Mohana（马丹那-末汉那）。

每次吸气时，心里默念 Madana-Mohana（马丹那-末汉那）。

每次呼气时，嘴巴轻轻地出声念 Madana-Mohana（马丹那-末汉那）。

让这柔和、宁静的声音发自肺腑，由气息带出，感觉这声音飘得很远很远，每一个音节之间可以加大间隔，根据自己气息的长短合理安排，吸气与呼气的时间一样长。将语音反复 10 次左右，不要着急。

放松意识，不要思考，开始单纯地放松身体各部位。

意识在每一个需要放松的部位松动地集中一会儿，再转到下一个需要放松的位置。

放松右脚的五个脚趾，放松右脚心、脚跟、脚背、脚踝、右小腿胫骨、小腿三头肌、膝关节、膝关节窝、大腿前侧、大腿后侧。

继续放松右髋、右侧腰、右侧腋窝、右侧肩膀、右边上臂的内侧与外侧、右边前臂的内侧与外侧、右手腕、右手心、右手背、右手的五个手指，包括手指尖都完全放松。

放松左脚的五个脚趾，放松左脚心、脚跟、脚背、脚踝、左小腿胫骨、小腿三头肌、膝关节、膝关节窝、大腿前侧、大腿后侧。

继续放松左髋、左侧腰、左侧腋窝、左侧肩膀、左边上臂的内侧与外侧、左边前臂的内侧与外侧、左手腕、左手心、左手背、左手的五个手指，包括手指尖都完全放松。

放松整个臀部、骨盆、所有的肋骨，每一根都放松，放松后腰和整个背部。

放松尾骨、骶骨、腰椎、胸椎、颈椎，整条脊柱全部放松。

放松腹部、腹部的内脏器官，放松肾脏、胃部、肝脏、肺部和心脏，所有的内脏器官都放松。

放松肩胛骨，放松颈部的两侧、前侧、后侧。

放松后脑、头顶、头的两侧，整个头部完全放松，头皮、每一根头发全都放松。

放松前额、面颊、下巴、眉目、眼球、眼眶、眼睑、睫毛。

放松耳朵、鼻子、上唇、下唇、牙齿、舌头、喉咙。

放松身体的每一个毛孔，每一寸皮肤，放松全身的肌肉。

感觉整个身体很重，沉到海底，沉到地底。随后感觉身体很轻，轻得像一片羽毛，飘浮到空中，身体似羽毛飘落到地上。

2）场景冥想休息术

随后，开始瑜伽场景冥想。用自己的心灵想象每一个场景，这些场景都是自己最想看的简单而美好的场景，它们在眼前一一展现。

【举例】

湛蓝的天空，白云飘过。

白色的浪花，金色的海岸。

椰树在风中幸福地摆动着枝叶。

和风煦日，让全身暖洋洋的，舒服极了。

山上奇松被雪覆盖着，屹然挺立。

优雅的白天鹅和高贵的黑天鹅在蓝色湖面上舞蹈。

嫩绿、柔软的草地。晨雾皑皑的森林，透进缕缕晨光……

3）瑜伽休息术注意事项

（1）放松身体各部位，可以按照不同的顺序，反复进行，直到彻底放松。

（2）注意保暖，不要躺在冰凉的地面上；在寒冷处休息需要铺上保暖的毯子。

（3）不习惯平躺的人，可以在后脑勺处放个小枕头或别的柔软的东西，甚至可以坐着进行。

（4）不要饱餐后做休息术，尤其是在晚上。

2. 休息术结束起身

动一动脚趾、手指，捏一捏拳，感觉到身体慢慢地变暖了。

用力搓热双手，掌心轻轻覆盖在面颊、前额、太阳穴上，轻轻地按摩，按摩鼻子的两侧。

用手掌向上推送下颚，用手指尖轻轻敲击眼眶四周，搓揉耳郭、耳垂。

将身体向右侧卧，右手支撑头部，左手轻轻按摩并敲打百汇穴，使头脑清醒。

闭着眼睛，盘腿坐起，调息三次后，睁开眼睛，感觉到明亮的视线。

缓缓起身，直立，完成整套瑜伽休息术。

二、瑜伽的编排

（一）编排的原则

1. 针对性原则

根据不同的人群、季节、场地器材、练习目的编排瑜伽动作。

2. 科学合理性原则

动作的选择与设计要科学合理，尊重人体的发展规律，安全可靠，避免损伤。

3. 全面整体性原则

一套完整的瑜伽动作应该使全身各关节、肌肉得到尽可能多的锻炼，提高练习者的身体素质，包括生理素质和心理素质。

4. 循序渐进原则

针对不同水平的练习者选择不同的难度动作，相似或者同类动作分为简易动作、标准动作和加强动作。对于初学者要从易到难，随着能力的增强逐渐增加难度。

5. 趣味性原则

兴趣是最好的老师，所以在设计成套动作时要注重趣味性的设计，在体式上可以安排不同风格和流派的瑜伽使动作保持新鲜感。

（二）编排的方法

1. 整体法

整体法就是对成套动作进行初步的设想，为成套动作设计基本的框架，确立全套动作的风格、基本内容、时间、强度和音乐等。

2. 分段法

一套瑜伽动作可划分为三个阶段进行编排：开始部分、主体部分、结束部分。

3. 移植法

移植法是将某一个项目的动作移植到瑜伽动作中的方法。例如，舞韵瑜伽就是把舞蹈元素融入瑜伽动作组合中。

4. 动作创新组合法

对瑜伽体位进行组合创新。

（三）编排的程序与步骤

（1）初步构思，拟定编排方案。

（2）选配音乐。

（3）确定成套动作内容和呼吸的配合。

（4）反复实践与修改、调整。

（5）记录。

第十九章 休闲运动

本章导读

休闲运动是一种以休闲为目的的体育活动，是人们利用余暇时间为了达到休闲、健身、消遣、娱乐等多种目的进行的各种身体活动方式。作为人们文化生活的重要组成部分，休闲运动不仅能缓解压力，松弛过分紧张的情绪，更能张扬个性，追求品位与情趣，因此受到越来越多人的喜爱。

第一节 跆拳道

跆拳道的产生源于人类远古祖先的生存需要，在原始社会生产力极为低下的社会条件下，人类为了生存，必须同自然界的野兽搏斗，这就产生了搏斗的各种方法。经过漫长的岁月，人们为强健体魄和自卫而产生的搏击逐渐演化为有意识的技击活动，从而产生了朝鲜民族特有的运动形式——跆拳道。跆拳道在1986年被列为第十届亚运会的正式比赛项目。1994年9月，国际奥委会将跆拳道列为2000年奥运会正式比赛项目，设男女各4个级别。目前，跆拳道运动已经具有完全独立的国际体育组织，成为正规的运动项目。在世界锦标赛、亚运会和亚洲锦标赛上共设有男女各8个级别。跆拳道每两年举办一次世界锦标赛和世界杯比赛。

跆拳道具有防身健身、修身养性、娱乐观赏等多方面的作用，是人们增强体质、培养意志品质的一种较好的手段。跆拳道的技术动作是由全身协调配合，主要通过各种各样的腿法来表现。它能很好地促进人体的力量、速度、灵敏、耐力和协调等全面身体素质的发展，具有强身健体的作用。跆拳道是武技中的一项，通过跆拳道练习，不仅可以掌握各种踢法和拳法，提高身体的灵活能力和反应能力，还可以经过长期训练后形成一定技能，具备防身和自卫的能力。跆拳道推崇"礼始礼终"的尚武精神，其宗旨是礼义廉耻、忍耐克己、百折不挠。通过跆拳道的训练，可以培养练习者坚韧不拔、勇敢无畏、顽强坚毅的意志品质。同时，竞赛跆拳道则是两人激烈的对抗，双方选手斗智斗勇，具有极高的观赏价值。

图 19-1-1

一、跆拳道基本技术

（一）实战姿势

1. 标准实战姿势

左脚在前叫左势，右脚在前叫右势（图19-1-1）。

(1) 动作规格：两脚前后开立与肩同宽，前脚尖45°斜向右前方，后脚跟抬起，膝关节微弯曲，重心在两脚之间，上身自然直立，45°斜向右前方，双手握拳，拳心相对，两臂弯曲，置于胸前，头部直立向前，目视正前方。

(2) 动作要领：身体自然，肌肉放松，膝关节松而不懈，富有弹性，心无杂念，以无意为有意。

(3) 易犯错误：全身紧张，肌肉僵硬，重心偏前或偏后，不利于启动；膝关节不弯曲，缺乏弹性。

2. 侧向实战姿势

身体完全侧向，前后脚在一条直线上，其他部位同标准姿势。

3. 低位实战姿势

身体姿势同标准实战姿势，只是双膝弯曲加大，重心降低。这个姿势重心低、不易失去平衡，但移动相对较慢。

4. 实战站位

(1) 开式站位：和对方体前侧相对应的站位，即自己的身体前面相对对方的身体前面，包括左势对右势和右势对左势两种站位形式。

(2) 闭式站位：和对方的体前侧不相对应的站位，即自己的体前对应对方的体后，包括左势对左势和右势对右势两种站位形式。

(二) 基本步法

跆拳道的步法在实战中具有极其重要的意义：第一，表现在步法是连接技术动作的关键环节。跆拳道实战中，不论是进攻动作、防守动作，还是防守反击动作，绝大多数是在运动中完成的，因此需要灵活、快速、敏捷、多变的步法连接技术，以保证后面技术动作的完成和发挥，否则就会处于被动挨打的地位。第二，通过灵活多变的步法移动，使对方的进攻或防守落空，同时自己抢占有利的攻击或防守位置，为反击创造条件。第三，灵活多变的步法可以保持身体姿势的平衡，因为身体只有在相对平衡的状态下，才能更有力、更有效地攻击对方，达到攻击的目的。跆拳道的实战是在运动中进行的，没有正确、灵活、多变的步法，就难以取得实战的胜利。第四，灵活机智地运用多种步法，可以给对方心理造成压力，使对方产生无所适从的感觉，为战胜对方创造条件。

实战中常用的基本步法包括以下几种。

1. 前滑步

从标准实战姿势开始，后脚蹬地发力，前脚向前滑动一步；后脚此时快速蹬离地面，向前跟进同样的距离，仍成实战姿势。

2. 后滑步

从标准实战姿势开始，后脚向后滑退一步，后退一步的距离应略长于前进一步的距离，随即前脚掌蹬离地面，后撤距离与滑退一步的距离相等，仍成实战姿势。

3. 前进步

从标准实战姿势开始，两脚成斜马步，两手握拳置于胸前。前进时后脚蹬地向前迈步，身体侧转成另一侧斜马步，可连续进行。这是前进步的一种——上步，注意拧腰转髋。前进时，后脚蹬地，前脚向前滑行为前滑步；后脚蹬地，前脚向前跳跃为前跃步。前滑步和前跃步都属于前进步，是主动进攻时采用的步法，也可用于假动作，配合手臂的动作进行，便于快速接近对方。

4. 后退步

从标准实战姿势开始，前脚掌用力蹬地，后腿先退后一步，前脚随即后退两脚，身体仍保持原来姿势。若前脚掌蹬地后，后脚沿地向后滑行一步，前脚随即同样向后滑行一步，两脚以及身体仍保持原来姿势，称为后退滑步。这种步法可以拉开和对手的距离，避开对方的进攻，准备做反击动作。

5. 后撤步

从标准实战姿势开始，以后脚前脚掌为轴，前脚抬起向后经后脚内侧向后撤一步，形成和原来相反的实战姿势。后撤步可根据实战需要左右变化，调整与对方的相对距离，准备进行攻击或反击。

6. 跳换步

从标准实战姿势开始，两脚同时蹬地使身体腾空，空中两脚前后交换，同时转体，落地时身体姿势成另一侧的准备姿势。跳换步的腾空不宜高，略离地面即可；换步时要拧腰转髋，迅速敏捷。

7. 前（后）垫步

从标准实战姿势开始，后（前）脚向前（后）脚并拢的同时，前（后）脚蹬地向前（后）迈（退）步，仍成原来的实战姿势。垫步动作的要点是后（前）脚向前（后）要迅速，不等后（前）脚落定，前（后）脚就要蹬地向前（后）移动，前（后）脚移动的距离要适当，既能照顾与对方的位置关系，又便于自己后面的连接动作。垫步动作要迅速、轻捷、连贯，要快速接近或远离对方。

8. 前冲步

从标准实战姿势开始，后脚向前迈一步，身体姿势同时转正，随即前脚向前冲一步仍成为实战姿势。可连续冲几步成实战姿势。其动作要点是两腿要连贯、快速，类似加速冲刺。

（三）基本腿法

1. 前踢

1）动作规格

保持基本姿势，右脚蹬地屈膝提起，送髋、顶髋，小腿快速向前踢出，高与腰平，迅速放松弹回，呈折叠状，脚轻轻落下，恢复成基本姿势（图 19-1-2）。

2）动作要领

（1）大小腿折叠充分，上提右膝时右膝内侧贴近左大腿内侧，小腿、踝关节放松，有弹性。

（2）髋往前送，上体后仰，踢心窝、下颚部位时髋往上送，送髋时右膝向前撞地出腿。

（3）小腿收回时仍以膝关节为支点自然弹回，同踢出速度一样快。

3）易犯错误

（1）直腿踢、直腿落，小腿与大腿没有折叠。

图 19-1-2

（2）提膝时没有贴近左大腿内侧正上提，造成髋关节未能正对前方，转髋，使踢击力量偏向。

（3）没有向前送髋。

（4）踢击目标的瞬间左腿突然下屈膝关节，造成踢击目标失准。

2. 横踢

1）动作规格

保持基本姿势，右脚掌蹬地，大小腿折叠向上向前提膝，以左脚掌为轴拧转 180°，右膝关节向前抬至水平状态，小腿快速向前踢出，击打目标后迅速放松，收回小腿，重心前移落下，恢复成基本姿势（图 19-1-3）。

图 19-1-3

2）动作要领

（1）大小腿折叠，膝关节夹紧，直线上提膝。

（2）支撑脚跟稍离地，以前脚掌为轴，向外旋转 180°。

（3）髋关节往前送，身体与大小腿成直线，大腿根与身体没有夹角。

（4）踝关节处于自然松垂状态，出腿前不要绷紧脚背。

（5）以正脚背为击打的力点，击打的感觉像一条鞭子抽打，脚背像鞭鞘。

3）易犯错误

（1）大小腿折叠不充分，膝关节不夹紧。

（2）没有正上提膝，走斜线。

(3) 出腿时绕圈，弧度过大。
(4) 撅臀，上体向左下倾斜，支撑脚向前转动角度不足。
(5) 踝关节不放松，以脚内侧击打。
(6) 踢出后直腿往下落。

3. 后踢

1) 动作规格

保持基本姿势，左脚以脚掌为轴内旋成脚跟正对对手，上身旋转，右膝向腹部靠近，大小腿折叠，右腿用力向攻击目标直线踢出，重心前移落下，成右势站立（图19-1-4）。

图 19-1-4

2) 动作要领

(1) 起腿后，上身与大小腿折叠成一团。
(2) 踢出时力量用力延伸，直线发力。
(3) 上身不能过分往下，重心向攻击方向移动，控制右侧腰部不跟着旋转。
(4) 击打目标在正前方稍偏右。
(5) 收回小腿时不能旋转暴露出空当。

3) 易犯错误

(1) 支撑腿没有起到"瞄准器"的作用，未对准攻击目标，造成出腿偏离方向。
(2) 上身、大小腿不折叠，直腿往上撩。
(3) 转身、出腿不连贯，中间有停顿。
(4) 边旋转边踢出，击打走弧线。
(5) 肩、上身跟着旋转，易被对手反击。

4. 下劈

1) 动作规格

保持基本姿势，右脚蹬地启动，重心稍前移，右脚尽量上举至头部上方，放松下落，上体保持直立，以脚掌击打目标，轻轻落地，恢复成基本姿势（图19-1-5）。

2) 动作要领

(1) 右腿尽量往高、往后举，重心往高起。
(2) 保持上体直立，脚放松下落，至对手头部位置产生向下鞭打的加速度，踝关节放松。

图 19-1-5

（3）落地要保持平衡，力量有所控制。
（4）全身要柔软、放松。
3）易犯错误
（1）起腿高度不够，重心没有往上"飘"起。
（2）踝关节紧张，往下压用力过分。
（3）上体过分后仰，以致不能及时恢复成基本姿势，应随重心前移，把体重势能加到腿的击打上去。
（4）落地太重。
5．侧踢
1）动作规格
保持基本姿势，右脚蹬地起腿，屈膝上提，左脚以脚掌为轴外旋 180°，脚跟正对前方，右腿快速向右前方直线踢出，力点在脚跟，收腿、放松，重心向前落下，恢复成基本姿势（图 19-1-6）。

图 19-1-6

2）动作要领
（1）起腿后大小腿折叠，膝关节夹紧。
（2）转动左脚跟与右腿由屈到伸，发力协调，不得停顿。
（3）头、肩、腰、髋、膝、腿、踝成一条直线。
（4）大小腿直线踢出、直线收回。
3）易犯错误
（1）大小腿折叠不充分。

(2) 左脚跟未及时向前转动至正对攻击目标的姿势，收髋、撅臀，大腿根与身体有夹角。

(3) 小腿未完全伸展，大小腿未能成一条直线。

(4) 踢出时上体往后、往下过分下落，分散了攻击力量。

(5) 缺乏弹性，踢完不收腿。

6．摆踢

1）动作规格

保持基本姿势，右脚蹬地屈膝提起，左脚以脚掌为轴外旋180°，右脚向左前方伸出，用力向右侧水平鞭打，重心往前落下，恢复成基本姿势（图19-1-7）。

图 19-1-7

2）动作要领

(1) 鞭打时上体随身体一起摆动，头往下降低。

(2) 发力方向平行于地面，最高点发力。

(3) 支撑脚对着攻击目标。

(4) 双手起到维持平衡的作用。

(5) 要调整、配合呼吸。

(6) 全身摆动时有振动感，富有弹性。

3）易犯错误

(1) 上体直立，没有下降头部。

(2) 过早发力，造成右脚在正前方时已往下落。

(3) 小腿没有突然鞭打发力。

7．推踢

1）动作规格

保持基本姿势，右脚蹬地屈膝提起，左脚以脚掌为轴外旋约90°，重心往前压，右脚向右前方直线踢出，力点在脚掌，重心往前落下，迅速恢复成基本姿势（图19-1-8）。

2）动作要领

(1) 提膝后使大小腿折叠、收紧。

(2) 重心往前移。

(3) 推的路线水平往前，送髋，力量延伸。

图 19-1-8

(4) 接近目标时突然发力,勿发力过早,造成往下"踩"。

3) 易犯错误

(1) 收腿不紧,直腿起,容易被阻截。

(2) 上身太直,重心往下落,腿不能水平地向前推。

(3) 上身过分后仰,重心没能前移,不利于衔接下一个技术动作,且易被反击。

8. 旋风踢

1) 动作规格

保持基本姿势,以左脚掌为转动轴,脚跟向前转动一周,右脚屈膝上提,随身体转至正对前方时,左脚蹬地跳起左横踢,右脚、左脚依次落地(图 19-1-9)。

图 19-1-9

2) 动作要领

(1) 身体重心随身体的转动往上"飘",身体沿纵轴方向旋转。

(2) 双手向右后甩动增加转动速度,但勿产生预动,应同身体协调,同时发力。

(3) 右脚起到瞄准器的作用,应对准攻击目标,若未对准提前出左横踢,则横踢的半径过大,不能命中,若转向过大,则远离了目标。

(4) 身体旋转速度要快,转动后眼睛应迅速找到目标。

(5) 上体不能过分后仰。

3) 易犯错误

(1) 重心掌握不好,没有在原地旋转。

(2) 以脚内侧击打。

（3）旋转速度慢，旋转后找不到目标。
（4）距离感掌握不好，过近或不及目标。

二、防守技术

（一）利用闪躲、贴近等方法进行防守

闪躲就是当对方进攻时通过脚步的移动，向左右两侧或向后闪躲，从而使对方的进攻落空。而贴近就是当对方进攻时快速上步与对方靠贴在一起，使对方由于距离过近而无法发挥进攻的威力。

当乙方使用后腿劈腿技术进攻甲方时，甲方向左侧或右侧移动身体，避开对方的劈腿进攻；当乙方使用前横踢进攻时，甲方可快速后撤一步或是立即上前一步，贴近乙方，使其不能用规则允许的踝关节以下的部位击打得分。在比赛中，采用向后撤的方法一般是在双方练习者都没有开始进攻时，这时两人之间的距离相对较远，后撤则较容易使对方的进攻落空，在后撤的同时可使用横踢、后踢、后旋踢或劈腿反击对方；采用向两侧移动的方法主要是在化解掉对方进攻的同时，使自己能够在合适的位置上快速有效地击打对方而得点；采用贴近的方法主要是在双方距离较近时尤其是在第一次击打后，一方想趁距离近、对方需要调整身体重心的时机快速起腿进攻得点，另一方则可立即上步贴近对方。

（二）利用进攻动作进行防守

在对方进攻的同时，防守者也使用进攻的动作，即以攻代守。这种防守的方法在当前跆拳道比赛中被广泛使用，原因在于当对方进攻时，身体重心发生了移动，就必然有一个调整身体重心的阶段，防守者抓住此阶段实施进攻动作，会使得进攻者往往无法快速回撤身体而陷于被动或者失分。此时防守者的进攻动作属于后发制人的动作，就与平常使用的进攻动作在移动方向或身体姿势上有一定的差别。

若双方闭式站位，对方使用横踢进攻，自己使用横踢反击，由于对方先动，自己后动，要想自己不失分而又能有效击打对方，就必须在向后撤的同时做出横踢动作。又如当对方使用劈腿进攻时，若自己此时使用后踢或横踢进攻，即使自己能有效击打对方，自己也容易被对方击打中头部。此时若自己也快速起腿使用劈腿就是很保险的防守，即使劈不上对方，也会有效地阻止住对方的进攻。

（三）利用格挡的方法进行防守

按照防守方向来划分，格挡的方法基本上有向上、向（左右）斜下、向（左右）斜上防守三种。一般来说，练习者采用格挡的方法是出于以下原因。

（1）对方进攻速度较快，自己已来不及使用闪躲、贴近等方法时，所以下意识地用格挡进行防守。

（2）已预测到对方使用的技术，使用针对性的格挡是为了迅速做出反击动作，使格挡成为转化攻防的连接技术，为比赛得分创造条件。在这里不提倡防守者把手臂贴放在自身的得分部位上，用以减少对方的击打力度和效果。因为这样做的后果是：一旦对方击打力

量很大,即使不能得点,但由于没有缓冲的余地,也很容易造成自己手臂甚至身体内部的受伤,而且不利于自己迅速做出反击动作。

三、跆拳道品势

品势又称型,是根据基本动作把防御和攻击做成套路来训练的练习体系。品势是假设真实格斗,当对方攻击时反击的技法,即先定好对方的攻击,利用适当的技术练习的训练体系。品势按修炼者的实力与级别来分配,一种品势可由20~30个技术动作组成。跆拳道的品势有许多种,基本品势有太极、高丽、金刚等。

(一) 太极一章

1. 太极一章的技术方法

(1) 以准备势站在线的中间($D1$-$C1$的B点),向左转90°到$C1$上,同时左脚滑步成左弓步,左臂低挡。

(2) 移动右脚成右走步,右直拳攻中段。

(3) 以左脚的前脚掌为轴向右转(180°面向$D1$),移动右脚成右走步,右臂低挡。

(4) 移动左脚成左走步,左直拳攻中段。

(5) 向左转(90°面向A),同时左脚滑步成左弓步,左臂低挡。

(6) 保持同样的姿势,右直拳攻中段。

(7) 向右转(90°面向$D2$),右脚向前成右走步,左臂向内中位格挡。

(8) 左脚向前成左走步,右直拳攻中段。

(9) 向左转(180°面向$C2$),左脚向前成左走步,右臂向内中位格挡。

(10) 右脚向前成右走步,左直拳攻中段。

(11) 向右转(90°面向A),右脚向前成右弓步,右臂低挡。

(12) 保持同样的姿势,左直拳攻中段。

(13) 向左转(90°面向$C3$)成左走步,左臂高架。

(14) 左脚原地不动,右脚前踢攻中段。放下成右走步,右直拳攻中段。

(15) 向右转(180°面向$D3$),右脚向前成右走步,右臂高架。

(16) 右脚原地不动,左脚前踢攻中段。放下成左走步,左直拳攻中段。

(17) 向右转(90°面向B),左脚向前成左弓步,左手低挡。

(18) 右脚向前成右弓步,同时右直拳攻中段。以右脚为轴向左转180°,以准备势结束。

演武路线如图19-1-10所示。

2. 注意易错误的动作

动作(17):应该左腿移动,很多修炼者右腿移动是错误的。

(二) 太极二章

1. 太极二章的技术方法

(1) 以准备势开始,站在线的中央($D1$-$C1$的B点),向左转90°,左脚滑步成左走步,左臂低挡。

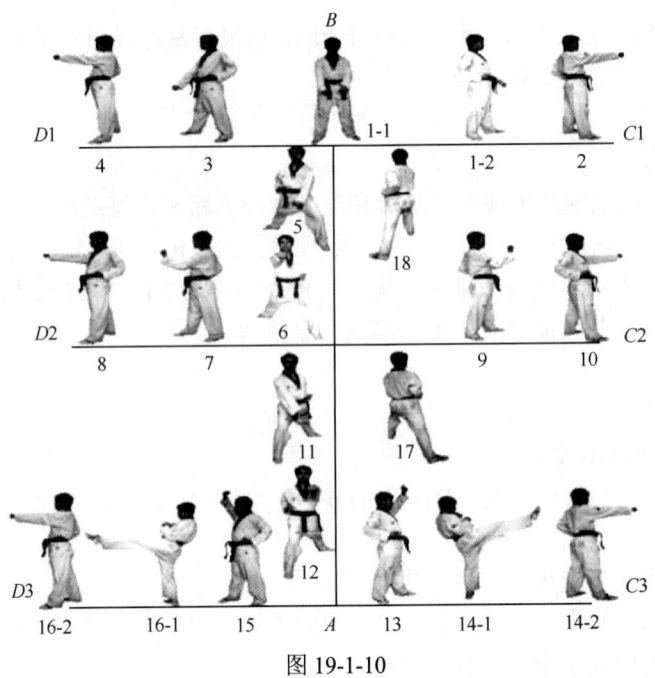

图 19-1-10

（2）移动右脚成右弓步，同时右直拳攻中段。

（3）以左脚的前脚掌为轴向右转（180°向着 D1），右脚滑步成右走步，右臂低挡。

（4）移动左脚成左弓步，同时左直拳攻中段。

（5）以右脚的前脚掌为轴向左转（90°向着 A），左脚滑步成左弓步，右手中位向内格挡。

（6）移动右脚成右走步，同时左手中位向内格挡。

（7）以右脚的前脚掌为轴，移动左脚向左转（90°向着 C2），成左走步，左手低挡。

（8）左脚固定，右脚前踢攻中段。放下成右弓步，同时右直拳攻高段。

（9）以左脚的前脚掌为轴向右转（180°向着 D2），右脚滑步成右走步，右手低挡。

（10）右脚固定，左脚前踢攻中段，放下成左弓步，左直拳攻高段。

（11）以右脚的前脚掌为轴，移动左脚向左转（90°向着 A），成左走步，左臂高架。

（12）左脚固定，右脚向前一步成右走步，右手高架。

（13）以右脚的前脚掌为轴，移动左脚向左转（270°向着 D3），成左走步，右手中位向内格挡。

（14）以左脚的前脚掌为轴，移动右脚向右转（180°向着 C3），成右走步，左臂中位向内格挡。

（15）以右脚的前脚掌为轴，移动左脚向左转（90°向着 B），成左走步，右手低挡。

（16）左脚固定，右脚前踢攻中段，放下成右走步，右直拳攻中段。

（17）右脚固定，左脚前踢攻中段，放下成左走步，左直拳攻中段。

（18）左脚固定，右脚前踢攻中段，放下成右走步，右直拳攻中段。以右脚的前脚掌为轴。向左转 180°向着 A，回到准备势。

演武路线如图 19-1-11 所示。

2. 注意易错误的动作

（1）动作（8）、动作（10）：脸部反击位置易错（过低或击于上身位置）。

（2）动作（13）、动作（14）：转动时行走步不正确。

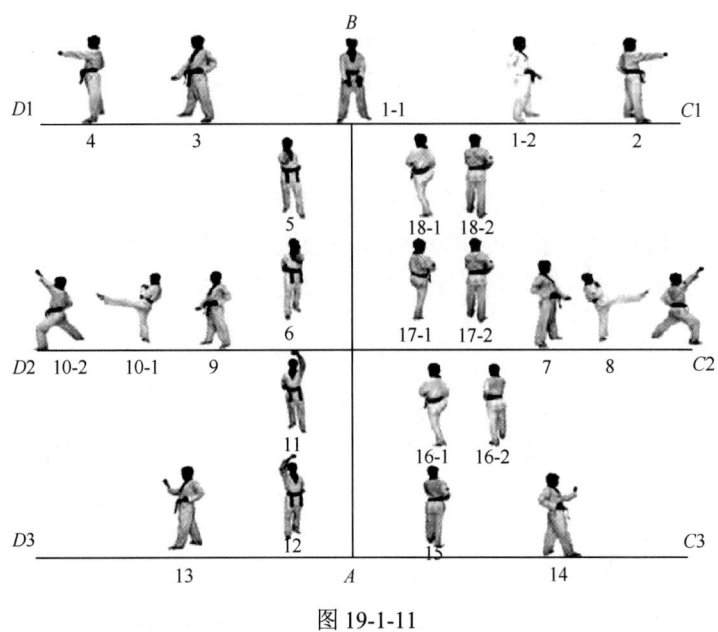

图 19-1-11

四、跆拳道比赛规则简介

（一）比赛时间

每场跆拳道比赛为3局，每局比赛2分钟，局间休息1分钟。比赛时间和比赛局数也可根据实际情况做相应调整，由比赛技术代表决定调整为每局比赛1分钟或1分半钟，或调整为每场比赛设2局。

（二）比赛开始和结束

每场比赛开始前，主裁判员给出"青"（chung），"红"（hong）的口令，示意双方运动员进入比赛区。双方运动员相向站立，听到主裁判员发出"立正"（cha-ryeot）和"敬礼"（kyeong-rye）的口令时互相敬礼。主裁判员发出"准备"（joon-bi）和"开始"（shi-jak）的口令时开始比赛。最后一局比赛结束后，主裁判员发出"立正"（cha-ryeot）、"敬礼"（kyeong-rye）的口令时，运动员相互敬礼。主裁判员举起获胜方一侧的手臂，面向记录台宣判。

（三）允许使用的技术

跆拳道比赛规则允许使用的技术有拳的技术和脚的技术两种。拳的技术指紧握拳、使用直拳，用指关节部分击打的技术；脚的技术指使用踝关节以下部位进行击打的技术。

(四)允许攻击的部位

跆拳道竞赛规则允许攻击的部位只有两个，一是头部，二是躯干。在对抗中，允许使用拳和脚的技术攻击被护具包裹的躯干部位（除脊柱之外）；拳的技术只允许击打电子护具包裹部位中灰色和蓝色或者灰色和红色部位；用拳击打电子护具灰色以上的任何部位，将视为犯规行为。只允许用脚的技术攻击锁骨以上的头部。

(五)有效得分

使用有效拳的技术击打躯干部位得1分；使用有效踢击技术击打躯干部位得2分；使用有效旋转踢技术击打躯干部位得3分；使用有效踢击技术击打头部得3分；使用有效旋转踢技术击打头部得4分。被判罚1个"扣分"则给对方加1分。

(六)计分和公布

在未使用电子头盔的情况下，边裁判员使用手动计分设备对击打头部技术予以确认。如果主裁判员认为一方运动员被踢击技术击中头部而站立不稳或被击倒，并开始读秒，但电子头盔未确认此次得分时，主裁判员应提出录像审议申请进行裁决。

(七)犯规行为与判罚

下列犯规行为判罚"扣分"：越出边界线；倒地；回避或拖延比赛；抓或推对方运动员；为阻碍对方运动员进攻而提膝阻挡或踢对方运动员腿部，或提膝控腿超过3秒并无任何攻击技术以阻碍对方运动员的进攻，或有意图踢击对方腰部以下部位的行为；踢击对方腰部以下部位；"分开"口令后攻击对方运动员；用手攻击对方运动员头部；用膝部顶撞或攻击对方运动员；攻击倒地的运动员；运动员或教练员有不良言行。

(八)犯规败

当一名运动员被判罚10个"扣分"时，主裁判员判其"犯规败"。当一名运动员操纵计分系统或拒绝服从主裁判员口令时，主裁判员判其"犯规败"。

(九)加时赛和优势判定

若3局比赛结束后比分相同，则进行第4局加时赛，时间为1分钟。先得分一方运动员或对方被判罚2个"扣分"时，得分一方获胜。

加时赛结束时双方均未得分，则第4局加时赛中电子护具感应击打次数多的一方获胜。如果击打次数相同，则前3局比赛中获胜局数多的一方获胜。上述条件仍相同时，整场4局比赛中被判罚"扣分"少的一方获胜。上述条件仍相同时，由临场裁判员进行优势判定。

第二节 轮　　滑

轮滑的起源与发展可以追溯到轮滑鞋的发明。1819年，Peitibled于法国发明的专利中记载了第一双单排轮滑鞋。那双鞋的构造是由 2~3 个轮子组成直线,但是这个构想却未达到预期的"流行",最终以不了了之收场。1823 年,居住于英国伦敦的 Tyers 设计了一双溜冰鞋,并称它为"Rolito"。这一双鞋的底部有一排共计 5 个轮子。1863 年,美国的 Plimpton 设计了一双有 4 个轮子的溜冰鞋且轮子是并排的,允许转弯、前进和向后溜冰,也就是最传统的溜冰鞋。1884 年出现的滚珠承轴的轮子帮助了以后的溜冰运动得以蓬勃发展。

轮滑运动是一项集健身、竞技、趣味、娱乐、技巧、休闲、惊险于一体的全身性运动。从 20 世纪 80 年代开始风靡世界,在欧美国家更加流行。轮滑运动中要求练习者灵活变换重心,维持动态平衡。轮滑运动在腿部用力上有侧蹬用力的特点,在学习过程中必须克服陆地上走或跑时后蹬用力的习惯,建立向侧用力的概念,掌握正确的用力方法。轮滑运动的锻炼价值:促进心肺功能,改善和加强代谢系统功能,对增强臂、腿、腰、腹等肌肉力量和各关节灵活性效果显著;能够表现自我,挑战自我,增强自信心;培养审美情趣和艺术美感。

一、轮滑基本技术

轮滑运动包括速度轮滑、花样轮滑、轮滑舞蹈和轮滑球四个运动项目。其中,速度轮滑是轮滑运动的重要组成部分,也是其他三项运动的基础。因此,我们主要介绍速度轮滑技术。

速度轮滑技术是指完成轮滑动作的有效方法。良好的技术能起到充分节约体力、发挥最大速度、创造优异成绩的效果。速度轮滑技术主要由直道滑行和弯道滑行等技术构成。轮滑运动的滑跑动作带有明显的周期性特征。它由蹬地、收腿、着地和支撑滑行等循环动作阶段所组成,围绕完成这些阶段的动作,且又涉及很多关于动作速度、力量、方向、角度、路线、轨迹、频率、节奏、时机和幅度等技术细节,它是构成良好技术的关键。下面主要介绍直道滑行和弯道滑行两大基本技术。

(一)直道滑行技术

直道滑行技术包括身体姿势、蹬地、收腿、着地、惯性支撑滑进、摆臂及整体动作配合。

1. 身体姿势

轮滑运动为减少空气阻力,达到快速滑跑的目的,身体必须采取特殊的滑跑姿势。身体姿势的正确与否,对完成正确动作、有效地使用技术发挥身体的潜能都有重要的作用,因此,正确的滑跑姿势是滑行技术的基础。速度轮滑直道滑行采用上体前倾的半蹲式,髋、膝和踝三个关节成屈的状态。上体放松,两手握于背后,头微抬起目视前方 30~40 米处。在滑行中重心落在脚心处为宜,髋关节角度为 90°~100°,膝关节角度为 110°~120°,踝关节角度为 65°~75°。大腿位于胸的正下方,鼻、膝和脚三个点成一条直线,重心准确地通过支撑轮的中间(图 19-2-1)。

2. 蹬地

蹬地是推动滑行者向前滑行唯一的动力来源。蹬地效果取决于蹬地用力的方式、角度、方向、力量、速度及体重的运用等技

图 19-2-1

术细节的合理性。蹬地技术是速度轮滑的核心技术。蹬地动作是由开始蹬地、蹬地最大用力和蹬地结束三个阶段构成的，合理的蹬伸顺序是展髋的同时伸髋，再伸膝，最后伸踝（图 19-2-2）。

3. 收腿

当蹬地腿完成蹬地动作后，浮腿抬离地面至再次着地前的过程称为收腿。收腿的任务是连接蹬地与着地动作，配合身体重心的移动保持平衡及放松等。另外，浮腿积极地摆动也有助于蹬地腿发挥蹬地力量（图 19-2-3）。

图 19-2-2　　　　　　　　　　图 19-2-3

4. 着地

着地是指从收腿动作结束后至轮滑鞋落地的动作阶段。着地包括两个动作阶段：一是向前摆腿动作阶段；二是轮滑鞋着地动作阶段。着地的方法是以大腿屈的动作为主，从后向前提拉，以后轮领先再靠近蹬地腿内侧的前方着地（图 19-2-4）。

5. 惯性支撑滑进

惯性支撑滑进是指一条腿从轮滑鞋着地后的支撑滑行至开始蹬地的动作阶段（图 19-2-5）。

图 19-2-4　　　　　　　　　　图 19-2-5

6. 摆臂

摆臂是配合蹬地获得速度的重要因素。短距离和长距离滑行都采用摆臂技术，摆臂可以调节身体平衡，加大蹬地的力度，有利于身体的协调运动（图 19-2-6）。

图 19-2-6

7. 整体动作配合

整体动作配合技术在滑跑过程中起着动作之间相互协调、促进、带动和节能的重要作用。同时，整体动作配合技术效果也有利于完成和发挥战术的意图。整体配合动作大体由两方面构成，即两腿之间的动作配合及臂与腿动作的配合（图 19-2-7）。

图 19-2-7

（二）弯道滑行技术

弯道滑行是轮滑运动最基本的动作部分，既要保持高速滑行，又要保持平衡。在弯道滑行的区段也是体现战术意图的重点区域，弯道滑行的基本动作也是由弯道滑行基本姿势、蹬地、收腿、着地、摆臂及整体动作配合构成，但没有单腿支撑自由滑行阶段。

1. 基本姿势

弯道滑行基本姿势是上体前倾，支撑腿髋、膝和踝三个关节保持屈的状态。在弯道滑行的过程中，身体始终向圆心倾斜，并保持鼻与支撑腿的膝关节、前轮都处在同一纵轴平面上。倾斜的幅度较大，蹬地角度为 40°～50°。单臂或双臂前后自然摆动，身体重心的位置要落在轮滑鞋的中部位为宜（图 19-2-8）。

2. 蹬地

在弯道滑行的过程中，根据克服人体向前做直线运动

图 19-2-8

的惯性需要一定向心力的要求,弯道技术动作与直道技术动作相比有明显的不同。由于身体重心的投影点始终在身体的左侧,并在离心力与向心力的作用下,形成了维持身体平衡,使身体重心沿弧线方向运动的规律。这样也就自然形成了左脚外侧轮和右脚内侧轮交替、连续、快频率向右侧蹬地的动作技术(图19-2-9)。

图 19-2-9

3. 收腿

弯道收腿动作是弯道滑行周期动作的一个阶段,是指蹬地腿动作离开地面起,将浮腿收至支撑腿左侧的某一点的过程。它在滑行的过程中可以起到放松肌肉、调节身体平衡及协调蹬地腿的蹬伸等作用(图19-2-10)。

4. 着地

弯道滑行的轮滑鞋着地的动作过程只是轮滑鞋着地的瞬间动作。轮滑鞋着地技术由着地方向、着地时机、着地部分和位置等组成。在滑行中起到确定滑行方向,调节蹬地时机,协调配合蹬地动作,建立和保持平衡等作用(图19-2-11)。

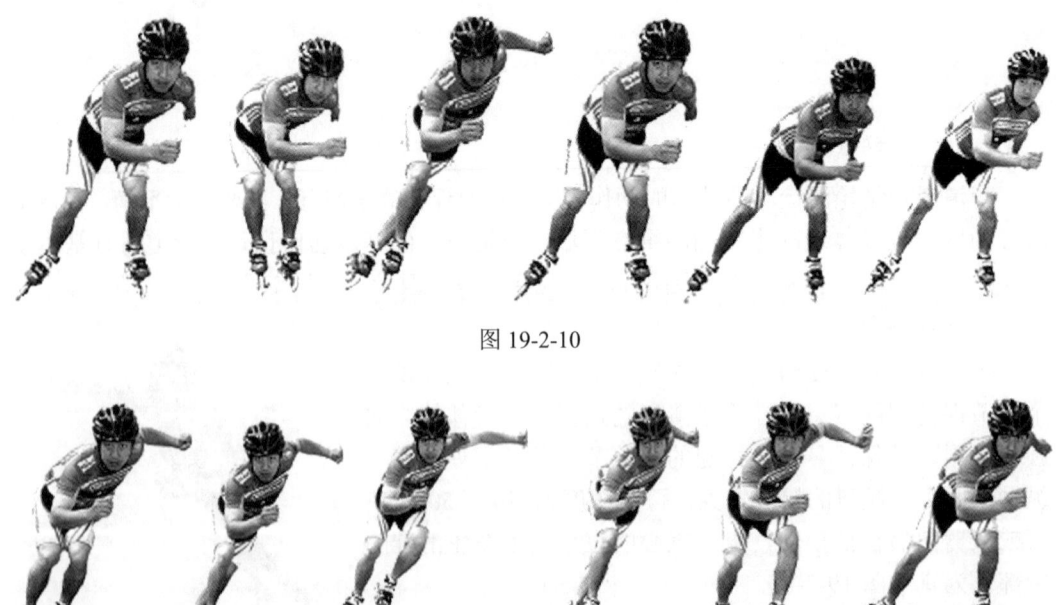

图 19-2-10

图 19-2-11

5. 摆臂

速度轮滑的摆臂动作多以单臂摆动动作为主。弯道滑行摆臂的重要任务是调节身体平衡，加大蹬地力度，提高蹬伸频率，有利于在滑行的过程中使整个身体处于协调状态，对战术发挥起到积极作用（图19-2-12）。

图 19-2-12

6. 整体动作配合

弯道滑行整体动作配合技术在弯道滑行过程中起着相互协调、带动和促进的作用，有利于滑行的节能，发挥各个环节的技术和战术意图等（图19-2-13）。

图 19-2-13

二、轮滑比赛规则简介

（一）起点出发

（1）所有比赛的起跑均为站立式，用发令枪或哨子发出起跑信号。发令员在起点召集运动员时，若运动员未到，1分钟后重新召集，仍不到者立即取消比赛资格。

（2）起跑信号应等运动员站在起跑线后面，相互间距50厘米，身体稳定后才能发出。运动员所站的位置由抽签决定。

（3）集体出发的起跑，运动员在起跑线后按抽签顺序依次站好，保持50厘米的间距。第一次信号为口令"预备"，第二次信号为鸣枪，若遇到下列情况，发令员指出后重新起跑。

①在计时比赛中，运动员由于器材发生意外故障而非本人责任摔倒。

②集体起跑时，在130米以内有一名运动员摔倒而引起其他运动员连续摔倒。

③发令员在发出启动信号前运动员启动均为抢跑。第一次抢跑给予警告，三次抢跑取消比赛资格。

（4）300米计时比赛起跑，运动员两脚的轮子不得移动，但身体可以摆动。预备线距起跑线50厘米，运动员其中一只脚轮子必须在两线之间。运动员的启动有10秒的限定时间。如果在10秒内不启动，发令员宣布该运动员退出比赛。

（二）途中滑跑

无论是场地比赛还是公路比赛，运动员从起点出发后一直到抵达终点，其滑跑途中必须严格遵守如下规则，否则取消比赛资格。

（1）运动员在各项距离的滑跑途中，严禁得到任何方式的外界帮助，除非轮滑鞋出现故障。

（2）在每项比赛的滑跑途中，运动员应沿一条设想中的直线滑行至终点，不得以曲线或横向滑行影响其他运动员的正常滑跑。

（3）在弯道滑行时，除非沿内侧有足够的空间可以通过，否则只能从外侧超越其他运动员。

（4）任何情况下，不得故意强行阻挡他人的超越滑行，严禁撞人、推人、拉人、挡人、踢人和绊人等有意阻碍他人滑跑的行为发生。

（5）在场地跑道或在"封闭环形式"公路跑道比赛时，严禁领先的运动员阻挡后者超越，或者帮助正在被超越的运动员。

（6）禁止运动员的轮滑鞋触及或踏出跑道线。

（7）只要不妨碍比赛的进行，运动员可以修理出故障的轮滑鞋，必要时可接受新鞋更换已损坏的轮滑鞋，但必须独立完成而不得接受外界帮助。

（8）在滑跑途中运动员摔倒时，可以自己起来继续比赛，不得由他人协助，否则取消比赛资格。

（9）任何项目的比赛途中，参赛运动员的态度要积极、热情，奋力拼搏，有竞争精神，那些态度消极、情绪低落、落后无能力竞争者应及时被淘汰。

（10）在公路"开放式"跑道或公路"封闭环形式"跑道上集体出发的比赛，参赛运动员除应遵守上述规则外，还应做到始终靠近公路赛道的右侧滑行，在任何情况下不得越过公路跑道的中央线，同时要严格执行组织者的指示。

（11）退出比赛的运动员，要到终点通知裁判员，以便确定名次。

（三）比赛中断和继续

（1）比赛一旦开始，有关跑道上的安全由现场工作的裁判员负责。

（2）当地面、天气条件阻碍比赛正常进行或使比赛不能继续时，裁判长有权决定将比赛中断一定时间或取消比赛。在预赛阶段，如果比赛可在中断后24小时内结束，路面条件一旦许可，比赛应开始或继续进行。

（3）一度中断的比赛再次恢复时，不得更换运动员。退出比赛和取消比赛资格的运动员不能继续参加比赛。

(4) 若比赛跑道太滑，一些运动员提出要求使用防滑物加以覆盖时，由裁判长决定是否使用。

（四）比赛滑行方向

在"封闭环形式"公路跑道或场地跑道上，比赛按逆时针方向进行。

（五）抵达终点与终点名次

(1) 计时性比赛和集体出发的比赛（淘汰赛、计分赛、接力赛以及其他集体出发的比赛），要根据运动员的轮子触及终点线的先后顺序决定运动员的终点名次。先通过终点线的前脚轮子必须接触地面，否则以后脚轮子通过终点的时刻为到达终点时刻。

(2) 在自由换人的接力比赛中，各队最后一名运动员的轮子首先通过终点线的队伍获胜。

(3) 在定时比赛中，若规定时间已到，则运动员所滑到的地点即为终点。

(4) 终点电动计时器的高度，最多也不能超过地面 10 厘米。

(5) 在场地或在"封闭环形式"公路跑道上集体出发时，已被超越或即将被超越的运动员应及时被淘汰。被超越运动员的名次顺序为被淘汰运动员的逆顺序。运动员通过最后一圈时摇铃示意，但只给第一名运动员摇铃。

(6) 在集体出发的比赛中，有数名运动员一起抵达终点，无法确切地区分他们的名次顺序，此时可认定他们的名次相同。其顺序可按其姓氏笔画排列。运动员扣圈或被扣圈都应报剩余圈数。

(7) 如果有两名或有更多运动员到达终点的时间相同，则要重新组织一次确定名次顺序的计时对抗赛，每个运动员的比赛成绩，在到达终点后立即宣布。

(8) 运动员到达终点前的最后一个直线跑道上，领先的运动员要保持直线滑行，切不可以任何方式妨碍紧跟其后的运动员的正常滑行。假如违背，则领先运动员的名次列为受影响运动员的名次之后。

(9) 公路比赛最长时间的限制是第一名运动员所用时间加上25%（大众参与的公路比赛最长时间可以为第一名运动员所用时间加上 50%～100%）。

（六）惩罚

对不遵守竞赛规则、竞赛规程、体育道德原则的运动员要采取以下纪律惩罚措施。

1. 警告

除在规则中明确规定以外，对轻微犯规可给予警告。一般来说，在取消比赛资格之前给予警告处分（很严重的情况除外）；各种警告累积在一起，即便不严重，也要取消该运动员的比赛资格。警告处分可由监道裁判员负责，但要立即报告裁判长。

2. 降低比赛名次

(1) 在比赛中，特别是在比赛后半程，若运动员对其对手有不良行为而对其造成伤害，就要根据裁判长的裁决，降低其比赛名次。

(2) 严重违反规则者要立即取消比赛资格。

3. 取消比赛资格

（1）取消比赛资格的理由如下。

①各种警告加在一起三次。

②严重违反规则。

③极严重违反规则者，可取消其所有项目的比赛资格。

④运动员使用兴奋剂。

仲裁委员会的决定将是最后的裁决。

（2）以上第①、②条有关处分由裁判长决定，并正式公布。

第三节 台 球

台球运动至今已有五六百年的历史，它起源于西欧。公元14世纪，在英国的维多利亚女王时代，台球运动非常受人们的重视，在一些富豪家庭里，不仅有豪华讲究的台球间，而且有严格的台球运动礼节，在打球时，如果有客人来，必须轻轻开门入室，不得高声谈话和喧哗，以免影响打球人的思考。到了19世纪初，台球运动的发展开始走向成熟阶段，在技术提高的同时，设备用具也随之发展，许多大大小小的改进和发明创造不断涌现，如在1827年左右采用石板做成的球台台面，到1831年用橡胶取代毛屑或棉花来包裹球台的台边；19世纪初在木制球杆的秃头加一块皮头。1960年，我国举办了第一次全国台球赛。1986年，我国成立了中国台球协会，各省市也相继成立地方台球协会。1987年3月，健牌杯中国国际台球大赛在北京举行，有8位来自美国的世界台球高手和8位中国选手参加比赛。在许多体育场馆、俱乐部、娱乐中心、大宾馆、饭店都设有台球厅、台球室，许多村镇、大街小巷常可见到台球桌。2014年4月，我国的丁俊晖战胜了许多世界名将，在世界斯诺克中国公开赛决赛中夺得冠军。

一、台球基本技术

（一）身体姿势

正确的姿势就是极其自然而毫不做作，身体重心平稳而安定的姿势。

（1）手臂弯曲成90°角（图19-3-1①）。

（2）握杆时手腕放松，虎口朝下，四指微握（图19-3-1②）。

（3）两脚避免张得太开，或太过于靠拢，要使重心平稳，身体的姿势自然轻松（图19-3-1③）。

（4）击球前要使握杆、架桥、母球以及目标球成一条直线，然后开始平稳的抽打动作，以预备击球（图19-3-1④）。

（5）球杆必须在脸部（下巴）正中心的正下方，使架桥、下巴、握杆三点成一条直线（图19-3-1⑤）。

（6）球杆必须瞄准正确的撞击点（图19-3-1⑥）。

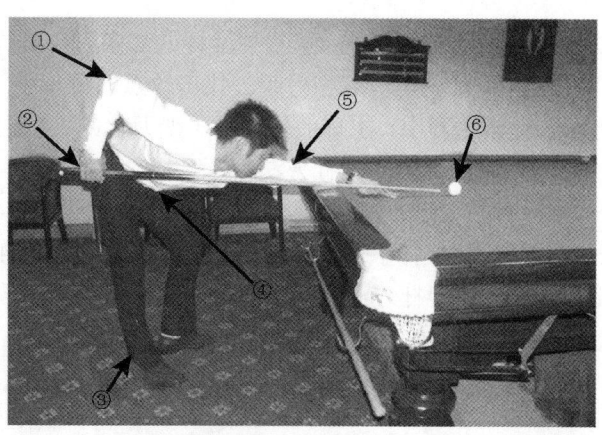

图 19-3-1

（二）握杆方法

握杆的方法正确与否直接影响出杆的好坏。正确的握杆方法是拇指和食指在虎口处用轻力握住球杆，其余 3 个手指要虚握。

握杆时手腕要自然下垂，既不要外翻，也不要内收。一个正确的手腕位置对于一位球手的成功十分重要。

（三）击球动作结构

1. 架杆

架杆就是用手给球杆一个稳定支撑（架桥）和对杆头在主球的击球点进行调节的姿势。架杆是打好台球的重要环节。

（1）基本架杆方法：基本架杆方法有两种。

①"V"形架杆：先将整个手掌放在台面上，将拇指以外的四指分开，手背稍微弓起。拇指跷起，和食指的根部相贴形成一个"V"形的夹角。球杆放在"V"形夹角内（图 19-3-2）。需要注意的是，架杆手的掌根、小指、食指以及拇指处大鱼际部位要充分地贴住台面。切勿使架桥向左侧或右侧翻起，以确保架杆的稳定。

②凤眼式架杆：左手指张开，指尖微向内弯曲，用拇指和食指扣成一个指环，并与球杆成直角。掌和中指、无名指、小指构成稳定支撑（图 19-3-3）。

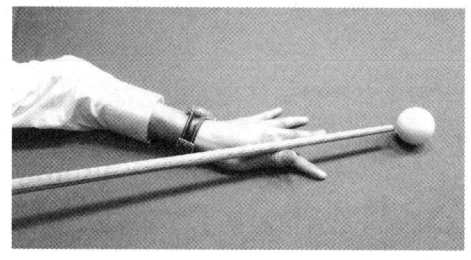

图 19-3-2

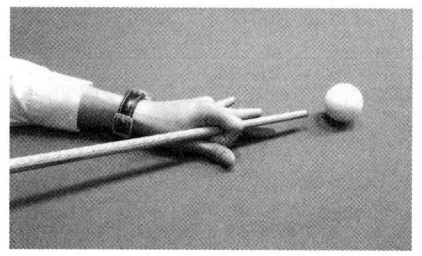

图 19-3-3

第一种架杆方法常用在斯诺克台球中；第二种架杆方法多用在美式台球中。根据击打主球点不同，架杆手背可以平直、稍弓起和弓起去找击球点的下、中、上点。

（2）特殊架杆方法：台球比赛中，主球的位置是千变万化的。当主球靠近台面边缘以及主球后面有球时，都需要运用特殊的架杆方法。

①当主球靠近台面边缘时，架杆手需用四指压在台边上（图19-3-4）。

②当主球后有一其他球时，架杆手需要将四指立起来，避免球杆碰到球（图19-3-5）。

（3）杆架的使用：除了上述架杆方法外，当主球远离台边，用正常的击球姿势无法击打主球时，就必须使用杆架（图19-3-6）。

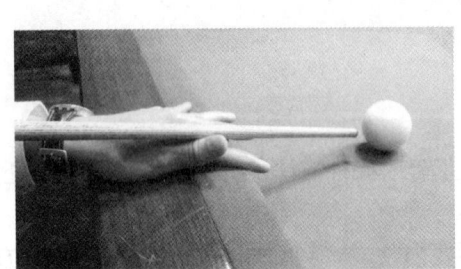
图 19-3-4

图 19-3-5

图 19-3-6

杆架运用的方法是身体适度前倾，手持球杆的尾部。拇指在下，食指、中指在上夹住球杆，无名指、小指自然弯曲。另一手将杆架放置于适当位置，将杆架整体放在台面上，用手按住以防运杆、出杆时杆架晃动。

杆架有长、中、短之分。一般杆架的"十"字铜头有两种架杆高度供选择。另外，还有几种高脚杆架，当遇到主球后有球阻挡时选用。

（4）架杆时应注意以下几个问题。

①架杆距离：一般架杆手的中指尖距主球15～20厘米，可根据主球在球台的距离情况和对出杆力量的不同要求，做适当调整。

②杆的稳定性：在运杆时要注意架杆手不要随之移动。

③架杆的手臂位置：尽可能使肘关节也贴在台面上并要适当放松，注意不要耸肩。

④架杆手的着台部位：一般情况下掌根、拇指侧的大鱼际、小指及小鱼际紧贴台面。食指是手桥的着力点。

2. 运杆

在出击主球前，台球选手都会有一个运杆的过程。我们可以把这个过程分解为三个部分：运杆、后摆和暂停。

（1）运杆：在确定击打主球的部位后，便开始做运杆动作。运杆时，要求身体保持稳定，持杆手的手臂进行前后运杆。运杆时应尽可能使球杆平直运摆。运杆的目的是获得击球的准确性。运杆的次数不宜太多，但运杆的节奏要均匀。

（2）后摆：后摆幅度的大小取决于所需要的击球力量。在肌肉用力相同时，后摆幅度大，球杆击球力量也会大。后摆动作要做到稳和慢，以保证出杆的平直。

（3）暂停：暂停是在出杆前的一个短暂的停顿，以此保证平稳出杆。

运杆常见错误以及纠正方法有以下两种。

（1）球杆前后运动不自然。

【纠正方法】调整握杆手和身体的距离；注意手臂不要太紧张。

（2）球杆前后运动不能保持水平。

【纠正方法】调整身体姿势，尽可能使上体下俯；降低握杆手。

3. 出杆击球

正确的握杆、身体姿势、架杆以及运杆是进行有效击球的重要准备工作。而出杆击球则是台球击球动作结构中最重要的环节。它决定着最终击球的效果。

出杆击球（图19-3-7）是在后摆停顿后所完成的动作。以肘关节为轴，前臂向前送出，触击球瞬间，根据击球的要求，注意对手腕力量的控制，避免由于过分抖动手腕造成击球的不准确；出杆时，肩部和身体不要用力，出杆动作要果断、清晰。即便是打一个轻缓的球也应如此。

出杆击球常见错误及纠正方法如下。

（1）出杆时动作分解、不连贯，导致动作发紧，出杆不直。

图19-3-7

【纠正方法】多做持杆、运杆、出杆动作练习，养成自然的出杆习惯。

（2）出杆击球时，没有跟进动作。

【纠正方法】握杆手的部位可能太靠前，无法在击球后进一步出杆，可以使握杆手稍向后握一些。

（3）击球时，杆头向内侧偏。

【纠正方法】①将瞄击点向主球内侧稍微移动些，后手稍向外一些。千万不要只动杆头，而不调整握杆手。

②在主球左侧后面摆放一个球，看出杆后球杆是否碰到此球。

(4) 出杆击球时杆头向外侧偏。

【纠正方法】①调整球杆位置，确保球杆和主球中心击点及延长线保持在一条直线上。

②拉杆时后手不要有向后外侧拉的动作。

③在主球后右侧摆一个球，检查击球时出杆直不直，也可以在球杆垂直下方的台面画一条直线，出杆后停下球杆不动，看看杆头和杆是不是保持在这一条直线的垂直上方。

(5) 出杆击球时杆头向上挑。

【纠正方法】①握杆手提得太高，应尽量降低握杆手。

②尽可能使上体下俯一些。

③出杆时不要做勾手腕的动作。

4. 随势跟进

击球后的球杆跟进动作是为了保证击球的力量充分作用在主球上以及击球动作的协调连贯。适当的跟进动作对击球动作的完成起着重要的作用。如果跟进太多，杆头出太长，会使肩、肘下沉，破坏击球动作的正确性，影响击球质量；如果跟进太少，会使击球动作发紧，力量不能有效地作用于主球，也不能保持好出杆击球的稳定性。

(四) 台球的基本杆法

用球杆撞击主球时，撞击点的位置不同，主球的滚动形式、力量、旋转和速度都会不同，在用杆击主球时，要熟练掌握主球上的9个撞击点及撞击结果（图19-3-8）。

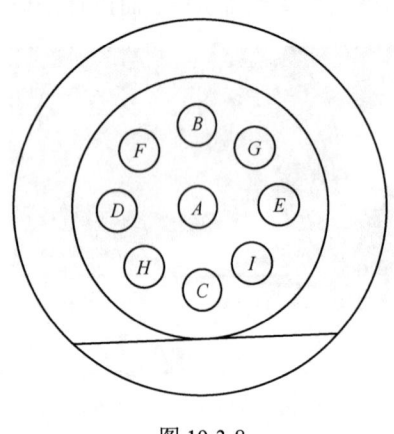

图 19-3-8

A——中心撞击点（直球）。

B——上方撞击点（前旋球）。

C——下方撞击点（后旋球）。

D——左侧撞击点（左旋球）。

E——右侧撞击点（右旋球）。

F——左上撞击点（左上旋球）。

G——右上撞击点（右上旋球）。

H——左下撞击点（左下旋球）。

I——右下撞击点（右下旋球）。

在上述9个撞击点上，中心撞击点是最基本的。如果能准确、熟练地进行中心撞击，就能逐步地掌握其他位置的撞击方法。但是不管撞击哪个位置，都要牢牢地掌握撞击的三要素：撞击的角度、撞击的位置和撞击的力度。

台球运动中，杆法的运用十分丰富，基本的杆法运用有如下几种。

1. 推进球技术（图19-3-9）

【技术动作】做好击球准备，后手握杆保持球杆水平，击主球的中心点（中杆），力量不可太大、太猛。

【技术效果】主球撞击目标后，目标球向预定的方向前进，主球也随之徐缓地向前方行进一小段距离后停下。应尽量使之走到下一个目标球较理想的位置。

2. 跟进球技术（图 19-3-10）

【技术动作】握杆手保持球杆水平；用球杆击打主球的中上点（高杆）。出杆的力量根据主球走位距离的长短而定。

【技术效果】当主球以上旋的形式撞击目标球后，目标球向前行进。主球由于自身的上旋继续随之向前进并停在某一位置上。主球跟进的距离比主球推进距离明显要长，以获得一个较长距离的主球走位位置。

图 19-3-9

图 19-3-10

3. 定位球技术

【技术动作】做好击球准备，球杆保持水平，击主球的中心点（中杆）。出杆时要迅速有力、干净利落。

【技术效果】中杆击主球，撞击目标球后，目标球向前滚动，主球停在目标球原来的位置上。

4. 缩杆球技术（图 19-3-11）

【技术动作】做好击球准备，架杆手尽量放低平些。球杆保持水平，击主球的中下点（低杆）。出杆时要果断迅速，动作连贯协调。

【技术效果】当用低杆击打主球时，主球便会急速下旋。当与目标球相撞时，目标球向前滚动。主球则借助其旋转向后滚动。在同一力度下，由于主球和目标球的距离不同，缩杆的效果也有所不同。距离越近，缩杆距离越远。

5. 侧旋球技术（图 19-3-12）

【技术动作】侧旋球就是球杆撞击主球的左侧或右侧使主球旋转并向前进。如果要使击出的主球直线前进，必须保持出杆时球杆前后基本呈水平位置。如果后手握杆较高，主球前进的路线呈弧线状，并随后手抬高的程度使前进线路的弧度增加。

【技术效果】侧旋球有左侧旋、右侧旋之分，撞击主球的左侧形成顺旋；撞击主球的右侧形成逆旋。顺旋球在碰岸后向左侧运动；逆旋球碰岸后向右侧运动。

另外，侧旋球不仅是主球自身产生的效果，它还会将它的旋转效果传递给被它撞击的目标球，引起目标球的反旋转。

 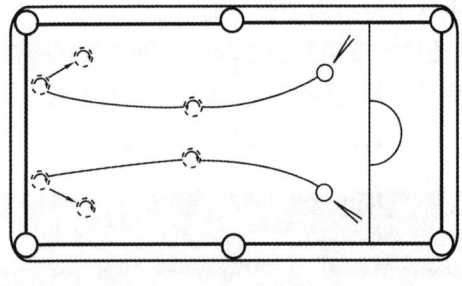

图 19-3-11　　　　　　　　　　　图 19-3-12

二、台球比赛规则简介

台球运动中包括了不同种类的项目。在此仅介绍台球运动中最常见的斯诺克规则。

（一）斯诺克球台

1. 开球线和开球区

平行于底岸，距底岸内沿 70 厘米，相交于两边岸的一条平行直线为开球线。以开球线中心点为圆心，以 29.2 厘米为半径，向底岸方向画出的与开球线组成半圆形区域，为开球区。

2. 置球点

台面上共有 6 个置球点。

黄球点（2 分点）：位于开球区与开球线的右交点上。

绿球点（3 分点）：位于开球区与开球线的左交点上。

棕球点（4 分点）：位于开球区半圆的圆心点。

蓝球点（5 分点）：球台两条对角线的交点。

粉球点（6 分点）：两腰袋和两顶袋组成的对角线的交点。

黑球点（7 分点）：台面的纵向中轴线距顶岸的垂直距离 31.8 厘米处的点。

3. 红球区

红球区是位于粉球点和黑球点之间，顶角和粉球接近而不相贴的一个正三角区域。

（二）斯诺克球的分值

白球为主球；红球 15 个，分值为 1 分；黄球 1 个，分值为 2 分；绿球 1 个，分值为 3 分；棕球 1 个，分值为 4 分；蓝球 1 个，分值为 5 分；粉球 1 个，分值为 6 分；黑球 1 个，分值为 7 分。

（三）斯诺克开球

开球必须使主球击中红球。

开球若发生违例或犯规，按规则罚分，由对方获得击球权。

（四）斯诺克计分方法和最高分

选手按规则击进球的分值，即为所得的分数。选手因犯规被罚的分数，应加在对方的成绩上。选手中局让输，对方球是已有的分数应再加上台面所剩球的分值（每个红球按 8 分计算）。

斯诺克一杆最高得分为 147 分（15×8+2+3+4+5+6+7=147 分）。

（五）斯诺克比赛方法

主球必须先击活球，且本球不得落袋。非活球不得落袋。

所有红球在全部球离开台面之前，均为活球。击入袋中的红球不取出。当红球全部击入袋中后，台面上的活球按分值大小排定，依次为黄球、绿球、棕球、蓝球、粉球和黑球。此时击入袋中的彩球不再取出。

击一红球后，选手可任选一彩球为活球。彩球一经指定便不得更改。击落的彩球在下一击之前应由裁判员取出放回置球点。

当台面只剩下黑球时，击球入袋或犯规受罚都会使比赛结束。这时如果双方比分相等，那么应做如下处理。

（1）重新放置黑球，进行决胜期比赛。

（2）双方选手以掷币方式决定比赛顺序。

（3）开球应从开球区内击出主球。

（4）无论谁击球入袋或犯规受罚，都使比赛结束。

（5）选手解障碍球时，要有明显的、合理的救球趋势，否则在被判犯规罚分的同时，对方选手可以要求将主球放回原来的位置，让犯规方重击。

（6）台面上的球被击出界或球落袋的同时犯规，主球放回开球区，红球不再取出，彩球一律放回置球点。

第四节 街 舞

街舞最早出现在 20 世纪 60 年代末期美国的黑人聚居区，纽约和洛杉矶是街舞的两大发源地。街舞的英文名为 Hip-Hop，从字面上来看，Hip 是臀部，Hop 是单脚跳，合起来意为轻摆臀部。有黑色精灵之称的黑人具有天生的韵律和极协调的运动能力，他们在音乐的伴奏下，无视表演空间的限制，道旁、街边成了他们展示音乐和舞蹈天赋的舞台。街舞是多种舞蹈风格融合于一体、崇尚舞者个性特点的舞蹈。街舞不是一种单一风格、纯粹的舞蹈，而是不同动作技巧的组合。进入 20 世纪 90 年代，作为一种体育文化活动，街舞已与体育健身相融合。新兴的街舞在原有的基础上又有了新的突破，这时的街舞更注重身体的协调性和韵律性，同时增加了身体的律动及手部的动作和花样的步法。它集中体现动作的张弛自如、快慢有度、流畅中的停顿和有节奏的身体弹动。在美国，街舞音乐在主流娱乐界已占据了相当重要的位置；在中国，街舞也得到了广泛的发展，它成了现代人展现自我的方式。近年来，随着街舞逐渐发展和完善，其已不受年龄的限制。通过跳街舞，人们张扬个性，释放自我，充分展示生命的活力和激情，体会从身体到精神的一种彻底的放松与释放，突出体现了街舞的"自由"这一精神文化实质。

一、街舞基本动作和套路

（一）街舞基本动作

1. 霹雳舞

霹雳舞是以旋转为主，翻身为辅，以手部为主要支撑点，肢体在空中的翻腾、旋转为特色的技巧性街舞。尽管霹雳舞看起来包含许多复杂的动作，但是它们都是由基础的摇摆步、地板步衔接，加入复杂的技巧性的动作或定招，使整个舞蹈向更广更高的方向发展。霹雳舞大体上可以分为两种类型：用手、头、身体在地上旋转，称为大地板；用肢体在地上踩出复杂变化的脚步动作，加上刁钻的倒立，称为小地板。当然，跳舞的同时可以随意去搭配你所想表现的动作。我们把专攻霹雳舞的舞者称为 B-Boy 或者 B-Girl。

1）K 踢

K 踢，或叫 L 踢。这一动作来自坎波舞。单手撑地，双腿踢向头部上方，随着非支撑臂的位置和双腿的弯曲形态不同而有多种变形。双腿向两侧尽量分开，成"V"形。

2）手转

舞者倒立且旋转，然后随着身体重量的移转，由一只手换到另一只手做动作，做到脚着地为止。

3）侧手转

侧手转与手转相似，只是肘部支撑于体侧，双腿并拢，上下叠放，身体侧立做圆周旋转。

4）蛙跳

蛙跳是像青蛙一样身体下蹲向前跳，然后双手撑住地面，再接双腿的蛙跳。重复动作。

5）蟋蟀跳

蟋蟀跳，也叫跳飞机。双手撑于体下，双肘抵住腹部，双脚离地，身体平行伏于地面，双手推动身体上下跳动着旋转。注意只能用手接触地面。这个动作可以连接地板步、托马斯、蠕虫和其他飘浮动作。

6）头转

头转是以头支地的旋转动作。先以头顶地倒立，双手扶地，然后两腿分开做圆周摆动，带动身体旋转，双手离地。在旋转中，朝上的双腿可以摆出各种造型或做出各种动作。

7）托马斯全旋

托马斯全旋是来自体操的旋转动作，在动力和平衡中，使双腿保持在空中，围绕身体前后旋转。

2. 机械舞

机械舞起源于机械人动作及形态，是利用肌肉的紧绷与放松来产生身体的震动与定格。其动作规格要求有突然的停顿，但不能太重，有一种将力量释放出来的"划过骤停"的感觉，动作要配合音乐的节拍点"卡住"，卡拍时肌肉瞬间收紧，在不卡拍时相对把肌肉放松，在肌肉紧张和放松之间把握好"度"。由于动作要求细腻，对基本功的要求特别高。

1）弗雷斯诺（图 19-4-1）

弗雷斯诺是机械舞的基本动作。身体斜向一侧，抬起该侧手臂震，然后身体斜向另一侧，抬起另一侧手臂震动，做手臂弗雷斯诺的同时，加入同侧腿部动作：猛烈地向后抽动该侧腿的膝盖，感觉像是在极力扩张肢体。平滑、交替地做此动作。

图 19-4-1

2）眼镜蛇舞（图 19-4-2）

眼镜蛇舞是指舞者用一只手做波浪的动作传到另一只手，然后把它送回来，但是只用到肩膀。

图 19-4-2

3）玩具人舞（图 19-4-3）

玩具人舞是指模仿玩偶形态的动作。

图 19-4-3

3. 新派街舞

新派街舞是极其自由的舞蹈，没有固定的舞蹈体系，可以采用任何舞蹈元素，身体可以像心灵一样奔放不羁，它似乎就是一种对原始非洲舞蹈精神的回归。初学者可以从律动、波浪、转动学起。

1）律动（图 19-4-4）

律动是街舞的基本动作形式，也是这种舞蹈风格的主要体现。律动表现为身体随音乐的起伏和摇摆，分为重拍向上和重拍向下两种，前者多用于新放克和豪斯舞蹈。

2）波浪（图 19-4-5）

身体做波浪式传动，令人感觉就像一股看不见的力量穿过舞者的整个身体，可以是两臂之间水平的波浪，也可以是从头到脚垂直的波浪，还有双腿之间、肩臂之间等众多身体部位的波浪，不同的波浪可以相互组合，自由发挥。波浪动作要流畅连贯，充满律动。

图 19-4-4

图 19-4-5

3）转动（图 19-4-6）

身体的各个部位均可以做转动。最基本的为脖子、肩部、胸部、胯部及腿部的旋转。转动可以是一种动作与动作之间连接的基础，也可以在新爵士中表现为性感的动作。

图 19-4-6

（二）街舞基本套路

【预备姿势】直立。

第一个 8 拍（1～4 拍）（图 19-4-7）

图 19-4-7

(1) 步法：1 拍，先抬起右腿，紧接着向前弹踢小腿，同时支撑腿向后小垫一步；2 拍动作同 1 拍，但方向相反；3～4 拍同 1～2 拍。

(2) 手臂：与腿相对的手臂自然摆起。

第一个 8 拍（5～8 拍）（图 19-4-8）

(1) 步法：5 拍，右脚向右前方迈出一步；6 拍，左脚向后移动与右脚呈交叉状；7 拍，向左转 360°；8 拍，右脚向右侧步，左腿微屈。

(2) 手臂：5 拍，两臂在胸前自然交叉；6 拍，手臂自然打开；7 拍，手臂自然放下；8 拍，两臂自然张开，同时右手置于头前上方，五指自然张开。

第二个 8 拍（1～4 拍）（图 19-4-9）

(1) 步法：1 拍，右腿收回后踢小腿；过渡拍，右脚着地的同时抬起左脚；2 拍，左脚向左侧步，右腿微屈。3～4 拍同 1～2 拍，但方向相反。

(2) 手臂：1 拍，手臂自然摆起，胸前交叉；过渡拍，手臂放下微屈；2 拍，手臂自然张开。

5 拍　　　　　　　　　6 拍

7 拍　　　　　　　　　8 拍

图 19-4-8

预备　　　　　　　　　1 拍

哒拍　　　　　　　　　2 拍

图 19-4-9

第二个 8 拍（5～8 拍）（图 19-4-10）

（1）步法：5 拍，收右腿踢小腿，同时向右转 90°；过渡拍，右脚着地的同时抬起左脚；6 拍，左脚向左侧步；7 拍，向左转 90°，同时双脚落地，向后收髋，重心前倾；8 拍，右脚向前一步，两腿交叉。

（2）手臂：5 拍，手臂在胸前交叉；过渡拍，手臂收于体侧微屈；6 拍，双臂自然打开；7 拍，手臂于胸前交叉；8 拍，手臂自然打开。

5 拍　　　　　　6 拍

7 拍　　　　　　8 拍

图 19-4-10

第三个 8 拍（1～4 拍）（图 19-4-11）

（1）步法：1 拍，左脚向左后方迈一步；2 拍，右脚跟上，左转 180°；3 拍，左脚移动左转 180°；4 拍，两脚同时合并。

（2）手臂：1～2 拍，左手向后拨；3 拍两手自然打开；4 拍两手相握于头顶上方。

第三个 8 拍（5～8 拍）（图 19-4-12）

（1）步法：5 拍，向右侧小垫一步，右腿微屈着地，左腿伸直抬起；6 拍，同 5 拍；7 拍，左脚落地与右脚交叉；8 拍，向左转 360°成并脚动作。

（2）手臂：手臂自然张开，第 8 拍时，手臂向上，食指伸直。

第四个 8 拍（1～4 拍）（图 19-4-13）

（1）步法：1 拍，前踢右腿小腿；过渡拍，右脚落地，左腿伸直摆起；2 拍，左脚落地，同时向右转髋；3～4 拍同 1～2 拍，但方向相反。

（2）手臂：1 拍、过渡拍，左臂自然摆起；2 拍，左手向下打，右手置于头前上方。

1拍　　　　　　　　　　　　2拍

3拍　　　　　　　　　　　　4拍

图 19-4-11

5～6拍　　　　　　7拍　　　　　　8拍

图 19-4-12

1拍　　　　　　　　　　　　哒拍

2拍　　　　　　　　　　　　　　　　　　　哒拍

图 19-4-13

第四个 8 拍（5～8 拍）（图 19-4-14）

（1）步法：5 拍，左腿落地交叉；6 拍，转体 360°；7～8 拍，蹲下。

（2）手臂：5 拍、6 拍，左手置于头前上方，右手自然摆下；7～8 拍，右手置于头前上方，左手支撑于地面。

5～6 拍　　　　　　　　　　　　　　　　7～8 拍

图 19-4-14

第五个 8 拍（1～4 拍）（图 19-4-15）

（1）步法：1 拍，右腿伸直，同时向左画圆至膝盖后窝包住左脚脚踝；过渡拍，左脚往后侧，两腿膝盖靠在一起至右腿伸直，左腿弯曲，左脚前脚掌着地；2 拍，侧右脚，成两脚平行；3 拍，侧左脚，成与过渡拍对称的姿势；过渡拍，右脚置于左脚膝盖后窝下方，同时左腿弯曲；4 拍，左腿伸直后收回。

（2）手臂：准备时左臂伸直撑地，右臂自然抬起；1 拍，交换手臂；2 拍，双臂伸直撑地，指跟着地；3 拍、4 拍，抬起右臂。

第五个 8 拍（5～8 拍）

同第五个 8 拍的 1～4 拍。

第六个 8 拍（1～4 拍）（图 19-4-16）

（1）步法：1 拍，同第五个 8 拍的第 1 拍；2 拍，向右转 90°，同时双脚开立比肩稍宽；3 拍，右转 90°，收右脚，左腿伸直，抬起右手；4 拍，左右脚交换。

1拍　　　　　　　　　哒拍

哒拍　　　　　　　　2拍

3拍　　　　　　哒拍　　　　　　4拍

图 19-4-15

1拍　　　　　　　　　2拍

3拍　　　　　　　　　4拍

图 19-4-16

（2）手臂：手臂同第五个 8 拍的手臂动作。

第六个 8 拍（5～8 拍）

同第六个 8 拍的 1～4 拍。

第七个 8 拍（1～4 拍）（图 19-4-17）

（1）步法：1～2 拍，换左腿伸直，右腿弯曲收回；3 拍，以左腿为轴向左转 180°，两腿并一起，右腿弯曲；4 拍，腿收回成 1 拍动作。

（2）手臂：1～2 拍，左手撑地，右手自然抬起；3 拍，双手着地。

1～2 拍　　　　　　　　　　　　3 拍

图 19-4-17

第七个 8 拍（5～8 拍）

同第七个 8 拍的 1～4 拍，但方向相反。

第八个 8 拍（1～4 拍）（图 19-4-18）

（1）步法：1 拍，准备姿势，以伸直的腿为轴向右转，转 180°后屈腿的脚落地；2 拍，继续转 180°，成准备姿势；3～4 拍同 1～2 拍，但方向相反。

（2）手臂：准备时，右手撑地，左手自然抬起；1 拍，双手着地。2 拍右手撑地，左手自然抬起；3～4 拍同 1～2 拍，但方向相反。

预备　　　　　　　　1 拍　　　　　　　　2 拍

图 19-4-18

第八个 8 拍（5～8 拍）（图 19-4-19）

（1）步法：5～6 拍，左脚着地，准备起立姿势；7～8 拍，起立后迅速并脚。

（2）手臂：5～6 拍，双手撑地；7～8 拍，双手重叠抱于胸前。

5~6拍　　　　　　　　　　　　　　7~8拍

图 19-4-19

二、街舞比赛规则简介

（一）比赛办法

出场顺序：预赛、决赛出场顺序均在组委会竞赛委员会的监督下，在赛前一个星期指定中间人代替抽签确定。

弃权：参赛选手在开赛计时后 20 秒不出场被视为弃权，宣布弃权后选手将失去参加本项比赛的资格。

更换选手：确认报名后不得更换参赛选手。若参赛选手确因伤病需更换，必须在比赛开始前 24 小时持大会医生证明提出申请，由组委会同意后方可更换。

（二）比赛要求

1. 成套动作时间

流行街舞集体：4 分 30 秒，单人 2 分 30 秒～3 分，斗舞 10～20 分。

健身街舞：2 分 30 秒～3 分。

轻器械街舞：2 分 30 秒～3 分。

2. 音乐伴奏

可使用一首或多首乐曲混合的音乐；可使用原创音乐或剪辑音乐，可加入特殊音响效果。音乐内容不得有任何暴力、色情、反动等不健康的因素。赛前必须经组委会专门负责人审核批准后方可使用，否则取消参赛资格。音乐必须录制在光盘的 A 面开头，录制效果必须达到专业化水准。音乐允许有前奏。

3. 着装

外表：青春、健康、积极向上、整洁大方。服饰：选手应着街舞风格的服装，服装不得过分暴露，不得有文身，不得有反映暴力、色情、反动的内容，不得有不健康内容的图案、文字。

4. 评分办法

成套动作满分 10 分：编排与创意 3 分；动作完成度与质量 3 分；感觉与表现力 2 分；音乐选择与质量 1 分；服饰与形象 1 分。

斗舞满分 10 分：难度与创新 3 分；动作完成度与质量 2 分；完整与连贯 2 分；乐感与配合 2 分；现场表现与气氛 1 分。

5. 比赛场地和器材

街舞比赛在 14 米×12 米范围内的木地板上进行，不设边界线。街舞就其产生而言，对于场地器材没有严格的要求，只要有一块平整的场地，热衷于此项运动的青少年便可忘我地投身其中。但随着街舞技术动作的不断发展和革新，一些难度较大的动作对于场地就有了较高的要求，如做大风车就需要场地表面的光滑度较好。器材方面，现在使用较多的有头具、护腕、护膝等，在这方面要求舞者有超凡的想象力。只要是可利用的、对完成动作有帮助的都可以被使用。

第五节 定 向 运 动

定向运动起源于瑞典，最初只是一项军事体育活动。"定向"这两个字在1886年首次使用，意思是在地图和指北针的帮助下，越过不被人知的地带。真正的定向运动比赛于1895年在瑞典的斯德哥尔摩和挪威的奥斯陆的军营区举行，这标志着定向运动作为一种体育比赛项目的诞生，距今已有100多年的历史了。

定向运动作为一种体育项目开展是从20世纪初在北欧开始的，到20世纪20年代已在芬兰、挪威、瑞典和丹麦普及。1932年举行了第一次世界定向运动比赛。1961年国际定向联合会在丹麦哥本哈根成立。国际定向联合会是世界定向运动的行政实体，是国际体育联合会总会之一。定向运动也是奥林匹克体育项目之一。

世界公园定向运动组织是于1995年在国际定向联合会注册的一个国际组织，每年在世界各地公园举行职业定向精英巡回赛，并设总奖金及排名。它的主要宗旨及目的是创造一种全新的定向运动概念，即定向运动不仅可以在野外进行，也可以在城市的公园或大学的校园里举行，力争使定向运动成为一项任何人在任何地方都可以进行的群众性体育运动。

目前，定向运动已风靡全欧洲、大洋洲和北美地区，在亚洲的日本、韩国及中国，南美的巴西、智利也粗具规模。1998年世界公园定向运动组织来到指南针的发明地——中国，这大大提高了国人参与定向运动的热情与兴趣。

一、定向运动基本技能

（一）识图及用图技能

在定向运动中，必须首先标定地图，即保持地图的方位与实际地形的方位一致，这是给地图定向，它是定向运动中最重要的技能。定向地图时应边走边对照，随时确定自己在地图上的位置，做到"人在路上走，心在图中移"。

1. 概略标定地图

在定向运动中，地图的方位是上北、下南、左西、右东。只要将地图的上方与现地的北方同向，地图即被标定。

2. 指北针标定地图

指北针是定向运动中最重要的仪器，是找到正确方向的最有用的工具。它也是定向运动中可使用的唯一合法工具，在定向运动中，指北针的红色指针永远指向北。

使用指北针给地图定向的方法如下。

（1）将地图与指北针都水平放置。

（2）佩带的指北针水平放置不动，转动地图直到地图上的指北线与指北针红色的指针平行，此时地图即被定向。具体方法如下。

①把指北针套在左手大拇指并水平放置在地图上，接着将指北针上右侧的蓝色箭头从自己所在的位置指向要行进的位置。

②水平转动指北针和地图（身体也随着转动），直到指北针上红色的指针与地图上表示南北线的北箭头同方向。

③此时指北针上蓝色箭头所指的方向就是要行进的正确方向。

3. 利用直长地物标定地图

利用直长地物（道路、土垣、沟渠或高压线等）标定地图，应先在图上找到这段直长地物，概略标定地图后，使图上的直长地物符号与现地直长地物方向一致，地图即已被标定。

4. 利用明显地形点标定地图

在明显地形点上使用地图时，可首先确定站立点在图上的位置。方法是选择一个地图上与现地都有的"远"方明显地形点作为目标点，并转动地图，使地图上的站立点至目标的连线与现地的站立点至目标的连线相重合，此时地图即已标定。

5. 确定站立点

标定地图后，就应立即确定站立点在图上的位置，这是在现地使用地图的关键。方法有直接确定法、目估法和交会法等。

1）直接确定法

当所站的位置在明显地形点上时，只要从地图上找出该地形点，站立点即可确定。现地可称得上明显地形点的地物包括房屋、塔、桥梁、围栏和输电线等；可称得上明显地形点的地貌包括山地、谷地、洼地、鞍部、冲沟、陡崖、山脊和陡坡等。

2）目估法

利用明显地形点，采用大致估计的方法确定站立点在地图上的位置。

3）交会法

常用的交会法有90°法、截线法和后方交会法。

（1）90°法：当待测点位于线状地形（道路、沟渠、山背线、谷地和陡坡交换线等）上时，如果在与运动方向相垂直的方向上能够找到一个明显地形点，线状地形符号与垂直方向线的交会点即为站立点。

（2）截线法：测点位于线状地形上，但在其与运动方向相垂直的方向上没有明显地形点时，可以采用此法。其步骤如下：在线状地形的侧方选择一个图上与现地都有的明显地形点，利用指北针的直长边缘切于图上明显地形点的定位点上，然后转动指北针，使其直长边找准该地形点，沿指北针的直长边向后画方向线，该方向线与线状地形符号的交点就是站立点在图上的位置。

（3）后方交会法：测点上无线状地形可利用，而且地图与现地相应地都有两个以上的明显地形点时可采用此法。通常要求地形较开阔，视野良好。其步骤如下：在图上找到选定的方位物之后，标定地图；然后按照截线法的步骤分别向各个方位物瞄准并画方向线，图上方向线的交点就是站立点。

（二）选择路线的原则

什么是最佳行进路线？简单来说是最安全、最省时间、最省体力，且便于发挥运动技能及体能优势的路线。路线选择应遵循的原则如下所示。

（1）有路不越野原则。运动员容易确定站立点，且路面易奔跑，更能增强运动员的信心。

（2）走高不走低原则。从上到下法，运动员站得高、看得远，有利于确定站立点和保持行进速度。

（3）提前绕行法原则。在定向比赛中，运动员必须超前读图，提前思考，明确下一个目标点，要通观全局，提前选择好最佳的迂回运动线路。

（三）保持正确行进方向的技能

选择最佳路线后，运动员必须采取相应的方法，才能确保正确的行进方向，安全到达目的地。常见的方法有记忆法、拇指压法、"扶手"法和简化法等。

1. 记忆法

采用此法一般是按线路行进的顺序，分段地记住路线的方向、距离、要经过的地形点和周围的参照（辅助）物。运用记忆法时，运动员应做到"人在地上跑，心在图中移"。这样可以减少读图时间，提高运动成绩。

2. 拇指压法

在定向运动中运动员常把拿图手的拇指想象为自己（即缩小到地图中的自己），当运动员向前运动时，其拇指也在地图上做相应的移动，此方法称拇指压法。拇指压法可以随时帮助运动员确定自己在地图中的位置。

3. "扶手"法

在定向运动中，"扶手"是指运动员把现地中的线形、地形，如各种道路、溪流、输电线、地类界等地貌，比喻为人们上下楼梯时的安全扶手，作为行进的"引导"。利用这种方法，运动员能较为容易和安全地到达目的地，也使运动员增强了比赛的信心。

4. 简化法

运动员在读图时要学会如何概括地形和简化地图。尤其是在一些零碎而杂乱的地域，更要注意概括该地域的地形结构，突出主要的地形特征，从而把复杂的地图在大脑中描绘成一幅新的简化了的地图。

（四）正确寻找检查点的技能

运动员到达检查点附近后，正确捕捉目标点是十分关键的。掌握以下方法能有助于迅速捕捉目标点。

1. 偏向法

偏向法指如果运动员要穿越一块没有明显特征的地带且要寻找一个交叉口、一条路的尽头或面状地物的侧顶点时，不能正对着这一目标点直接去找，而应采用稍微偏离目标点方向瞄准，然后顺着找到目标点（图19-5-1）。

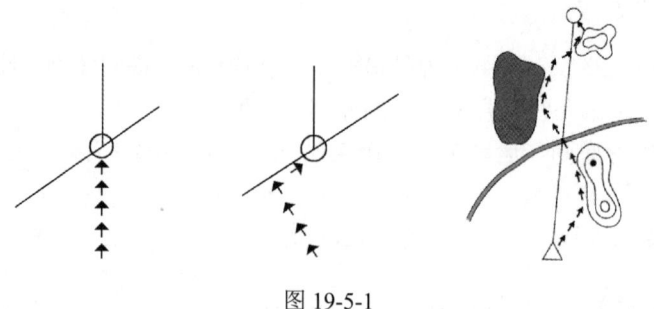

图 19-5-1

2."放大"法

"放大"法要求运动员在寻找检查点时尽可能地扩大视野，并从目标点附近大的、明显的地形点找起，然后找检查点。如果目标点所在地较小，此时如果运动员只看很小的一点地形，是很难找到它的（图19-5-2）。

3. 借点法

若检查点周围有高大的、明显的地形点或地物时，可采用借点法。运动员在行进之前，必须先将地图中的目标点（地形或地物）辨认清楚，行进中先找到这些目标点，然后利用它来判断检查点的具体位置。

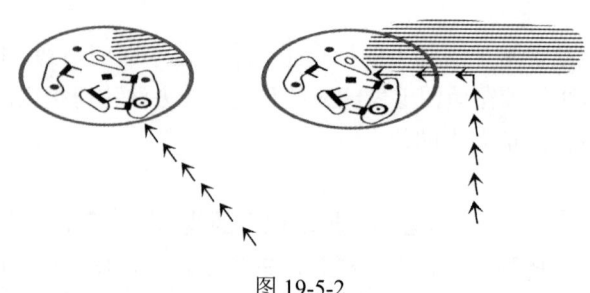

图 19-5-2

二、定向运动比赛规则简介

（一）犯规

有下列行为之一即为犯规，应取消犯规者的比赛资格。
（1）有意妨碍他人比赛（包括犯有同一性质的其他任何不良言行）者。
（2）蓄意损坏点标、点签和其他比赛设施者。
（3）比赛中搭乘交通工具行进者。
（4）未通过全部检查点，而又伪造点签图案者。

（二）违例

有下列行为之一者被视为违例，应给予警告。裁判人员将根据违例的性质和程度，采取从降低成绩直至取消比赛资格的处罚。

（1）在出发区越位（提前）取图和抢先出发者。
（2）接受他人的帮助，如指路、寻找点标、使用点签者。
（3）为他人提供帮助，如指路、寻找点标、使用点签者。
（4）为从对手的技术中获利，故意在比赛中与对手同路或跟进者。
（5）故意不按比赛规定顺序行进者。
（6）不按规定位置佩戴号码布者。
（7）有其他违反比赛规则行为者。

（三）成绩无效

有下述情况之一者，比赛成绩将被判为无效。

（1）有证据表明在比赛前勘察过路线者。
（2）未通过全部检查点，即检查卡片上点签图案不全者。
（3）点签图案模糊不清，确实无法辨认者。
（4）在检查卡片上不按规定位置使用点签者。
（5）在比赛结束（指终点关闭）前不交回检查卡片者。
（6）超过比赛规定的终点关闭时间（检查点一般也在同一时间撤收）而尚未返回会场者（如确实迷失方向，应向附近任意一条大路或原检查点位置靠拢，等候工作人员的处置）。
（7）有意无意地造成国家或他人的重大经济损失和破坏自然风景者，因此带来的一切后果，责任由肇事人承担。

（四）特殊情况的处置办法

在定向运动比赛中，可能出现的某些特殊的情况如下。

（1）检查点被无关人员拿走或遭自然破坏。
（2）检查点的位置与图上的位置不符。
（3）比赛中出现个人或团体的成绩完全相等。

对于这类问题，通常应在比赛前的准备阶段由筹备组长领导各委员仔细研究、确定处置办法，形成文字，由技术委员在制定《比赛规程》时列入。如果这些问题是出现在比赛的过程中，则应由裁判长决定处置办法。当某个领导小组成员对裁判长的决定有异议时，应经比赛领导小组组长同意，召集全体成员，以举手表决的方式另行选择处置办法，但必须获得 3/4 以上的人通过。对于在比赛后提交到领导小组的诉讼，原则上也应按此办法处理。

附录 《国家学生体质健康标准》简介

《国家学生体质健康标准》是为了贯彻落实"健康第一"的指导思想，切实加强学校体育工作，促进学生积极参加体育锻炼，养成良好的锻炼习惯，提高体质健康水平而制定并实施的。因此，其实施在全国范围内都具有重要的意义。

附录一 《国家学生体质健康标准》的实施说明

一、说明

《国家学生体质健康标准》从身体形态、身体机能和身体素质等方面综合评定学生的体质健康水平，是促进学生体质健康发展、激励学生积极进行身体锻炼的教育手段，是国家学生发展核心素养体系和学业质量标准的重要组成部分，是学生体质健康的个体评价标准。

本标准将适用对象中高校部分分组如下：大学一、二年级为一组，三、四年级为一组。

大学各组别的测试指标均为必测指标。其中，身体形态类中的身高、体重，身体机能类中的肺活量，以及身体素质类中的50米跑、坐位体前屈为各年级学生共性指标。

本标准的学年总分由标准分与附加分之和构成，满分为120分。标准分由各单项指标得分与权重乘积之和组成，满分为100分。附加分根据实测成绩确定，即对成绩超过100分的加分指标进行加分，满分为20分；大学的加分指标为男生引体向上和1000米跑，女生1分钟仰卧起坐和800米跑，各指标加分幅度均为10分。

根据学生学年总分评定等级：90.0分及以上为优秀，80.0~89.9分为良好，60.0~79.9分为及格，59.9分及以下为不及格。

每个学生每学年评定一次，记入《〈国家学生体质健康标准〉登记卡》。特殊学制的学校，在填写登记卡时可以按规定和需求相应地增减栏目。学生毕业时的成绩和等级，按毕业当年学年总分的50%与其他学年总分平均得分的50%之和进行评定。

学生测试成绩评定达到良好及以上者，方可参加评优与评奖；测试成绩达到优秀者，方可获体育奖学分。测试成绩评定不及格者，在本学年度准予补测一次，补测仍不及格，则学年成绩评定为不及格。普通高中、中等职业学校和普通高等学校学生毕业时，《国家学生体质健康标准》测试的成绩达不到50分者按结业或肄业处理。

二、单项指标与权重（附表 1-1）

附表 1-1　测试指标与权重

测试对象	单项指标	权重/%
大学各年级	体重指数（BMI）	15
	肺活量	15
	50 米跑	20
	坐位体前屈	10
	立定跳远	10
	引体向上（男）/1 分钟仰卧起坐（女）	10
	1000 米跑（男）/800 米跑（女）	20

注：体重指数（BMI）=体重/身高^2，体重的单位为千克，身高的单位为米。

附录二　《国家学生体质健康标准》的测试方法

一、1 分钟仰卧起坐（女）

受试者仰卧于垫上，两腿屈膝，小腿与地面成 45°角左右，两手轻轻地搭在双耳侧。脚底与地面平行。受试者坐起时两肘触及或超过双膝为完成一次。仰卧时两肩胛必须触垫（附图 2-1）。

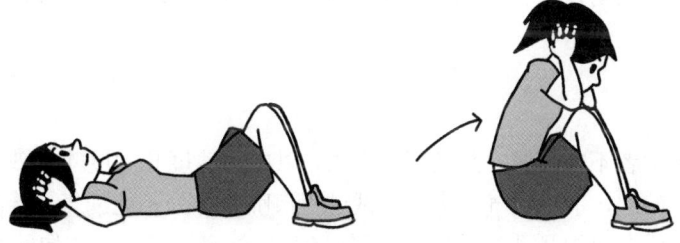

附图 2-1　仰卧起坐测试示意图

二、引体向上（男）

受试者跳起双手正握杠，两手与肩同宽成直臂悬垂。静止后，两臂同时用力引体（身体不能有附加动作），上拉到下颌超过横杠上缘为完成一次。记录引体次数。

三、立定跳远

受试者两脚自然分开站立，站在起跳线后，脚尖不得踩线（最好用线绳做起跳线）。两脚原地同时起跳，不得有垫步或连跳动作。丈量起跳线后缘至最近着地点后的垂直距离，以厘米为单位，不计小数。

四、坐位体前屈

受试者两腿伸直,两脚平蹬测试纵板坐在平地上,两脚分开 10～15 厘米,上体前屈,两臂伸直,用两手中指指尖逐渐向前推动游标,直到不能前推(附图 2-2)。测试计的脚蹬纵板内沿平面为 0 点,向内为负值,向前为正值。记录以厘米为单位,保留一位小数。测试两次,取最好成绩。

附图 2-2　坐位体前屈测试示意图

五、800 米跑(女)、1000 米跑(男)

受试者至少两人一组进行测试,站立式起跑。当听到"跑"的口令后开始起跑。发令员在发出口令同时要摆动发令旗。计时员看到旗动可开表计时,当受试者的躯干部到达终点线垂直面时停表。以分、秒为单位记录测试成绩,不计小数。

六、50 米跑

受试者至少两人一组测试。站立起跑,受试者听到"跑"的口令后开始起跑。发令员在发出口令同时要摆动发令旗。计时员视旗动开表计时,受试者躯干部到达终点线的垂直面停表。

七、肺活量

首先告知受试者不必紧张,并且要尽全力,以中等速度和力度吹气效果最好。令受试者面对肺活量计站立,手持吹气口嘴,测试过程口嘴或鼻处不能漏气,若漏气,则应调整口嘴和用鼻夹(或自己捏鼻孔);学会深吸气(避免耸肩提气,应该像闻花似的慢吸气)。受试者进行一两次较平日深一些的呼吸动作后,更深地吸一口气,屏住气向口嘴处慢慢呼出至不能再呼,防止此时从口嘴处吸气。测试中不得中途二次吸气。吹气完毕后,液晶屏上最终显示的数字即为肺活量毫升值。以毫升为单位,不保留小数。

八、体重

测试时,杠杆秤应放在平坦地面上,调整 0 点至刻度尺水平位。受试者赤足,男性受试者身着短裤;女性受试者身着短裤、短袖衫,站在秤台中央(附图 2-3)。

九、身高

受试者赤足,立正姿势站在身高计的底板上(上肢自然下垂,足跟并拢,足尖分开成

60°角）。足跟、骶骨部及两肩胛区与立柱相接触，躯干自然挺直，头部正直，耳屏上缘与眼眶下缘呈水平位（附图2-4）。

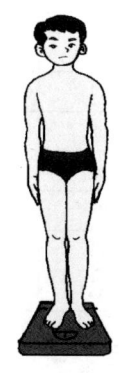

附图2-3　体重测试示意图

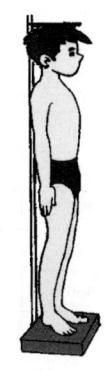

附图2-4　身高测试示意图

附录三　《国家学生体质健康标准》的测试评分表

附表3-1　体重指数（BMI）单项评分表　　　（单位：千克/米²）

等级	单项得分	大学男生	大学女生
正常	100	17.9～23.9	17.2～23.9
低体重	80	≤17.8	≤17.1
超重		24.0～27.9	24.0～27.9
肥胖	60	≥28.0	≥28.0

附表3-2　大学男生各测试项目评分表（大一、大二适用）

等级	单项得分/分	肺活量/毫升	50米跑/秒	坐位体前屈/厘米	立定跳远/厘米	引体向上/次	耐力跑1000米/（分·秒）
优秀	100	5040	6.7	24.9	273	19	3′17″
	95	4920	6.8	23.1	268	18	3′22″
	90	4800	6.9	21.3	263	17	3′27″
良好	85	4550	7.0	19.5	256	16	3′34″
	80	4300	7.1	17.7	248	15	3′42″
及格	78	4180	7.3	16.3	244		3′47″
	76	4060	7.5	14.9	240	14	3′52″
	74	3940	7.7	13.5	236		3′57″
	72	3820	7.9	12.1	232	13	4′02″
	70	3700	8.1	10.7	228		4′07″
	68	3580	8.3	9.3	224	12	4′12″

续表

等级	单项得分/分	肺活量/毫升	50米跑/秒	坐位体前屈/厘米	立定跳远/厘米	引体向上/次	耐力跑1000米/（分·秒）
及格	66	3460	8.5	7.9	220		4′17″
及格	64	3340	8.7	6.5	216	11	4′22″
及格	62	3220	8.9	5.1	212		4′27″
及格	60	3100	9.1	3.7	208	10	4′32″
不及格	50	2940	9.3	2.7	203	9	4′52″
不及格	40	2780	9.5	1.7	198	8	5′12″
不及格	30	2620	9.7	0.7	193	7	5′32″
不及格	20	2460	9.9	−0.3	188	6	5′52″
不及格	10	2300	10.1	−1.3	183	5	6′12″

附表3-3　大学男生各测试项目评分表（大三、大四适用）

等级	单项得分/分	肺活量/毫升	50米跑/秒	坐位体前屈/厘米	立定跳远/厘米	引体向上/次	耐力跑1000米/（分·秒）
优秀	100	5140	6.6	25.1	275	20	3′15″
优秀	95	5020	6.7	23.3	270	19	3′20″
优秀	90	4900	6.8	21.5	265	18	3′25″
良好	85	4650	6.9	19.9	258	17	3′32″
良好	80	4400	7.0	18.2	250	16	3′40″
及格	78	4280	7.2	16.8	246		3′45″
及格	76	4160	7.4	15.4	242	15	3′50″
及格	74	4040	7.6	14.0	238		3′55″
及格	72	3920	7.8	12.6	234	14	4′00″
及格	70	3800	8.0	11.2	230		4′05″
及格	68	3680	8.2	9.8	226	13	4′10″
及格	66	3560	8.4	8.4	222		4′15″
及格	64	3440	8.6	7.0	218	12	4′20″
及格	62	3320	8.8	5.6	214		4′25″
及格	60	3200	9.0	4.2	210	11	4′30″
不及格	50	3030	9.2	3.2	205	10	4′50″
不及格	40	2860	9.4	2.2	200	9	5′10″
不及格	30	2690	9.6	1.2	195	8	5′30″
不及格	20	2520	9.8	0.2	190	7	5′50″
不及格	10	2350	10.0	−0.8	185	6	6′10″

附表 3-4　大学女生各测试项目评分表（大一、大二适用）

等级	单项得分/分	肺活量/毫升	50米跑/秒	坐位体前屈/厘米	立定跳远/厘米	1分钟仰卧起坐/次	耐力跑800米/（分·秒）
优秀	100	3400	7.5	25.8	207	56	3'18"
优秀	95	3350	7.6	24.0	201	54	3'24"
优秀	90	3300	7.7	22.2	195	52	3'30"
良好	85	3150	8.0	20.6	188	49	3'37"
良好	80	3000	8.3	19.0	181	46	3'44"
及格	78	2900	8.5	17.7	178	44	3'49"
及格	76	2800	8.7	16.4	175	42	3'54"
及格	74	2700	8.9	15.1	172	40	3'59"
及格	72	2600	9.1	13.8	169	38	4'04"
及格	70	2500	9.3	12.5	166	36	4'09"
及格	68	2400	9.5	11.2	163	34	4'14"
及格	66	2300	9.7	9.9	160	32	4'19"
及格	64	2200	9.9	8.6	157	30	4'24"
及格	62	2100	10.1	7.3	154	28	4'29"
及格	60	2000	10.3	6.0	151	26	4'34"
不及格	50	1960	10.5	5.2	146	24	4'44"
不及格	40	1920	10.7	4.4	141	22	4'54"
不及格	30	1880	10.9	3.6	136	20	5'04"
不及格	20	1840	11.1	2.8	131	18	5'14"
不及格	10	1800	11.3	2.0	126	16	5'24"

附表 3-5　大学女生各测试项目评分表（大三、大四适用）

等级	单项得分/分	肺活量/毫升	50米跑/秒	坐位体前屈/厘米	立定跳远/厘米	1分钟仰卧起坐/次	耐力跑800米/（分·秒）
优秀	100	3450	7.4	26.3	208	57	3'16"
优秀	95	3400	7.5	24.4	202	55	3'22"
优秀	90	3350	7.6	22.4	196	53	3'28"
良好	85	3200	7.9	21.0	189	50	3'35"
良好	80	3050	8.2	19.5	182	47	3'42"
及格	78	2950	8.4	18.2	179	45	3'47"
及格	76	2850	8.6	16.9	176	43	3'52"
及格	74	2750	8.8	15.6	173	41	3'57"
及格	72	2650	9.0	14.3	170	39	4'02"
及格	70	2550	9.2	13.0	167	37	4'07"
及格	68	2450	9.4	11.7	164	35	4'12"
及格	66	2350	9.6	10.4	161	33	4'17"
及格	64	2250	9.8	9.1	158	31	4'22"
及格	62	2150	10.0	7.8	155	29	4'27"
及格	60	2050	10.2	6.5	152	27	4'32"

续表

等级	单项得分/分	肺活量/毫升	50米跑/秒	坐位体前屈/厘米	立定跳远/厘米	1分钟仰卧起坐/次	耐力跑800米/(分·秒)
不及格	50	2010	10.4	5.7	147	25	4'42"
	40	1970	10.6	4.9	142	23	4'52"
	30	1930	10.8	4.1	137	21	5'02"
	20	1890	11.0	3.3	132	19	5'12"
	10	1850	11.2	2.5	127	17	5'22"

附表 3-6　大学生加分指标测试项目评分表一　　（单位：次）

加分	引体向上（男）		1分钟仰卧起坐（女）	
	大一、大二	大三、大四	大一、大二	大三、大四
10	10	10	13	13
9	9	9	12	12
8	8	8	11	11
7	7	7	10	10
6	6	6	9	9
5	5	5	8	8
4	4	4	7	7
3	3	3	6	6
2	2	2	4	4
1	1	1	2	2

注：引体向上（男）、1分钟仰卧起坐（女），均为高优指标，学生成绩超过单项评分100分后，以超过的次数所对应的分数进行加分。

附表 3-7　大学生加分指标测试项目评分表二　　（单位：分·秒）

加分	1000米跑（男）		800米跑（女）	
	大一、大二	大三、大四	大一、大二	大三、大四
10	−35"	−35"	−50"	−50"
9	−32"	−32"	−45"	−45"
8	−29"	−29"	−40"	−40"
7	−26"	−26"	−35"	−35"
6	−23"	−23"	−30"	−30"
5	−20"	−20"	−25"	−25"
4	−16"	−16"	−20"	−20"
3	−12"	−12"	−15"	−15"
2	−8"	−8"	−10"	−10"
1	−4"	−4"	−5"	−5"

注：1000米跑（男）、800米跑（女）均为低优指标，学生成绩低于单项评分100分后，以减少的秒数所对应的分数进行加分。